iPhone 8 et 8 Plus pour les nuls

iPhone 8 et 8 Plus pour les nuls

Edward Baig et Bob Levitus

FIRST
Editions

iPhone 8 et 8 Plus pour les Nuls

iPhone 11th edtion for dummis
Pour les Nuls est une marque déposée de Wiley Publishing, Inc.
For Dummies est une marque déposée de Wiley Publishing, Inc.

Collection dirigée par Jean-Pierre Cano
Traduction : Bernard Jolivalt
Mise en page : Marie Housseau

Edition française publiée en accord avec Wiley Publishing, Inc.

Éditions First, un département d'Édi8
12 avenue d'Italie
75013 Paris
Tél. : 01 44 16 09 00
Fax : 01 44 16 09 01
E-mail : firstinfo@efirst.com
Web : www.editionsfirst.fr
ISBN : 978-2-412-03080-6
Dépôt légal : 4e trimestre 2017

Imprimé en France par Pollina - 82811

Sommaire

Introduction

La sortie d'un nouvel iPhone ou d'une nouvelle version d'iOS – l'ensemble de logiciels qui le fait fonctionner – est toujours un événement. Notre but est de vous fournir les informations techniques qui vous permettront de les exploiter au mieux.

À propos de ce livre

La collection *Pour les Nuls* repose sur le principe que des notions peuvent manquer au lecteur lorsqu'il aborde un domaine qui lui est tout nouveau, notamment lorsqu'il s'agit de technologies.

À l'instar de nombreux produits signés Apple, les iPhone sont magnifiquement conçus et leur utilisation est intuitive. Et, sans vouloir révéler des petits secrets qui n'ont pas à être divulgués en place publique, le fait est que vous aurez peut-être besoin de ce livre pour (presque) tout savoir sur les nombreuses fonctions et caractéristiques des iPhone récents.

L'iPhone 8 et 8 Plus sous iOS 11 Pour les Nuls est toutefois bourré d'astuces utiles et d'autres petits trucs qui rendront votre smartphone encore plus sympa. C'est pourquoi vous le garderez sous la main et le consulterez fréquemment.

Les conventions utilisées dans ce livre

L'iPhone 8 et 8 Plus sous iOS 11 Pour les Nuls abonde de puces (typographiques, pas celles du chien) et d'illustrations. Les adresses Internet ont droit à une typographie spéciale, `comme celle-ci`.

Nous avons aussi placé çà et là quelques encadrés, dont la lecture n'est pas indispensable mais qui, nous l'espérons, vous permettront de mieux comprendre certains sujets. Surtout, nous nous sommes efforcés de recourir à un minimum de jargon technique.

Comment ce livre est organisé

Voici une info inédite : la plupart des livres ont un début, un milieu et une fin, et il vaut mieux s'en tenir à cette structure. Sauf si vous faites partie de ces gens qui prennent un malin plaisir à révéler la fin d'un polar.

Il n'y a heureusement pas de chute renversante, à la fin de *L'iPhone 8 et 8 Plus sous iOS 11 Pour les Nuls*. Donc, et bien qu'il soit préférable de lire ce livre du début à la fin, nous ne vous en voudrons pas si vous le butinez de-ci, de-là. Cela dit, nous avons organisé ce livre de la manière suivante, qui nous a semblé la plus pertinente.

Première partie : Faire connaissance avec l'iPhone

Dans ces premiers chapitres, vous ferez le tour de l'iPhone aussi bien à l'extérieur qu'à l'intérieur, et apprendrez à activer ses systèmes de sécurité par code ou par empreinte digitale. Vous apprendrez aussi à tapoter sur son écran tactile virtuel, unique en son genre, à créer des dossiers et à afficher les notifications vous indiquant tout ce qui vous attend dans la journée.

Deuxième partie : L'iPhone mobile

S'il y a *phone* dans iPhone, c'est parce que c'est un téléphone. Cette deuxième partie est largement consacrée à toutes les manières d'envoyer et de recevoir des appels téléphoniques. Mais vous découvrirez aussi comment échanger du texte et des messages et utiliser des applications comme le Calendrier, l'Horloge, la Calculette ou le Dictaphone. Nous jetterons également un coup d'œil à l'application Santé qui contient toutes les données relatives à votre personne.

Troisième partie : L'iPhone multimédia

C'est là que l'on commence vraiment à s'amuser. Cette partie est consacrée à l'iPhone utilisé comme un iPod, et aussi comme un appareil photo et même comme un caméscope, c'est-à-dire que la musique, la vidéo, les films, les photos, et même la télévision – au travers d'une application gratuite à télécharger – sont à votre portée.

Quatrième partie : L'iPhone Internet

Vous apprendrez à maîtriser le navigateur Safari, le courrier électronique, la cartographie ainsi que d'autres éléments. Nous étudierons aussi les réseaux de téléphonie mobile auxquels l'iPhone peut se connecter. Et, à propos de cartographie, vous découvrirez les capacités de géolocalisation par GPS et autres techniques apparentées.

Cinquième partie : L'iPhone secret

Dans cette partie, vous apprendrez à définir vos préférences, à télécharger et installer de nouvelles applications à partir d'iTunes Store et de l'App Store et comment dépanner l'iPhone lorsqu'il fait des siennes.

Sixième partie : Les dix commandements

Cette dernière partie contient une liste d'applications ainsi que des raccourcis et quelques suggestions pour améliorer votre joli joujou.

Les pictogrammes

Des petits pictogrammes tout ronds, tout beaux apparaissent tout au long de ce livre. Au nombre de quatre, ils attirent l'attention sur des détails importants ou intéressants, ou rappellent quelques notions. Les voici :

Signale les trucs, astuces et raccourcis qui facilitent ou accélèrent une tâche.

Ce pictogramme insiste lourdement sur un point à retenir. Vous devriez même le noter dans votre iPhone.

Ça, c'est pour les fondus de technologies. Si la simple perspective de devoir changer l'ampoule d'une lampe de chevet vous épouvante, vous pouvez vous dispenser de lire cette prose.

Là, attention danger, notamment pour votre iPhone et, par voie de conséquence, pour votre portefeuille. Vous voilà prévenu. Cette icône signale aussi des opérations longues ou délicates.

Et ensuite ?

Eh bien, on passe au Chapitre 1.

Une dernière remarque : au moment où ces lignes étaient écrites, les informations fournies étaient exactes pour les iPhone 8 et 8 Plus, et pour iOS 11 (où iOS signifie *iPhone Operating System,* « système d'exploitation de l'iPhone »). Apple peut cependant mettre son système d'exploitation à jour et/ou présenter un nouveau modèle d'iPhone. Si vous venez d'acheter le vôtre, ne manquez pas de vous informer de ses caractéristiques les plus récentes sur le site `www.apple.com/fr/iphone/`.

On peut maintenant passer au Chapitre 1.

1

Faire connaissance avec les iPhone 8 et 8 Plus

L'IPHONE X

L'iPhone X – « dix » en chiffre romain, pour les dix ans de l'iPhone – est le haut de gamme des smartphones. Il se caractérise par un spectaculaire écran de près de 5,8 pouces qui occupe la totalité de la façade avant. Difficile de trouver plus classe et plus épuré... Le classique bouton principal ayant disparu, cette fonctionnalité est remplacée par un simple effleurement de l'écran.

L'iPhone X est surtout une merveille technologique avec son écran de type Oled (*Active Matrix Organic Light Emitting Diode,* « diode électroluminescente organique à matrice active ») à luminosité et contraste très élevé, sa résistance aux éclaboussures et à la poussière. La reconnaissance par empreinte digitale est remplacée par la reconnaissance faciale 3D prenant en compte le relief du visage et s'adapte au changement de la physionomie (l'outrage des ans...)

Enfin, l'iPhone X est rechargeable sans fil, en le déposant sur une station de recharge appropriée. On en verra de plus en plus dans les lieux publics. Posez le smartphone et pendant que vous prenez un verre, il se recharge tout seul.

- Avant de pouvoir galoper, il faut mettre le pied à l'étrier. C'est ce que vous ferez tout au long de ces trois premiers chapitres.
- Nous commencerons par une présentation générale de l'iPhone 8 Plus. C'est en effet sur ce modèle que repose en grande partie ce livre. L'iPhone 8 est un tout petit peu moins performant que le 8 Plus, mais tout au long du livre, nous ne manquerons pas de pointer les différences. Au Chapitre 1, nous découvrirons le contenu de la boîte des iPhone, nous évoquerons quelques fonctionnalités sympas, puis finirons par un tour du propriétaire du matériel et du logiciel.
- Quand vous vous serez familiarisé avec tout cela, nous passerons aux choses sérieuses : allumer et éteindre cet engin – ce qui est très important – ainsi que le verrouiller et le déverrouiller, ce qui est tout aussi important, protéger son accès par un code ou par la reconnaissance de votre empreinte digitale. Le Chapitre 2 s'achève sur quelques trucs et astuces utiles qui vous aideront à manipuler efficacement le clavier tactile.
- Au Chapitre 3, nous découvrirons la synchronisation et comment transférer aisément des données – contacts, rendez-vous, films, musiques, podcasts, *etc.* – de votre ordinateur jusque dans l'iPhone.
- Au Chapitre 4, nous explorerons toutes les fonctionnalités typiques d'un téléphone mobile, en commençant par les diverses manières de téléphoner. Vous apprendrez aussi comment répondre à un appel ou l'ignorer, et vous découvrirez l'astucieuse fonction de messagerie vocale permettant de prendre les messages à votre guise, et non dans l'ordre où ils sont arrivés. Vous saurez aussi comment jongler avec les appels, tenir une conférence et sélectionner une sonnerie.

Chapitre 1

Découvrir l'iPhone

DANS CE CHAPITRE :

- **Le tour du propriétaire.**
- **La partie extérieure de l'iPhone.**
- **Un coup d'œil sur les applications.**

L'iPhone est l'un des plus fabuleux smartphones. Il est bien davantage qu'un excellent téléphone mobile. Les iPhone 8 et 8 Plus ont bien sûr tout d'un téléphone mobile, avec leur appareil photo numérique de 12 mégapixels avec un flash à quatre LED incorporées, qui sait aussi filmer. Mais c'est aussi et surtout quatre appareils portables en un seul. Car en plus d'être un téléphone mobile hors pair, l'iPhone est aussi un iPod vidéo équipé d'un somptueux écran panoramique au format 16/9e, et il est aussi, à ce jour, le plus compact et le plus puissant outil de communication par Internet.

Ce chapitre est une présentation de tous ces « produits » qui composent l'iPhone, à laquelle s'ajoute une vue d'ensemble de ses équipements et logiciels.

Le tour d'horizon

Les iPhone sont équipés d'un écran tactile Retina HD, équipé de la technologie True Tone. Elle adapte la balance des blancs en fonction de l'éclairage ambiant. Par exemple, si l'iPhone est utilisé dans une chambre éclairée par des ampoules à incandescence riches en jaune, ou par des tubes fluorescents riches en vert, True Tone corrigera la colorimétrie de l'écran afin que le blanc paraisse toujours bien blanc. Le confort de lecture est ainsi accru.

L'écran de l'iPhone 8 est d'une extrême résistance aux rayures. La diagonale de l'écran de l'iPhone 8 est de 4,7 pouces, soit 12 cm, et sa résolution est de 1334 x 750 pixels et une densité de 326 pixels par pouce. La diagonale de l'écran de l'iPhone 8 Plus est de 5,5 pouces, soit 14 cm, pour une résolution de 1920 x 1080, celle des téléviseurs HDTV, pour une densité de 401 ppp, une finesse extrême comparée aux 72 ppp d'un écran d'ordinateur. Vous l'utilisez avec un périphérique de pointage qui est d'autant plus familier que vous êtes né avec : votre doigt.

Une autre fonctionnalité qui nous a sidérés est le gyroscope à trois axes. Un inclinomètre détecte la rotation de l'appareil lorsque vous le pivotez pour passer de la vision en hauteur à la vision en largeur, et règle l'affichage en conséquence. Un capteur de proximité détecte si l'iPhone est proche de votre visage ; il éteint alors l'écran pour économiser l'énergie et empêcher une action intempestive lorsqu'il est touché par votre joue. Un capteur photosensible règle la luminosité de l'écran en fonction de l'éclairage ambiant. L'iPhone est même équipé d'un baromètre.

Les iPhone 8 et 8 Plus sont résistants aux éclaboussures d'eau et à la poussière selon la norme IP67. Cette norme protège un appareil jusqu'à une immersion de 1 mètre de profondeur, mais franchement, je ne me risquerais pas à prendre mon bain avec mon iPhone.

Dans cette section, nous évoquerons brièvement quelques fonctionnalités de l'iPhone, classées par catégories.

L'iPhone : un téléphone et un appareil photo/caméscope

En ce qui concerne la téléphonie, l'iPhone se synchronise avec les contacts et le calendrier de votre Mac ou de votre PC. Il comporte un clavier AZERTY virtuel complet grâce auquel la saisie est des plus faciles.

L'appareil photo de 12 mégapixels est accompagné d'un logiciel de gestion des fichiers assez correct. Prendre et classer des photos est ainsi un véritable plaisir, ce qui n'est pas le cas avec d'autres téléphones. De plus, les photos et vidéos peuvent être stockées dans l'application Fichiers, ou automatiquement synchronisées avec la bibliothèque de photos du Mac ou du PC.

L'iPhone comme moyen de paiement

iOS 11 est équipé de la fonction Apple Pay. Basée sur la technologie NFC (*Near Field Communication*, « communication en champ proche »), elle permet de payer les petits achats courants en approchant l'iPhone d'un terminal de paiement.

Pour utiliser Apple Pay, vous devez d'abord scanner votre carte bancaire à l'aide de l'application Wallet. Elle accepte jusqu'à huit cartes différentes.

Notez cependant qu'Apple Pay ne fonctionne qu'avec les cartes bancaires prises en charge. Une demi-douzaine de banques seulement ont adopté ce système de paiement. Consultez de temps en temps le site `https://support.apple.com/fr-fr/HT206637` pour voir si votre établissement bancaire a été ajouté à la liste.

L'iPhone domotique

L'application Maison permet de programmer et/ou télécommander à partir de votre iPhone les portes de la maison, l'éclairage des pièces et leur température, le fonctionnement des stores, l'allumage et l'extinction d'appareils ménager, etc.

Toutes ces actions peuvent être commandées vocalement, en utilisant Siri, un assistant virtuel avec lequel vous conversez de vive voix (il est décrit au Chapitre 7). Par exemple, au moment de quitter votre travail, vous pouvez demander à Siri d'augmenter le thermostat. Vous pouvez même utiliser la géolocalisation pour faire en sorte que dès que vous approchez de la maison, la porte se déverrouille, les lumières s'allument dans le jardin et à l'intérieur, et la machine à café se met en marche.

Pour que toute cette magie fonctionne, les équipements à télécommander doivent être compatibles Homekit. Vous les trouverez sur le site d'Apple, parmi les accessoires de domotique.

L'iPhone en tant qu'iPod

Une chose est sûre : l'iPhone est supérieur à tous les iPod qu'Apple a sortis jusqu'à présent (bon, d'accord, on peut chipoter à cause de l'iPad qui est une fabuleuse tablette et sur la capacité de stockage de l'iPhone qui pourrait être plus élevée). Vous pouvez profiter de tout ce que contient un iPod : la musique, des livres audio, des podcasts audio et vidéo, des clips de musique, des émissions de télévision et des films. Le magnifique écran en haute résolution affiche tout cela avec des couleurs plus riches et plus éclatantes que n'importe quel iPod jusqu'à présent.

Une règle de base : si vous parvenez à importer du contenu – audio, vidéo ou ce que vous voulez... – dans votre Mac ou dans votre PC, vous pouvez le synchroniser et l'écouter ou le regarder sur votre iPhone.

L'iPhone pour communiquer par Internet

Ce n'est pas tout ! L'iPhone est non seulement un remarquable téléphone et un super-iPod qui plaît aux gastéropodes, aux arthropodes et même aux antipodes, mais c'est aussi un outil de communication par Internet complet avec – attention au jargon – un client de messagerie HTML enrichi compatible avec la plupart des services de messagerie POP et IMAP, qui supporte Exchange ActiveSync de Microsoft (nous y reviendrons au Chapitre 12). Pour vos divagations dans le cyberespace, l'iPhone est équipé du navigateur Safari qui facilite considérablement le surf sur l'Internet.

Autres fonctionnalités, l'application Plans est capable de déterminer l'endroit où vous êtes, de calculer un itinéraire et même de vous aider à contourner un ralentissement ou un bouchon. Vous pouvez aussi visionner des plans de ville ou des cartes, et des photos par satellite. Plans vous aidera à trouver des stations-service, des parkings, des restaurants – avec en prime des avis –, un hôpital en cas d'incident, ainsi que les boutiques Apple.

Vous apprécierez peut-être Bourse, une application qui affiche un graphique des cours presque en temps réel, à tout moment et où que vous soyez, et Météo, pour savoir s'il fera beau là où vous êtes ou là où vous allez.

Et si vous vous souciez de votre santé, ou si vous êtes un brin hypocondriaque, l'application Santé vous sera fort utile.

Un rapide tour de l'extérieur

L'iPhone étant un harmonieux ensemble de matériel et de logiciel, voyons ce qu'il en est. Dans cette section, nous examinerons brièvement l'extérieur. À la prochaine section, nous verrons ce qu'il y a dedans, c'est-à-dire la partie logicielle et les applications.

En façade

Vous trouverez en façade de l'iPhone les éléments montrés dans la Figure 1.1.

» **L'écran tactile 3D-Touch :** nous reviendrons souvent sur cette merveille technologique. Fabriqué en verre d'une très grande résistance, il capte en permanence la position de vos doigts sur l'écran, lorsque vous touchez une icône ou quand vous effectuez une action comme l'effleurement. Mais surtout, il est sensible à la pression, ce qui ouvre des interactions inédites. Nous y reviendrons longuement au Chapitre 2.

- **L'objectif de la caméra FaceTime HD :** cette caméra de 7 mégapixels sert à prendre des selfies mais aussi à vous filmer lors d'une communication vidéo avec FaceTime. Elle détecte la proximité de votre visage quand vous téléphonez en tenant l'iPhone près de l'oreille, et éteint alors l'écran afin d'économiser la batterie.
- **Le haut-parleur téléphonique :** c'est le haut-parleur utilisé pour les appels téléphoniques. Il se trouve tout naturellement proche de l'oreille lorsque vous tenez l'iPhone comme un combiné téléphonique. C'est lui aussi qui émet la sonnerie du téléphone lorsque vous recevez un appel.
- **Le bouton principal :** ce n'est plus un bouton mécanique comme sur les anciens modèles d'iPhone, mais une zone sensible à la pression intégrée à l'écran. Il intègre la fonction Touch ID, un détecteur d'empreinte digitale qui sert à identifier l'utilisateur. Quoi que vous soyez en train de faire, appuyer sur ce bouton affiche l'écran d'accueil visible sur la Figure 1.1. Ce bouton principal est en quelque sorte la plaque tournante de l'iPhone, d'où vous pouvez repartir vers d'autres applications. Sur l'iPhone X, il a disparu au profit d'un effleurement de l'écran.

Figure 1.1 : La face avant de l'iPhone est d'une élégante sobriété.

Au-dessus

Rien du tout. Apple a décidé de ne plus rien mettre sur ses iPhone.

La prise Jack 3,5 mm a disparu. Pour utiliser des écouteurs d'une autre marque ou modèle que les écouteurs EarPods fournis avec l'iPhone, vous devrez l'adaptateur Lightning vers mini-jack, également fourni.

En dessous

Sous l'iPhone vous trouverez les éléments suivants :

- **Les haut-parleurs stéréo :** ils diffusent la musique ou la bande-son d'une vidéo ou d'une émission de télévision, lorsque les écouteurs ne sont pas branchés. Sans eux, l'iPhone serait aPhone, du moins en ce qui concerne les fonctionnalités multimédias.
- **Le connecteur Lightning :** il sert à relier l'iPhone au chargeur de batterie ou à l'ordinateur, grâce à la prise USB qui se trouve à l'autre extrémité. C'est là aussi que vous branchez les écouteurs livrés avec l'iPhone. Si vous désirez utiliser un casque ou des enceintes équipés du bon vieux mini-jack 3,5 mm, utilisez l'adaptateur, lui aussi livré avec l'iPhone.
- **Les microphones stéréo :** ils se trouvent à l'emplacement idéal pour capter votre voix. Pour éviter de désagréables effets Larsen, c'est le haut-parleur en haut de la façade qui est utilisé lors d'une conversation téléphonique ou vidéophonique. Ceux du bas sont utilisés par les applications audiovisuelles.

Pour préserver la confidentialité de vos conversations, utilisez l'ensemble écouteurs-microphone ou une oreillette Bluetooth, ou mieux encore des écouteurs sans fil AirPods qui communiquent eux aussi par Bluetooth.

Sur le côté gauche

Les principaux boutons se trouvent du côté gauche de l'iPhone :

- **Interrupteur Sonnerie/Silencieux :** cet interrupteur permet de passer rapidement du mode Sonnerie au mode Silencieux. Lorsque le mode Sonnerie est enclenché (position haute, sans le point orange), l'iPhone émet tous les sons par le haut-parleur, en bas. Si l'interrupteur est en mode Silencieux (position basse, point orange), le téléphone ne sonne pas lorsque vous recevez un appel ou lorsqu'une alerte apparaît à l'écran.

Les seules exceptions sont les alarmes définies dans l'application Horloge, qui retentissent quel que soit l'état de l'interrupteur Sonnerie/Silencieux.

Si le téléphone est en mode Sonnerie et que vous voulez un silence immédiat, appuyez sur le bouton Marche/Veille/Arrêt, sur le dessus de l'iPhone, ou appuyez sur l'un des boutons de volume.

- **Boutons de volume :** ce sont les deux boutons juste sous le commutateur Sonnerie/Silencieux. Celui du haut augmente le volume, celui du bas le diminue. Utilisez-les pour régler le volume des sonneries, alertes, effets sonores, musiques et vidéos. Pendant un appel téléphonique, ils règlent le volume sonore du correspondant, que vous l'écoutiez par le récepteur, le haut-parleur ou avec l'ensemble écouteurs-microphone.

Sur le côté droit

- **Le bouton Marche/Veille/Arrêt :** il sert à verrouiller et déverrouiller l'iPhone, et aussi à l'allumer et à l'éteindre. Lorsque l'iPhone est verrouillé, vous pouvez recevoir des appels et des SMS, mais rien ne se produit lorsque vous touchez l'écran noir. Quand l'iPhone est éteint, tous les appels entrants sont redirigés vers la messagerie vocale.
- **Tiroir de la carte nano-SIM** : c'est dans ce logement que se trouve la minuscule carte nano-SIM de l'iPhone. Elle vous est remise par l'opérateur téléphonique auprès duquel vous avez souscrit votre abonnement. Pour extraire le rack de la carte, utilisez le petit outil fourni avec l'iPhone, ou un trombone.

Une carte SIM (*Subscriber Identity Module*, « module d'identité de l'abonné ») est une carte magnétique amovible servant à identifier un téléphone mobile. L'iPhone utilise une carte nano-SIM, beaucoup plus petite que les cartes micro-SIM et SIM des iPhone précédents.

À l'arrière

L'arrière de l'iPhone est en verre de la même qualité que celle de l'écran. Il est résistant aux chocs et surtout aux rayures. Pourquoi en verre ? Afin de permettre le chargement sans fil par induction. Ce dernier est une plaque sur laquelle on pose le smartphone (l'iPhone 8 n'a pas le monopole de cette fonctionnalité). Le chargeur par induction (Figure 1.2) est hélas optionnel. Seul le classique adaptateur secteur de 2,1 ampères est fourni avec l'iPhone 8. Des chargeurs à induction devraient se multiplier dans les lieux publics, salles de conférence, etc.

Figure 1.2 : Un iPhone 8 en cours de chargement par induction.

Trois éléments se trouvent en haut à gauche du dos des iPhone 8 et 8 Plus Plus :

- **L'appareil photo :** équipé d'un capteur de 12 mégapixels et ouvrant à f/1,8, il est aussi capable de filmer. L'appareil photo de l'iPhone 8 Plus est équipé d'un zoom optique (en position téléobjectif, l'ouverture est alors de f/2,8).
- **Le flash True Tone :** ce groupe de quatre LED a trois usages :
  - Flash pour l'appareil photo.
  - Projecteur à lumière continue pour filmer.
  -  Torche électrique lorsque l'application Torche est active. Son icône est accessible en balayant l'écran de verrouillage ou l'écran d'accueil de bas en haut.

Nous reviendrons aux Chapitres 9 et 10 sur l'appareil photo de l'iPhone et sa fonction vidéo.

La barre d'état

Située en haut de l'écran, la barre d'état affiche de petites icônes fournissant quantité d'informations sur l'état actuel de l'iPhone :

●●●○○

- **Signal téléphonique :** ces points indiquent si vous êtes à portée d'un émetteur de téléphonie mobile, et donc si vous pouvez recevoir et envoyer des appels. Plus les points noirs sont nombreux, plus le signal est puissant.

Si vous êtes hors de portée d'un émetteur, la mention « Réseau indisp. » est affichée.

Si un ou deux points seulement sont noirs, déplacez-vous un peu. Quelques pas peuvent parfois faire la différence entre un réseau indisponible et trois ou quatre points.

- **Mode avion :** vous pouvez utiliser un iPhone à bord d'un avion après que le commandant de bord en a donné l'autorisation ou si l'avion est immobilisé à la porte d'embarquement. Mais il est interdit de l'utiliser au roulage et avant le décollage, ou en phase d'atterrissage. L'iPhone est heureusement équipé d'un mode Avion qui désactive toutes les fonctionnalités sans fil – le téléphone, l'accès Internet et Bluetooth –, autorisant néanmoins la musique et les vidéos au cours du vol.

  Des compagnies aériennes offrent le Wi-Fi en vol. Vous pouvez alors activer la connexion Wi-Fi même en Mode avion. Attendez toutefois que l'autorisation de l'utiliser ait été donnée par l'équipage.

3G

- **3G :** cette icône vous informe que le réseau 3G de votre opérateur de téléphonie est disponible, et que l'iPhone peut se connecter à l'Internet.

4G

- **4G :** cette icône vous informe que le réseau 4G de votre opérateur de téléphonie est disponible, et que l'iPhone peut se connecter à l'Internet.

E

- **EDGE :** cette icône indique que le réseau EDGE – appelé aussi 2G – est disponible et que la connexion à l'Internet est possible. Ce réseau est cependant très lent.
- **Wi-Fi :** lorsque cette icône est visible, cela signifie que l'iPhone est connecté à l'Internet par le Wi-Fi. Plus le nombre d'arcs est élevé, plus le signal Wi-Fi est fort. Si vous n'en voyez qu'un ou deux, déplacez-vous un peu. Si l'icône Wi-Fi n'est pas affichée dans la barre d'état, cela signifie que l'accès à Internet n'est actuellement pas possible.

  En terme de débit, le réseau 4G arrive en tête, suivi dans l'ordre par les réseaux 3G et EDGE. L'iPhone tente toujours de se connecter au réseau le plus rapide. Si un réseau Wi-Fi se trouve à portée, c'est prioritairement à lui que l'iPhone essayera de se connecter, même si un réseau 4G, 3G ou EDGE est disponible.

- **Activité de réseau :** cette icône indique qu'une activité de réseau est en cours, comme une synchronisation, la réception ou l'envoi de courrier électronique ou le chargement d'une page Internet. Certaines applications tierces utilisent aussi cette icône pour indiquer une activité de réseau ou autre.
- **Transfert d'appel :** cette icône indique que le transfert d'appel est actif.

VPN

- **VPN :** cette icône indique la connexion à un réseau privé virtuel (*Virtual Private Network*).

- **Verrouillage :** indique que l'iPhone est verrouillé. Reportez-vous au Chapitre 2 pour en savoir plus sur le verrouillage et le déverrouillage.
- **Orientation Portrait verrouillée :** indique que l'iPhone est verrouillé en mode Orientation Portrait. Pour effectuer ce verrouillage, effleurez l'écran depuis tout en bas vers le haut afin d'ouvrir le panneau du Centre de contrôle. Touchez ensuite l'icône en haut à droite.
- **Alarme :** cette icône rappelle que vous avez défini une ou plusieurs alarmes dans l'application Horloge.
- **Services de localisation :** indique qu'une application utilise actuellement un service de localisation, une fonctionnalité étudiée au Chapitre 13.
- **Bluetooth :** indique l'état actuel de la connexion Bluetooth. Si elle est bleue, Bluetooth est actif et le périphérique – un casque d'écoute ou un kit d'oreillettes pour voiture – est connecté. Si l'icône est grise, Bluetooth est actif, mais aucun périphérique n'est connecté. Si l'icône n'est pas visible, c'est parce que Bluetooth est inactif. Vous en apprendrez plus au Chapitre 14.
- **Batterie :** cette icône montre le niveau de la batterie. Un éclair à droite indique que la batterie est en train d'être chargée.
- **TTY :** connexion à un téléscripteur, lui-même connecté au réseau Telex.

Un adaptateur TTY spécial – en fait, un jack à quatre pôles vendu une quinzaine d'euros – est indispensable pour connecter l'iPhone au téléscripteur.

De bien belles icônes

L'écran d'un iPhone tout beau tout neuf tournant sous iOS 11 contient 35 icônes. Chacune représente une fonction ou une application. Comme le restant du livre les aborde en détail, nous nous contenterons ici de les décrire succinctement.

Appuyez sur le bouton principal, sous l'écran pour accéder à la page d'accueil. Si l'iPhone était en veille à ce moment, l'écran de déverrouillage apparaît, à moins que vous ayez défini un code d'accès à quatre chiffres que vous devrez saisir. Si vous avez activé la reconnaissance biométrique, placez le doigt sur le bouton principal.

Après le déverrouillage, l'écran d'accueil apparaît tel qu'il était au moment de la mise en veille. Si un autre écran que l'écran d'accueil apparaît, appuyez de nouveau sur le bouton principal.

Pour repositionner les icônes de votre iPhone :

1. **Maintenez le doigt sur une icône jusqu'à ce que toutes commencent à se trémousser.**
2. **Faites glisser l'icône, du bout du doigt, jusqu'à l'emplacement désiré.**
3. **Appuyez sur le bouton principal pour enregistrer la nouvelle disposition et faire cesser le trémoussement des icônes.**

Si vous n'avez pas redisposé les icônes, elles se présentent dans cet ordre en commençant en haut à gauche :

- **Mail :** cette application permet de recevoir et d'envoyer du courrier, y compris *via* le compte Microsoft Exchange de votre entreprise, si elle en possède un.
- **Calendrier :** quel que soit le logiciel de calendrier que vous utilisez sur votre Mac ou sur votre PC – à condition que ce soit Calendrier, Microsoft Entourage ou Microsoft Outlook –, vous pourrez synchroniser des événements et des alertes entre l'ordinateur et l'iPhone. Créez un événement et il est automatiquement synchronisé dans l'autre appareil dès la prochaine connexion. Du bon travail.
- **Photos :** cette application est un remarquable gestionnaire de photos de l'iPhone. Vous pouvez visionner les photos prises avec l'iPhone ou des photos transférées depuis votre ordinateur. Il est possible de zoomer, de créer des diaporamas, d'envoyer des photos par courrier électronique, *etc.* Les autres téléphones prennent certes des photos, mais l'iPhone permet de les visionner de diverses manières.
- **Appareil photo :** utilisez cette application pour prendre des photos avec l'appareil photo avec une résolution de 8 mégapixels, ou pour filmer en vidéo au format HD 1920p.
- **Plans :** consultez des plans de villes dans le monde entier, informez-vous sur les conditions de circulation, trouvez l'adresse d'un bon restaurant dans les environs.
- **Horloge :** cette application indique l'heure dans le fuseau horaire de plusieurs villes de votre choix. Vous pouvez aussi définir des alarmes, utiliser l'iPhone comme chronomètre ou comme minuteur et programmer vos horaires de sommeil.
- **Météo :** elle affiche les prévisions pour les jours à venir pour bon nombre de grandes villes du monde.
- **Wallet :** permet de payer sans contact, si la carte bancaire est compatible avec cette fonction. Cette application mémorise aussi vos innombrables cartes de fidélité, les cartes d'embarcation, etc.
- **Notes :** utilisez cette application pour prendre des notes sur tout et n'importe quoi, et, comme nous le verrons au Chapitre 5, dessiner du bout

du doigt et scanner des documents. Vous pourrez ensuite envoyer les notes par courrier électronique ou les enregistrer dans l'iPhone à toutes fins utiles.

- **Rappels :** cette application est un pense-bête. Elle peut être associée à Calendrier, Outlook et iCloud, et elle se synchronise automatiquement avec d'autres appareils, à la fois mobiles ou de bureau. Nous l'étudierons au Chapitre 6.
- **Bourse :** si vous êtes hanté par les fluctuations du marché, cette application vous permettra de suivre les cours de la Bourse. La mise à jour des cotations s'effectue avec une vingtaine de minutes de décalage.
- **Vidéos :** cette application est le réceptacle pour vos films, émissions de télévision et clips musicaux. Vous les ajoutez avec iTunes à partir de votre Mac ou PC, ou vous les achetez sur iTunes Store à partir de l'application iTunes de votre iPhone. Nous y reviendrons au Chapitre 10.
- **iBooks :** c'est la liseuse de l'iPhone. Elle sert à lire des livres numériques et les fichiers PDF que vous avez créés ou téléchargés. La bibliothèque peut être classée thématiquement.
- **iTunes Store :** c'est le magasin de musique virtuel d'Apple, où vous pourrez écouter des extraits de musique, acheter et télécharger des chansons ou des vidéos.
- **App Store :** c'est le point d'entrée dans la boutique virtuelle d'Apple, où vous pourrez choisir des applications gratuites ou payantes que vous téléchargerez ensuite.
- **Maison :** application de domotique permettent de télécommander la maison (portes, volets, éclairage, électroménager...) à distance, et d'être reconnu par la maison dès que l'on s'approche d'elle.
- **Santé :** cette application contient votre carnet de santé. Vous pouvez y noter au jour le jour vos paramètres physiques (poids, taille...), nutritionnels, médicaux, *etc.* L'application Santé peut communiquer avec d'autres applications tierces du même genre.
- **Réglages :** cette application sert à configurer l'iPhone. Si vous possédez un Mac, c'est un peu l'équivalent des Préférences Système. Si vous utilisez un PC sous Windows, elle évoquera le Panneau de configuration.

D'autres applications se trouvent dans un second écran, auquel vous accédez en effleurant de droite à gauche (comme vous l'apprendrez au Chapitre 2) :

- **FaceTime :** c'est l'application de vidéophonie d'Apple. Elle est accessible d'autres manières, notamment depuis la fiche d'un contact.
- **Calculette :** elle effectue les quatre opérations, avec mémorisation des résultats. En basculant l'iPhone de côté, une calculette scientifique apparaît.

Pour revoir un résultat après avoir fermé la calculette, appuyez fermement sur son icône, sur l'écran d'accueil.

- **Podcasts :** permet de s'abonner à des podcasts puis les écouter et/ou les visionner ultérieurement.
- **Watch :** gère le jumelage entre une montre iWatch et l'iPhone.
- **Fichiers** : sert à stocker les fichiers que vous avez créés par des applications comme GarageBand, Notes, Photos, le traitement de texte Pages, le tableur Numbers, etc. Ils peuvent être placés, soit dans iCloud – le nuage informatique géré par Apple –, soit dans l'iPhone.
- **Autres :** cet élément est un dossier contenant plusieurs applications. Touchez-le pour accéder à leurs icônes :
- **Boussole :** une application utile aux randonneurs, mais aussi aux bricoleurs, car elle contient aussi un niveau à bulle et un inclinomètre.
- **Astuces :** contient les explications sur plusieurs fonctionnalités de l'iPhone : les notifications, les messages audio, les e-mails, Siri, les contacts, l'horodatage d'un message, le partage en famille et l'autoportrait (ou selfie, si vous préférez).
- **Dictaphone :** cette application transforme l'iPhone en dictaphone pour enregistrer à la volée vos idées ou vos remarques.
- **Contacts :** cette application contient toutes les informations concernant vos correspondants. Elles peuvent être synchronisées avec les contacts de Mac OS X et MacOS, MobileMe, le carnet d'adresses de Yahoo!, les contacts de Google, Outlook Express, Outlook ou Microsoft Exchange. Une icône Contacts se trouve aussi dans l'application Téléphone.
- **Mes amis :** sert à localiser vos proches depuis leur iPhone, leur iPad ou leur iPod Touch. Cette application est utile pour savoir où se trouvent par exemple vos enfants. Il suffit pour cela de sélectionner leur nom dans la liste de vos contacts ou d'indiquer leur adresse de messagerie.
- **Localiser :** cette application sert à localiser un iPhone, un iPad ou un iPod Touch égaré ou volé.

En plus des applications classiquement livrées avec iOS 11. l'iPhone contient celles qui suivent. Elles étaient autrefois vendues à part, dont plusieurs dans la suite logicielle iWork. Elles sont désormais fournies d'office avec tous les iPhone, iPad et Mac.

- **Numbers :** tableur dont la syntaxe des formules est très proche de celle de Microsoft Excel.
- **iTunes U :** application permettant de gérer sa musique et ses vidéos.

- **iMovie :** application de montage vidéo. Montez vos séquences bout à bout, éliminez le début et la fin d'un clip s'ils ne sont pas intéressants. Ajoutez un titrage, des images fixes, un générique...
- **Pages :** traitement de texte autorisant des mises en page sophistiquées.
- **Keynote :** création de diapositives formant une présentation.
- **GarageBand :** application de création musicale. Elle contient de nombreux instruments de musique.

Quatre importantes icônes se trouvent dans la partie inférieure de l'écran principal, sur une barrette appelée Dock. Elles sont ainsi accessibles en permanence, y compris à partir des écrans supplémentaires :

- **Téléphone :** c'est grâce à cette application que l'iPhone est un téléphone. Il fallait y penser !
- **Safari :** c'est votre navigateur Internet. Si vous utilisez un Mac ou un iPad, vous le connaissez déjà (il existe aussi une version pour Windows).

  Messages : touchez ce bouton pour rédiger un SMS ou MMS, échanger des iMessages entre des appareils tournant sous iOS (iPhone, iPad, iPod...), ou pour lire ceux que vous recevez. Le chiffre qui apparaît éventuellement dans le coin supérieur droit du bouton indique le nombre de messages reçus non lus.
- **Musique :** cette icône libère toute la puissance d'un iPod vidéo dans votre téléphone. Attention les yeux et les oreilles !

Si les icônes des applications vous paraissent un peu petites, il est possible de les agrandir légèrement en touchant Réglages > Luminosité et affichage > Afficher. Touchez ensuite l'onglet Agrandi (toucher l'onglet Normal rétablit la taille d'origine).

De nombreuses icônes affichent un menu lorsqu'on appuie fermement dessus. Il permet d'accéder très rapidement aux fonctions les plus communément utilisées. C'est l'une des séduisantes caractéristiques de l'iPhone. Dans ce livre, vous en découvrirez quelques-unes, mais n'hésitez pas à explorer vous-même cette fonctionnalité pour toutes les icônes.

Et voilà. Maintenant que les présentations sont faites entre vous et votre iPhone, le moment est venu de l'allumer, de l'activer et de l'utiliser pour de bon.

Chapitre 2

Formation de base

DANS CE CHAPITRE :

- **Sécuriser l'iPhone.**
- **Allumer et éteindre.**
- **Verrouiller l'iPhone.**
- **Accéder aux autres écrans.**
- **Maîtriser la fonction MultiTouch.**
- **Organiser les dossiers.**
- **Rechercher avec Spotlight.**
- **Recevoir des notifications.**

Mais avant d'étudier ces fonctions, commençons par une fonction des plus élémentaires, mais aussi des plus indispensables.

Allumer et éteindre l'iPhone

Apple ayant eu la bonté de charger partiellement la batterie, l'iPhone est immédiatement utilisable. Après l'avoir extrait de sa boîte, maintenez le bouton Marche/Veille/Arrêt enfoncé, en haut du côté droit (reportez-vous au Chapitre 1 pour connaître l'emplacement de tous les boutons). Le célèbre logo Apple apparaît, suivi un peu plus tard de l'affichage d'un clavier numérique. Saisissiez votre code – celui que vous avez configuré lors de la première utilisation de l'iPhone – ou touchez le bouton principal si vous avez configuré l'identification par votre empreinte digitale.

Vous avez mis l'iPhone en veille et vous l'avez déposé sur une table ? Pour l'allumer, prenez-le, tenez-le à la verticale et il se réveille. Si cette fonctionnalité vous gêne, désactivez-la. Pour cela, touchez l'icône Réglages puis Luminosité et affichage. Désactivez ensuite le commutateur Lever pour activer.

Pour éteindre complètement l'appareil, appuyez continûment sur le bouton Marche/Veille/Arrêt jusqu'à ce qu'un bouton d'extinction placé sur une glissière Éteindre apparaisse en haut de l'écran. Tirez le bouton du bout du doigt vers la droite.

Pour les esprits compliqués, il existe une manière plus tordue d'éteindre l'iPhone : toucher le bouton principal puis Réglages > Général > Éteindre. Actionnez ensuite la glissière Éteindre.

Les protections de l'iPhone

L'iPhone est protégé par un code à six chiffres qui est demandé chaque fois que l'iPhone sort de veille. Il est aussi protégé par un dispositif biométrique : un lecteur d'empreinte digitale qu'Apple appelle poétiquement Touch ID (identifiant par le toucher). L'activation de l'un ou de l'autre est demandée lors de la première utilisation. La procédure étant limpide, car clairement expliquée à l'écran, nous ne nous y attarderons pas. Voyons plutôt ce qui se passe si vous désirez modifier votre choix.

Accéder aux codes et empreintes

Pour configurer le code personnel ou la reconnaissance d'une empreinte digitale, touchez Réglages > Touch ID et code. L'iPhone vous demande de vous identifier par votre code ou par votre empreinte.

Ceci fait, vous accédez à un panneau Code et empreinte comprenant de nombreuses options. Voici les plus importantes :

- **Désactiver le code :** franchement, nous ne vous le conseillons pas. Même si la saisie du code à six chiffres à chaque utilisation de l'iPhone peut parfois être lassante, cette fonction garantit qu'en cas de vol, votre smartphone sera quasiment inutilisable.
- **Changer le code :** si vous estimez que votre code n'est plus assez sûr, vous pouvez le modifier.

- **Exiger le code :** par défaut, le code doit être saisi dès que vous utilisez l'iPhone. Il est cependant possible de retarder la demande du code de 1, 5 ou 15 minutes, ou 1 ou 4 heures. Personnellement, je ne vois pas l'intérêt de cette fonction qui risque de se déclencher au moment le plus inopportun, en vertu de la bien connue loi de Murphy.
- **Empreinte :** cette rubrique réunissant un ensemble d'options n'est utilisable que si un code d'accès a été configuré. Si vous n'avez pas activé la reconnaissance d'empreinte digitale lors de la première utilisation de l'iPhone, vous pourrez le faire maintenant. Touchez l'option Ajouter une empreinte puis suivez les instructions. Lorsqu'elle a été mémorisée, le code chiffré est automatiquement désactivé.

  Lorsqu'une empreinte a été configurée, l'iPhone continue de présenter le clavier pour le code. Vous avez alors deux choix :

  - Taper le code.
  - Toucher le bouton principal.

  Dans les deux cas, l'écran d'accueil apparaît aussitôt.

  Si plusieurs personnes utilisent l'iPhone, pensez à ajouter une empreinte pour chacune d'elles.

Mettre l'iPhone en veille

L'iPhone se met automatiquement en veille dès que vous ne touchez pas à l'écran pendant une minute.

Pas le temps d'attendre ? Pour le mettre immédiatement en veille, appuyez sur le bouton Marche/Veille/Arrêt.

Pour réveiller l'iPhone, appuyez de nouveau sur le bouton Marche/Veille/Arrêt ou sur le bouton principal, ou mieux encore, tenez-le à la verticale. Tapez ensuite le code d'accès ou identifiez-vous avec votre empreinte digitale.

Vous avez compris le rôle important que jouent vos doigts : on peut dire que l'iPhone est véritablement digital, en plus d'être numérique. Nous reviendrons plus loin dans ce chapitre sur ces histoires de doigts.

Accéder aux autres écrans

L'écran d'accueil décrit au Chapitre 1 n'est pas le seul de votre iPhone. Il en existe un autre, et vous pouvez créer des écrans supplémentaires afin d'y répartir les applications que vous téléchargez, comme nous le verrons au Chapitre 15.

Initialement, trois petits points se trouvent au-dessus du Dock. Chacun correspond à un écran. Vous y accédez en effleurant l'écran latéralement. Chaque écran – hormis l'écran des notifications à gauche – peut recevoir jusqu'à 16 icônes d'application ou dossiers. L'iPhone peut compter jusqu'à 12 écrans d'icônes.

Vous pouvez accéder aux écrans, soit par effleurement, soit en touchant un point (mais pour cela, il vaut mieux avoir des doigts de fée et toucher avec précision).

Les quatre icônes de la rangée inférieure – Téléphone, Mail, Safari et Musique – sont affichées en bas de chacun des écrans, ou sur le côté droit si l'iPhone est tenu en largeur, dans une barre appelée Dock. Elle est visible dans chaque écran d'icônes.

Il est très facile de déplacer des icônes d'un écran à un autre. Laissez le doigt sur une icône jusqu'à ce que toutes se mettent à vibrer. Tirez ensuite l'icône jusqu'à son nouvel emplacement. Au besoin, les autres icônes lui feront gentiment de la place. Pour placer l'icône dans un autre écran, tirez-la jusqu'au bord de l'écran. Celui d'à côté apparaîtra aussitôt. Le repositionnement terminé, appuyez sur le bouton principal pour immobiliser de nouveau les icônes.

Appuyez sur le bouton principal pour revenir directement à l'écran d'accueil.

Maîtriser l'interface 3D-Touch

Presque tous les téléphones mobiles sont équipés d'un clavier numérique, parfois même d'un véritable petit clavier AZERTY permettant de taper le texte des SMS et des messages. L'iPhone s'en passe allègrement, car les minuscules boutons sont remplacés par un clavier virtuel appelé « affichage multitouche ». Il est au cœur de la plupart de vos activités avec l'iPhone, et les commandes varient selon la tâche en cours.

Contrairement à d'autres téléphones à écran tactile, vous n'avez que faire d'un stylet. Vos actions s'effectuent du bout des doigts ou, comme nous le verrons par la suite, vocalement, en disant à l'iPhone ce que vous attendez de lui.

L'écran est sensible à la pression : lorsque vous appuyez sur l'icône de certaines applications, par exemple, l'iPhone vibre brièvement tandis qu'un menu propose un accès rapide à une fonction, comme Prendre une photo (application Appareil Photo), Nouveau message, Réception (application Mail), etc.

Notez dès à présent que le clavier virtuel se présente sous trois formes : un clavier alphabétique, un clavier pour les nombres et la ponctuation, et d'autres claviers truffés de symboles. La Figure 2.1 les montre tous. Le clavier est toujours surmonté d'une barre de suggestions. À gauche, entre guillemets, se trouve le mot que vous être en train de saisir. Au milieu et à droite se trouvent deux suggestions que le clavier prédit. Il tient compte, pour rendre ces suggestions plus pertinentes, de ce que vous avez déjà tapé.

Ces trois claviers sont ceux de l'application Notes.

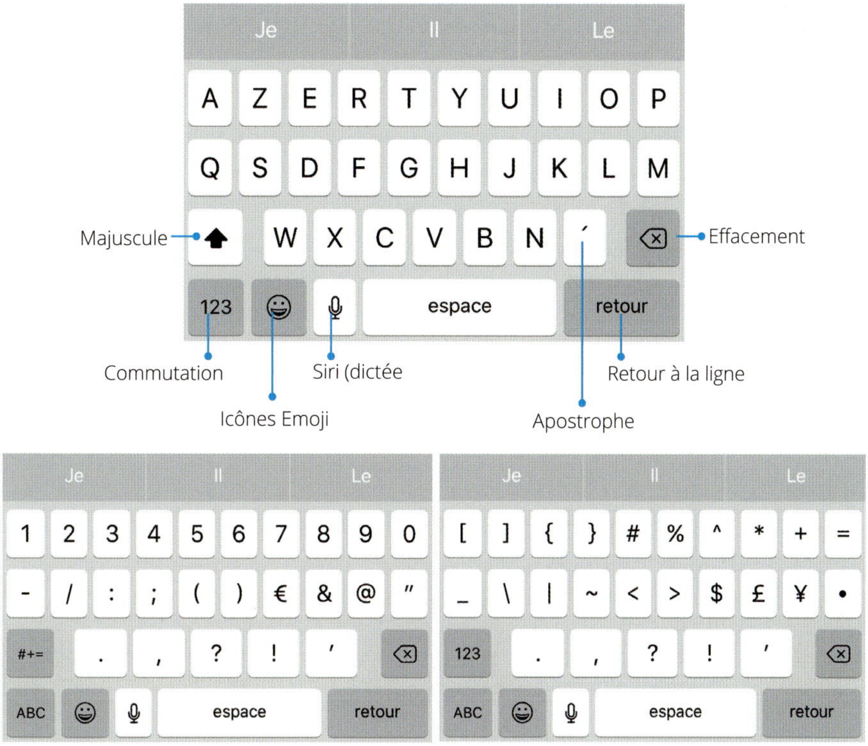

Figure 2.1 : Les trois présentations du clavier virtuel de l'iPhone.

Dans certains cas, les touches du clavier changent légèrement. Par exemple, lorsque vous l'utilisez avec Safari pour saisir l'adresse d'un site Internet, la touche grise Retour est remplacée par une touche Accéder.

Cinq touches n'insèrent aucun caractère. Ce sont : Majuscule, Commutation nombres/symboles, Clavier international, Supprimer et Retour.

- **Touche Majuscule :** si vous utilisez le clavier alphabétique, saisit le caractère en majuscule, puis la saisie continue en minuscules. Avec les autres claviers, permute les claviers Nombres et Symboles.

  Pour verrouiller les majuscules et tout taper en majuscules, double-touchez la touche Majuscule (elle apparaît comme dans la marge). Tapez de nouveau sur la touche pour déverrouiller les majuscules.

  Quand le clavier est en mode Majuscule, les lettres apparaissent en majuscules sur les touches.

- **Touche Commutation :** marquée des signes ABC, ou 123 ou encore #+=, cette touche fait passer de l'un des trois claviers à un autre.
- **Icônes Emoji :** donne accès à des dizaines d'émoticônes et de symboles en tous genres répartis dans sept pages. Si vous utilisez ces icônes pour agrémenter un courrier électronique, sachez qu'elles ne seront affichées que si vos correspondants sont équipés d'un iPhone ou d'un Mac.
- **Siri (dictée) :** cette touche n'apparaît qu'avec les applications pour lesquelles Siri est capable de convertir vos paroles en texte, comme Notes, Messages, Mail, Safari... Touchez-la, dites une phrase et Siri la convertit en texte.
- **Touche International :** elle n'apparaît à gauche de la touche Espace que si plusieurs claviers nationaux ont été configurés, comme l'explique l'encadré « Un clavier sans frontière ». Elle se trouve aussi dans le sélecteur d'icônes Emoji.
- **Touche Effacement :** cette touche efface le caractère à gauche du curseur.

  Appuyez sur Supprimer pendant un instant et des mots entiers – plutôt que des caractères – sont effacés.

- **Touche d'apostrophe :** elle place une apostrophe.
- **Touche Retour :** renvoie le curseur à la ligne suivante. Dans certaines applications, elle est remplacée par la touche Accéder.

Pour agrandir légèrement les touches et taper du texte plus confortablement, tenez l'iPhone en largeur.

Le clavier incroyablement intelligent de l'iPhone

Avant d'utiliser le clavier, il s'agit de savoir ce que l'on entend exactement par « intelligence ». Vous en tirerez ainsi mieux parti :

- L'iPhone contient un dictionnaire de français.
- Il ajoute automatiquement vos contacts à son dictionnaire.

UN CLAVIER SANS FRONTIÈRE

Le clavier français, accessible en touchant Réglages > Général > Clavier > Claviers > Français, est décliné en plusieurs versions : Azerty accentué contient la touche d'accentuation. Dans la disposition Azerty, cette touche est absente et n'est remplacée par aucune autre. Deux autres claviers français sont proposés : Qwerty (anglophone) et Qwertz (germanophone), mais tous deux avec les caractères spéciaux accentués. D'autres dispositions sont proposées sur le même panneau.

C'est une vraie tour de Babel chez vous ? Touchez cette fois Réglages > Général > Clavier > Claviers > Ajouter un clavier. Plus d'une cinquantaine de claviers internationaux sont proposés.

Vous pouvez sélectionner autant de claviers étrangers que vous le désirez. Quand vous démarrez une application exigeant de la saisie de texte, touchez à plusieurs reprises le petit bouton en forme de globe, à gauche de la touche de dictée Siri (celle avec un microphone dessiné dessus, sur la Figure 2.2) jusqu'à ce que le clavier désiré apparaisse. En continuant de le toucher, vous revenez au clavier français.

Figure 2.2 : Le sélecteur de claviers internationaux se trouve à gauche de la touche Siri, à la place de la touche Icônes Emoji.

- Il recourt à des algorithmes d'analyse complexes pour prédire le mot que vous êtes en train de taper.
- Il suggère des corrections au cours de la frappe, dans un bandeau situé juste au-dessus du clavier virtuel. La première suggestion, entre guillemets, est ce que vous êtes en train de saisir. Elle est suivie de deux suggestions qui pourraient correspondre. Si vous refusez les suggestions et que le mot que vous tapez ne figure pas dans le dictionnaire de l'iPhone, ce dernier l'y ajoute et le proposera par la suite parmi ses suggestions.

  Refuser une suggestion afin d'imposer votre orthographe permet à votre clavier intelligent de l'être encore plus.
- Il réduit le risque de fautes de frappe en redimensionnant intelligemment et dynamiquement la zone d'effleurement de certaines touches. Vous ne le voyez pas, mais l'iPhone agrandit la zone d'effleurement des touches susceptibles d'être tapées ensuite, et désactive la zone de celles qui n'ont que peu de chance, voire aucune, d'être tapées.

- Il accélère la saisie en remplaçant à la volée, par l'orthographe correcte, le mot que vous saisissez dans la précipitation. Par exemple, si vous saisissez « Cest l'ete », l'application remplacera automatiquement ce texte par « C'est l'été ». Avec un peu d'entraînement, on peut apprivoiser cette étrange grammaire pour taper plus vite que correctement.
- Il permet de répondre directement à une notification depuis l'écran de verrouillage, sans même déverrouiller l'iPhone.

ENTRAÎNER VOS DOIGTS

Jusqu'à présent, vous tapiez avec plus ou moins de férocité sur les touches électromécaniques d'un clavier. Avec l'iPhone, la frappe est plus nuancée.

L'iPhone introduit en effet une gestuelle spéciale qui, si elle n'est pas compliquée, exige cependant que l'on s'y habitue :

- **Toucher :** cette action a de multiples usages, comme vous le découvrirez dans ce livre. Vous pouvez toucher une icône pour ouvrir une application à partir de l'écran d'accueil, ou pour écouter un morceau ou choisir une pellicule de photos à visionner. Il vous faudra parfois double-toucher pour zoomer en avant ou en arrière dans une page Internet, sur des plans ou dans des courriers électroniques.
- **Effleurer, ou feuilleter :** effleurer l'écran dans une direction (que Apple appelle « feuilleter ») sert à faire défiler rapidement une liste de courriers électroniques, de morceaux de musique ou des vignettes de photos ou de vidéos. Touchez l'écran pour arrêter le défilement ou attendez tout bonnement qu'il s'arrête de lui-même.
- **Pincer/Écarter :** placez deux doigts, chacun au bord d'une page Internet ou d'une image, puis écartez-les pour l'agrandir ou pincez-les pour la réduire. C'est un geste simple qui impressionne les âmes innocentes (l'une d'elles en pincera pour vous).
- **Glisser :** appuyez doucement le doigt contre l'écran tactile puis déplacez-le sans l'ôter. Le contenu de l'écran se déplacera avec le doigt. Commode pour suivre une carte routière...

La dactylographie

L'interface Multi-Touch d'Apple est vraiment un trait de génie. Mais elle risque aussi de vous tourner en bourrique, du moins au début.

Avec un peu de patience et d'acharnement exacerbé, vous devriez être à l'aise avec la dactylographie iPhonienne en une petite semaine. Vous devrez de toute façon utiliser le clavier virtuel – qui apparaît spontanément dès que vous touchez un champ de texte – pour saisir des notes, taper un message, le nom d'un contact, *etc.*

Apple recommande – et nous aussi – de commencer par taper avec votre index, avant de passer peu à peu à l'utilisation de deux doigts.

LES DOIGTS OU LE POUCE ?

Faut-il taper avec les doigts ou avec le pouce ? Réponse : les deux. Il semble parfois plus facile de tenir l'appareil avec la main non prédominante (la main gauche pour les droitiers et la droite pour les gauchers) et toucher avec l'index de la main prédominante, notamment lorsque vous débutez avec l'iPhone.

Par la suite, quand vous vous serez habitué à taper avec un index, vous pourrez commencer à accélérer la saisie en utilisant les deux mains. Il existe deux façons de le faire :

- Placez l'iPhone sur une surface ferme - une table ou un bureau - et tapez des deux index. Certains apprécient cette technique, qui n'est toutefois pas facilement utilisable dans d'autres circonstances, au lit par exemple.
- Placez l'iPhone entre vos deux mains en forme de conque et tapez avec les pouces. Cette technique a l'avantage d'être utilisable presque n'importe où. Mais les pouces étant plus gros que les doigts, il est plus difficile de toucher avec précision.

Quelle est la meilleure technique ? Ne comptez pas sur nous pour vous le dire. Essayez-les et voyez avec laquelle vous tapez avec le plus de précision. Mieux : maîtrisez les deux techniques et utilisez celle qui est la plus appropriée aux présentes circonstances.

Apple a introduit beaucoup d'intelligence dans le clavier virtuel afin qu'il puisse corriger les fautes de frappe à la volée et prédire ce que vous vous apprêtez à taper.

Lorsqu'un champ de saisie est déjà occupé par du texte – ce qui est fréquent – et que vous désirez l'effacer complètement, touchez le bouton rond gris, à droite : le champ est instantanément vidé. C'est plus rapide que de positionner le curseur au bout du texte et d'utiliser laborieusement la touche d'effacement.

Quand vous touchez un caractère du clavier, la touche s'agrandit, ce qui facilite la saisie (voir Figure 2.3). Les variantes accentuées comme à la Figure 2.4, ou la cédille, sont affichées après avoir immobilisé le doigt un bref instant sur la touche. Glissez le doigt jusque sur la lettre à utiliser.

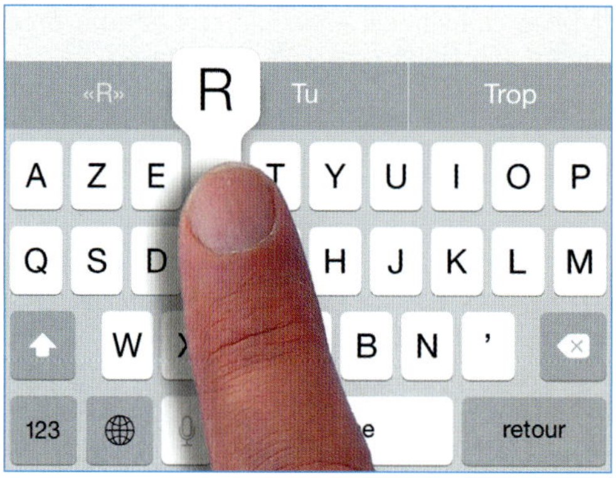

Figure 2.3 : La touche effleurée est agrandie pour faciliter la saisie.

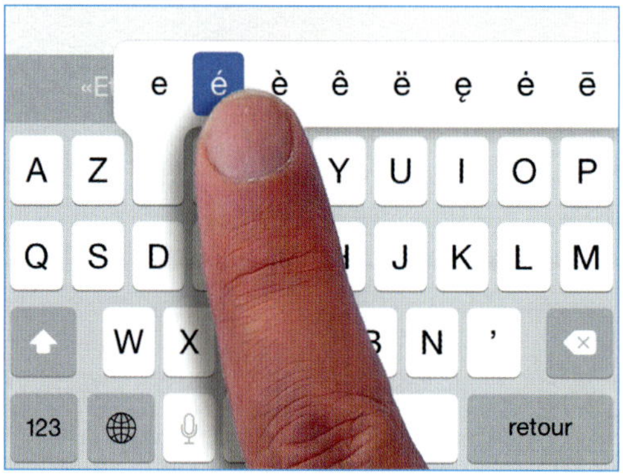

Figure 2.4 : Le clavier virtuel contient tous les accents.

Figure 2.5 : L’application Notes anticipe ce que vous saisissez.

L’iPhone s’efforce d’anticiper ce que vous saisissez. À la Figure 2.5, l’application Notes a déduit, en analysant, ce que vous avez déjà tapé `(«l'exi»)` que vous vous apprêtez à taper le mot `l'existence`, qui est déjà présélectionné, ou `l'exil`, qui est la seconde suggestion. Si vous désirez écrire `l'existence`, tapez la touche Espace et le mot en cours de saisie est aussitôt complété, ce qui vous fait gagner du temps. Ou alors, touchez le mot `l'exil` et c'est lui qui sera utilisé.

Plus fort : l'iPhone devine même ce que vous êtes en train de faire. Par exemple, quand vous saisissez une adresse Internet dans le navigateur Safari (voir Chapitre 11), le clavier affiche, à la place de l'inutile barre Espace, trois touches avec le point, la barre inclinée et « .com » pour accélérer la saisie. Mais dans Notes (Chapitre 5), la barre Espace est affichée. Et quand vous tapez un message électronique, une touche @ est proposée.

Pour taper de la ponctuation, des chiffres ou des symboles dans une note ou dans un courrier électronique, vous devez appuyer sur la touche 123 pour accéder aux autres claviers. Tapez de nouveau sur la touche ABC pour revenir au clavier initial, ou sur la touche Espace. La manipulation n'est pas compliquée. C'est une habitude à prendre.

Quand l'iPhone est tenu en largeur, les touches du clavier sont un peu plus grandes, et quelques touches supplémentaires sont affichées : une touche d'annulation de la dernière saisie (à gauche) et des touches permettant de déplacer la barre d'insertion (à droite). Une touche pour le point est également disponible de même, que dans le coin inférieur droit, une touche pour escamoter le clavier.

Double-touchez pour placer un point.

Corriger les erreurs

L'idéal est bien sûr de taper avec une belle assurance sans aucune erreur. Mais s'il s'en produit, le clavier autocorrectif en rectifiera beaucoup. Cela dit, les fautes de frappe seront nombreuses, surtout au début. Vous devrez alors les corriger manuellement, sauf si l'iPhone suggère le terme correct.

Un truc sympa pour corriger facilement consiste à laisser le doigt à proximité de la faute de frappe. Une loupe semblable à celle de la Figure 2.6 apparaît. Utilisez-la pour amener le pointeur exactement là où vous désirez corriger.

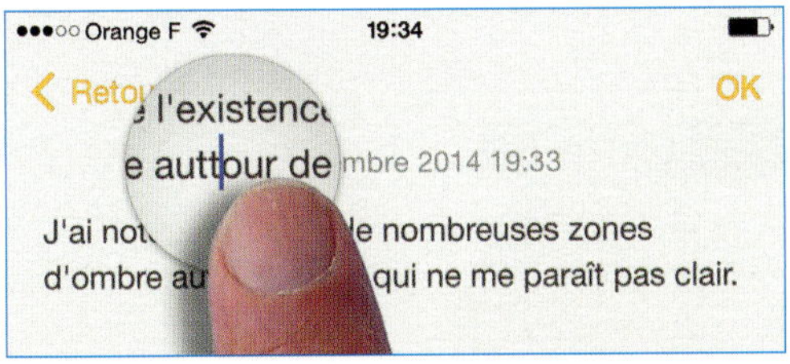

Figure 2.6 : Ne loupez pas vos erreurs.

Couper, copier, coller

Vous pourriez avoir envie, avec votre iPhone, de copier du texte ou une image présents sur un site Internet et coller cet élément dans un courrier électronique, dans un SMS ou sur une note. Ou copier un ensemble de photos ou de vidéos dans un courrier électronique.

Voici comment exploiter cette fonctionnalité. Supposons que vous ayez couché des idées dans l'application Notes et que vous désiriez les copier dans un courrier électronique. Double-touchez un mot pour le sélectionner, comme à la Figure 2.7, puis tirez les boutons de sélection, ou poignées, pour sélectionner une plus grande partie de texte, ou rapprochez-les pour réduire la sélection existante. Le texte sélectionné, touchez Copier (pour supprimer le bloc de texte, touchez Couper).

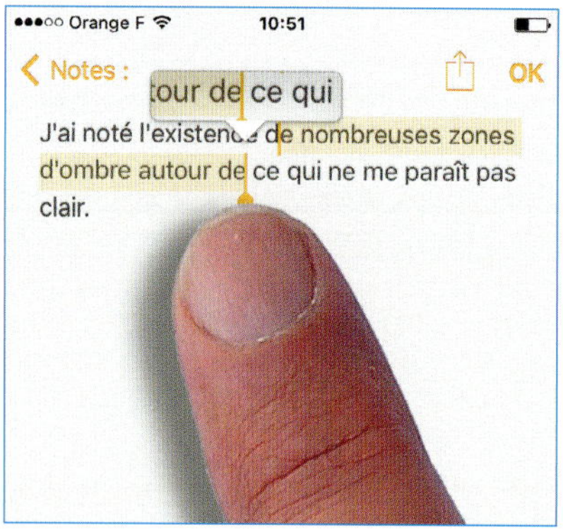

Figure 2.7 : Tirez les poignées pour sélectionner du texte (ici, dans l'application Notes).

Ouvrez à présent l'application Mail (décrite au Chapitre 12) et commencez à écrire le message. Le moment venu d'insérer le texte, touchez le curseur. Les commandes Sélectionner, Tout sélectionner et Coller apparaissent, comme à la Figure 2.8. Touchez Coller pour insérer le texte dans le message.

Figure 2.8 : Touchez Coller pour insérer le texte copié. Ici, le texte provenant de l'application Notes va être collé dans un courrier électronique.

Et voici le plus amusant : secouez l'iPhone pour annuler un couper, un coller ou une erreur de saisie.

Le multitâche

Le multitâche est une fonctionnalité permettant à votre iPhone d'exécuter plusieurs applications en même temps et de passer facilement de l'une à l'autre. Vous pouvez ainsi écouter de la musique avec une application de radiophonie (comme Radio France, RMC, Skyrock...) tout en surfant sur l'Internet avec l'application Safari, en regardant vos photos ou en échangeant du courrier électronique. Auparavant, vous auriez été obligé d'arrêter l'application musicale pour faire autre chose. Il était certes possible d'écouter des morceaux avec iPhone en tâche de fond, mais c'était tout. Le multitâche était limité à cette seule application.

Mais ce n'est pas tout. Quand vous utilisez une application de téléphonie comme Skype, vous recevrez des notifications d'appel même si Skype n'a pas été démarré. Le multitâche laisse aussi une application de navigation utilisant le GPS effectuer la mise à jour de votre position pendant que vous écoutez une radio Internet, par exemple. De temps en temps, le volume de la musique baisse afin que vous entendiez clairement les instructions de conduite.

De plus, si vous téléchargez des images sur un site photo et que le transfert est plus long que prévu, vous pouvez passer à une autre application pour patienter.

Le multitâche est vraiment commode. Double-cliquez avec le bouton principal pour voir les dernières applications que vous avez utilisées, comme le montre la Figure 2.9. Elles apparaissent à droite de l'écran d'accueil, ou de l'écran supplémentaire, affiché au moment où vous avez double-cliqué.

Effleurez l'écran vers la gauche pour voir d'autres applications dernièrement utilisées.

Selon Apple, le multitâche ne draine pas la batterie ou n'accapare pas de ressources.

Pour supprimer une icône du tiroir, et donc faire que cette application ne soit plus multitâche, envoyez son aperçu vers le haut d'une pichenette et hop, l'icône disparaît. L'application n'est pas du tout effacée de l'iPhone. Elle est seulement complètement fermée. Cette action est commode pour mettre fin à un programme qui continue de fonctionner même si vous l'avez quitté. C'est le cas de certaines applications GPS.

Cliquez avec le bouton principal pour revenir à l'écran d'accueil.

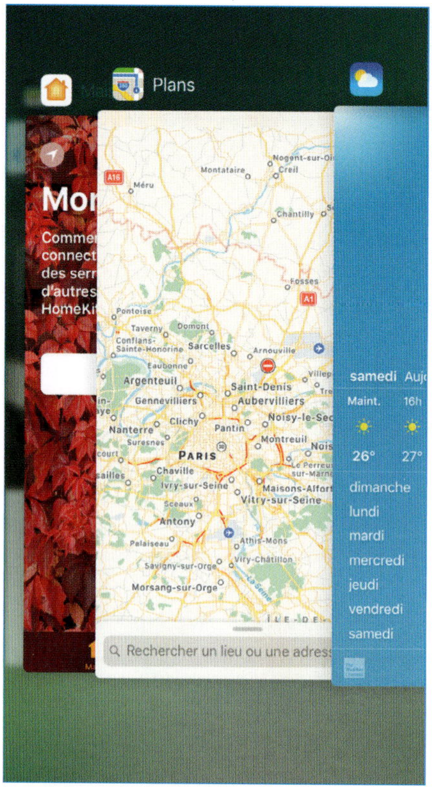

Figure 2.9 : Les dernières applications utilisées apparaissent à droite de l'écran d'accueil. Effleurez pour faire défiler les autres icônes.

Placer des icônes dans des dossiers

Trouver une icône d'application quelque part parmi les onze écrans peut être quelque peu difficile. Mais fort heureusement, il est possible de les placer dans des dossiers thématiques où elles seront beaucoup plus faciles à trouver. Vous pouvez créer des dossiers pour réunir des applications d'achats en ligne, de photographie ou pour les jeux, *etc.* (Figure 2.10).

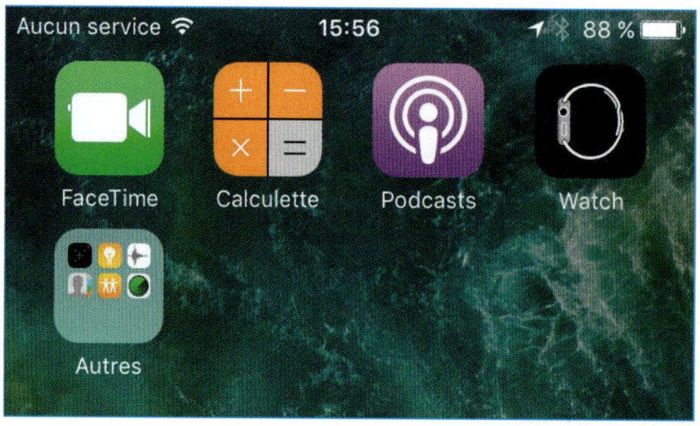

Figure 2.10 : Dans l'écran supplémentaire, Autres, le derniers des éléments, est un dossier contenant six applications.

Pour créer un dossier, touchez continûment une icône jusqu'à ce que toutes les icônes vibrent. Faites ensuite glisser une icône jusque sur une autre (Figure 2.11). Un dossier est spontanément créé pour les recevoir. Apple propose un nom de dossier approprié au type d'applications, mais il est très facile de le remplacer par un autre au moment de la création du dossier (touchez le bouton X puis saisissez le nouveau nom).

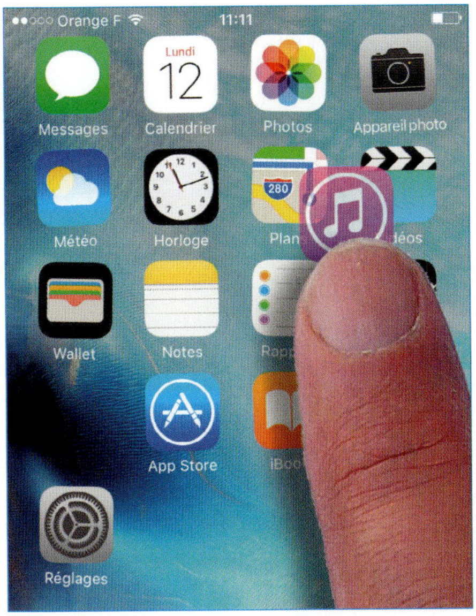

Figure 2.11 : L'icône iTunes Store est glissée jusque sur l'icône Vidéos afin de les réunir dans un dossier.

Pour démarrer une application qui se trouve dans un dossier, touchez le dossier en question, puis touchez l'icône de l'application à ouvrir.

Des applications peuvent être déposées ou extraites d'un dossier. Chaque dossier peut contenir jusqu'à 12 applications. Comme l'iPhone peut recevoir jusqu'à 180 dossiers, vous pouvez engranger jusqu'à 2160 applications. Enfin, lorsque vous tirez toutes les applications hors d'un dossier, ce dernier disparaît.

Rechercher

Une fonctionnalité fort utile, nommée Spotlight, permet de rechercher des personnes et des programmes dans la totalité de votre iPhone, dans des applications spécifiques et, au besoin, sur l'Internet. Nous vous expliquerons comment, dans les différents chapitres consacrés aux applications Mail, Contacts, Calendrier, Notes et Musique.

Pour démarrer Spotlight, effleurez l'écran d'accueil, ou un écran supplémentaire, du milieu vers le bas.

Saisissez le critère de recherche dans la barre qui apparaît en haut de l'écran. L'iPhone fournit des résultats dès la saisie de la première lettre, puis il les réduit peu à peu. Toutes les occurrences de la syllabe « App » (Figure 2.12) dans des noms d'applications, de contacts, de morceaux de musique (nom de l'album, artiste…), dans des courriers électroniques, des messages (SMS, MMS, iMessages) et partout ailleurs, y compris sur iCloud, sont affichées, en attendant que la totalité du mot ait été saisie.

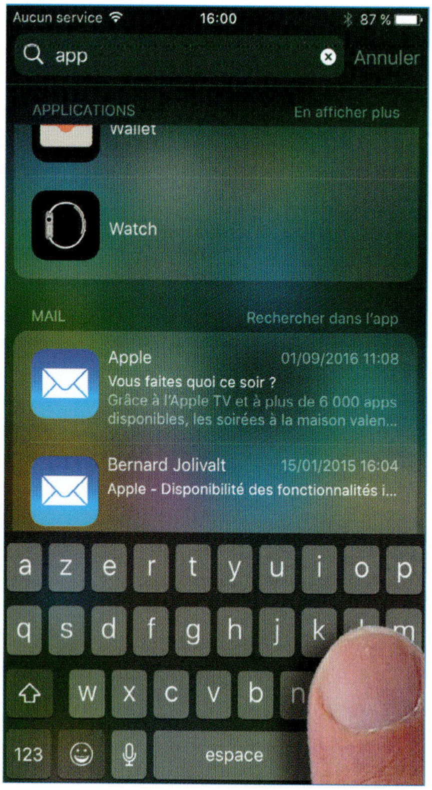

Figure 2.12 : Une recherche effectuée par Spotlight.

Touchez l'élément trouvé pour démarrer l'application où il se trouve et y accéder.

Les notifications

Un smartphone est un outil fort commode, mais qui peut l'être encore davantage si vous accédez en un clin d'œil aux informations du jour les plus importantes : vos rendez-vous (à ne pas manquer), la météo (pour sortir couvert), les cours de la Bourse (pour flipper) les appels téléphoniques manqués (pour flipper encore plus), vos rendez-vous du jour et du lendemain, et bien d'autres infos.

Auparavant, accéder à tous ces renseignements vous obligeait à ouvrir et consulter quantité d'applications, ce qui n'était pas très pratique quand par ailleurs vous aviez trente-six mille choses à faire. Apple a donc eu cette idée géniale d'un panneau récapitulatif que l'on tire par-dessus l'écran et qui contient toutes les informations utiles.

Quel que soit l'écran ou l'application affiché, effleurez l'écran de haut en bas pour accéder au Centre de notifications. Il comprend deux volets. L'un pour les messages que vous envoient des applications (par exemple, une application de parking peut vous signaler que la durée de stationnement arrive à sa fin), l'autre, accessible en effleurant l'écran de gauche à droite, pour les tâches de la journée (Figure 2.13). Pour accéder aux commandes audio (volume, morceau suivant ou précédent), balayez l'écran de la droite vers la gauche.

Figure 2.13 : Un rendez-vous prévu ce soir, des suggestions d'applications, les titres de l'actualité et, plus bas et masquées, la météo et la bourse.

Vous pouvez sélectionner le type de notifications à afficher et configurer l'ordre d'affichage. Pour cela, tout en bas du Centre de notifications, touchez le bouton Modifier. Dans l'écran que montre la Figure 2.14, organisez les éléments à votre convenance.

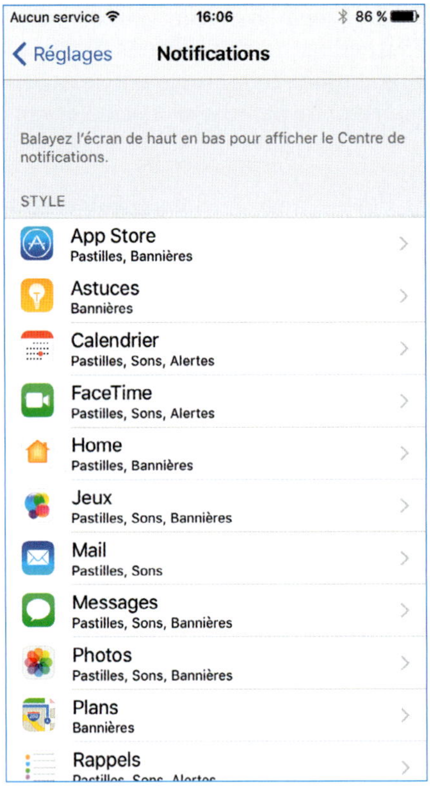

Figure 2.14 : Choisissez ou désactivez les notifications.

Pour chaque application envoyant des notifications, vous pouvez choisir l'affichage avec ou sans son, sous forme de bannières qui apparaissent un instant en haut de l'écran ou de messages d'alerte qui restent affichés au milieu de l'écran, et cela même sur l'écran verrouillé. Pour cela, touchez Réglages > Notifications.

Le Centre de contrôle

Le Centre de contrôle que montre la Figure 2.15 offre un accès rapide aux fonctionnalités dont vous avez le plus besoin au quotidien. Pour l'afficher, effleurez l'écran depuis le bas vers le haut.

Pour plus de commodité, le Centre de contrôle est accessible quel que soit l'écran ou l'application en cours. Il peut même être affiché depuis l'écran de verrouillage.

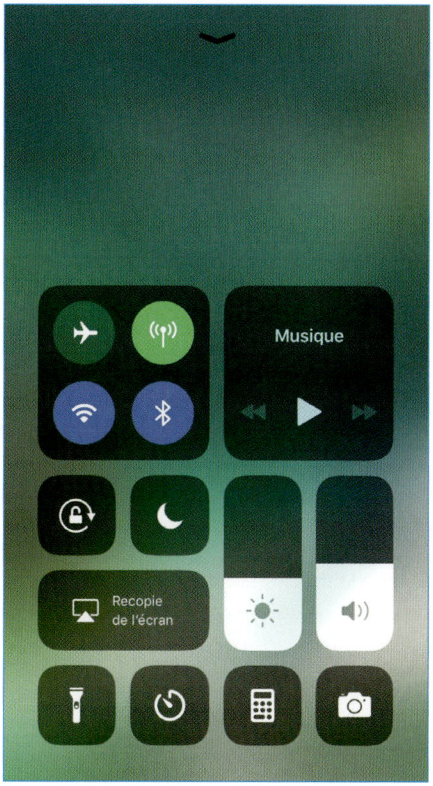

Figure 2.15 : Le Centre de contrôle offre un accès rapide aux fonctions les plus utiles.

Le Centre de contrôle contient les boutons suivants :

- **Mode avion :** désactive ou active toutes les communications hertziennes.
- **Wi-Fi :** désactive ou réactive le Wi-Fi.
- **Connexion :** déconnecte ou reconnecte l'iPhone du réseau Wi-Fi.
- **Bluetooth :** désactive ou réactive la liaison Bluetooth.

  Notez que garder le doigt deux secondes sur l'un des quatre boutons ci-dessus affiche un panneau de six icônes comprenant les fonctions suivantes, qui peuvent être activées ou désactivées : Mode avion, Données cellulaires, Wi-Fi, Bluetooth, AirDrop et Partage de connexion.

- **Verrouillage de l'orientation :** empêche ou rétablit le basculement de l'écran quand l'iPhone est orienté en largeur.

- **Ne pas déranger :** désactive ou réactive la fonction Ne pas déranger. Vous ne recevrez ni notifications, ni SMS, MMS et iMessage. Ne manquez pas de toucher Réglages > Ne pas déranger, afin de personnaliser la réaction de l'iPhone à toutes ces sollicitations.

En haut à droite, la grande icône Musique permet de mettre un morceau en pose et le reprendre, ou passer au morceau suivant ou précédent.

Sous l'icône Musique, celle de gauche sert à régler la luminosité de l'écran en l'effleurant. Celle de droite règle le volume sonore. Garder le doigt dessus agrandit ces commandes. Le bouton d'activation/désactivation de Night Shift (décrit au Chapitre 6) est affiché en agrandissant le réglage de la luminosité.

Gardez le doigt sur Musique pour accéder à un panneau agrandi permettant de régler aussi le volume.

Le bouton Recopie de l'écran sert à lire l'écran de l'iPhone sur un téléviseur, grâce à une liaison via Apple TV.

Quatre icônes utilitaires se trouvent en bas du panneau :

- **Torche :** allume ou éteint la torche électrique. Gardez le doigt sur la commande pour l'agrandir et régler ainsi la puissance.

- **Minuteur :** donne accès à la fonction Minuteur de l'application Horloge, qui sert à décompter une durée. Gardez le doigt dessus pour régler la durée par paliers, de 1 minute à 2 heures. Dans Horloge, vous avez également accès aux fonctions Alarme et Chronomètre.

- **Calculette :** affiche une calculette multifonction. Tenez l'iPhone en largeur pour afficher une calculette scientifique. Gardez le doigt sur le bouton pour n'afficher que le dernier résultat.

- **Appareil photo :** ouvre l'application Appareil photo (une autre technique consiste à appuyer fermement, un instant sur l'icône et choisir l'option Prendre une photo). Gardez le doigt dessus pour afficher un menu proposant les fonctions suivantes : Prendre un selfie, Enregistrer une vidéo, Enregistrer un ralenti et Prendre un portrait.

Les commandes que nous venons d'évoquer sont celles affichés par défaut dans le Centre de contrôle. Vous pouvez ôter celles dont vous ne vous servez pas, ou en ajouter quantité d'autres, comme Alarme, Ne pas déranger en voiture, Dictaphone, etc. Pour cela, touchez Réglages > Centre de contrôle > Personnaliser les commandes. Choisissez ensuite les éléments à masquer ou à afficher.

Pour résumer, trois effleurements verticaux sont opérationnels sur l'iPhone : de haut en bas pour afficher le Centre de notification, de bas en haut pour accéder au Centre de contrôle, et du milieu vers le haut pour effectuer une recherche dans l'iPhone (cette dernière fonction n'est pas utilisable sur l'écran de verrouillage).

Entre ces icônes, une glissière règle la luminosité de l'écran tandis que l'autre règle le volume sonore du morceau de musique que vous écoutez. Les trois boutons associés à cette glissière servent à mettre la musique en pause ou reprendre l'écoute, ou passer au morceau précédent ou suivant.

Chapitre 3

Synchronisation : vers et de l'iPhone

DANS CE CHAPITRE :

» **Votre première synchronisation.**

» **La déconnexion pendant une synchronisation.**

» **Synchroniser manuellement les contacts, les calendriers, les comptes de messagerie et les signets.**

» **Synchroniser les sonneries, la musique, les podcasts, la vidéo, les photos et les applications.**

Après avoir activé l'iPhone et vous être initié à son fonctionnement, il s'agit à présent d'y introduire tout ou partie de vos contacts, rendez-vous, événements, paramètres de messagerie, signets, sonneries, musiques, vidéos, podcasts, photos et applications.

Nous avons une bonne nouvelle à vous communiquer et... une encore meilleure. La bonne nouvelle est qu'il est très facile de copier tous ces éléments de votre ordinateur dans l'iPhone. La meilleure nouvelle est qu'une fois la copie réalisée, vous pourrez synchroniser vos contacts, rendez-vous et événements afin qu'ils soient automatiquement mis à jour aux deux endroits – dans l'ordinateur et dans l'iPhone – chaque fois que l'un d'eux sera modifié. Les informations sont ainsi toujours concordantes.

C'est ce procédé qui porte le doux nom de « synchronisation ». Il n'est pas bien compliqué et vous découvrirez l'ensemble de la manipulation dans ce chapitre.

Mais il y a d'autres bonnes nouvelles. Les éléments que vous gérez dans votre ordinateur, comme les paramètres de messagerie, photos, musiques, films et podcasts, ne sont synchronisés que dans un seul sens : de votre ordinateur vers l'iPhone, car c'est ainsi que cela doit l'être.

Configurer la synchronisation

Si vous comptez utiliser votre iPhone sans ordinateur, vous pouvez vous dispenser de lire le reste de ce chapitre, puisque vous n'aurez pas de synchronisation à effectuer. Allez directement au Chapitre 4.

La synchronisation est une phase importante. Elle fait en sorte que les données présentes dans votre ordinateur et celles présentes dans votre iPhone soient identiques.

DÉCONNECTER L'IPHONE

Lors de l'échange des données, l'écran de l'iPhone affiche l'icône de transfert de données dans la barre d'état. Lorsqu'elle disparaît, l'iPhone peut être déconnecté.

Si vous déconnectez l'iPhone avant la fin de la synchronisation, les données ou une partie d'entre elles risquent de ne pas être copiées.

La configuration de la synchronisation s'effectue en principe une seule fois, mais vous pouvez à tout moment revenir dans les différents panneaux et modifier les paramètres.

1. **Connectez l'iPhone à l'ordinateur grâce au câble USB qui vous a été fourni.**

   La connexion de l'iPhone à l'ordinateur démarre automatiquement iTunes. Si cela ne se produit pas, essayez manuellement, en cliquant sur son icône dans le Dock du Mac.

   Sous Windows 7, cliquez sur le bouton Démarrer et choisissez Tous les programmes > iTunes > iTunes. Sous Windows 8, 8.1 ou 10, saisissez simplement le mot iTunes dans l'écran d'accueil, et son icône sera affichée avant même que vous ayez fini de taper. Double-cliquez ensuite dessus.

   Évitez de brancher l'iPhone à un concentrateur USB (ou *hub*) ou au port USB d'un clavier ou d'un écran, car leur alimentation électrique n'est pas toujours aussi bonne que celle d'un port USB directement placé sur l'ordinateur.

   Le panneau du bouton Résumé apparaît spontanément (Figure 3.1). Si ce n'est pas le cas, cliquez sur le bouton iPhone, en haut à gauche d'iTunes (son icône est un iPhone).

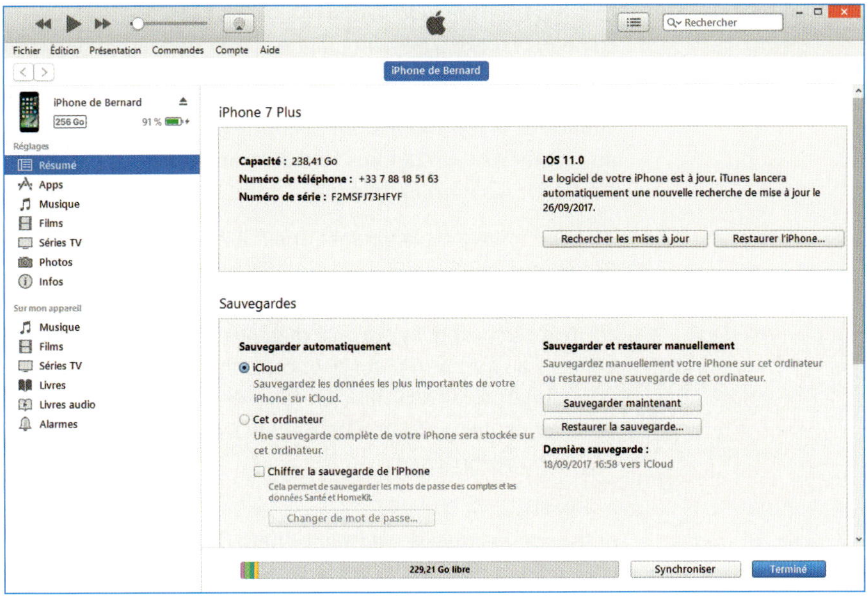

Figure 3.1 : Le panneau Résumé d'iTunes.

2. **Pour qu'iTunes ne démarre pas systématiquement chaque fois que l'iPhone est connecté à l'ordinateur, décochez la case Synchroniser automatiquement lorsque cet iPhone est connecté, dans la rubrique Options.**

   Si vous voulez connecter l'iPhone à l'ordinateur uniquement pour charger sa batterie, vous ne souhaitez peut-être pas qu'iTunes apparaisse systématiquement.

   En revanche, quand cette option est sélectionnée, iTunes démarre chaque fois que vous connectez l'iPhone puis il synchronise les fichiers.

3. **Pour ne synchroniser que les éléments cochés, dans la bibliothèque d'iTunes, cochez la case Ne synchroniser que les morceaux et vidéos cochés, dans la rubrique Options.**

   Autrement, iTunes synchronise tous les éléments, ce qui n'est pas toujours souhaitable.

4. **Pour que les clips vidéo en haute définition que vous importez soient automatiquement convertis dans un standard à moindre définition, lorsque vous les copierez vers votre iPhone, cochez la case Préférer les vidéos en définition standard.**

   Les fichiers des clips vidéo en définition standard sont notablement moins volumineux que les clips en haute définition. Vous discernerez à peine la différence lorsque vous les regarderez sur l'iPhone, mais vous pourrez en stocker davantage, car ils occuperont moins de place dans la mémoire de stockage.

La conversion de la définition HD (haute définition) vers une définition standard est extrêmement longue. Il vaut mieux le savoir si vous êtes pressé.

5. **Si vous désirez que les morceaux de musique dont le débit binaire est supérieur à 128 kilobits par seconde (kbps) soient convertis en fichiers au format AAC à 128 kbps lors du transfert dans l'iPhone, cochez la case Convertir les morceaux dont le débit est supérieur en 128 kbps en AAC.**

   Un débit binaire élevé garantit une meilleure qualité du son mais au prix d'un fichier plus volumineux. Celui des morceaux de musique achetés sur iTunes Store ou sur Amazon, par exemple, est de 256 kbps. Quatre minutes de son à 256 kbps occupent environ 8 méga-octets dans la mémoire de stockage. Converti au format AAC à 128 kbps, le fichier est à peu près deux fois moins volumineux, soit 4 Mo, pour un son d'une qualité quasiment similaire. Notez que l'option de conversion permet de fixer le seuil de conversion à 128 kbit/s, 192 kbit/s et 256 kbit/s.

   À vrai dire, c'est seulement en connectant l'iPhone à une chaîne stéréo très performante équipée d'enceintes haut de gamme qu'une oreille exercée parviendra à faire la différence. Avec des écouteurs ou des enceintes grand public, elle est indiscernable.

6. **Pour désactiver la synchronisation automatique du contenu des panneaux Musique et Vidéo, cochez la case Gérer manuellement la musique et les vidéos.**

7. **Dans la rubrique Sauvegardes, choisissez l'emplacement de stockage des données de votre iPhone :**

   - **iCloud :** quand ce bouton d'option est actif, le contenu de l'iPhone est sauvegardé dans les serveurs d'Apple, comme expliqué dans la prochaine section. L'avantage est que vous pourrez restaurer votre iPhone depuis n'importe où dans le monde, pour peu qu'une connexion soit possible. Si vous êtes obligé de remplacer l'iPhone, à cause d'un accident ou d'un vol, vous pourrez récupérer vos données dans le nouveau.

   - **Cet ordinateur :** les données sont stockées sur l'ordinateur. Vous devrez vous y connecter avec un câble USB pour récupérer des données.

8. **Pour protéger les sauvegardes par un mot de passe – l'iPhone crée automatiquement une sauvegarde de son contenu chaque fois que vous synchronisez –, cochez la case Chiffrer la sauvegarde de l'iPhone.**

   Pour plus de sécurité, il est préférable de sauvegarder soi-même le contenu de l'iPhone en cliquant sur le bouton Sauvegarder maintenant. Procédez à cette opération au moins une fois par mois (ou mieux, une fois par semaine).

Notez que si vous avez modifié un paramètre de synchronisation – n'importe lequel – depuis la dernière synchronisation, le bouton Synchroniser est remplacé par un bouton Appliquer.

iCloud

Le service iCloud d'Apple est plus qu'un espace de stockage sur un disque dur distant appartenant à Apple. C'est une solution de stockage et de synchronisation complète ; iCloud a en effet été conçu pour que vous puissiez stocker et gérer toutes vos données numériques : musique, photos, contact, événements, *etc.* Elles sont automatiquement maintenues à jour pour tous vos ordinateurs et appareils numériques Apple, sans fil et sans aucune action de votre part. Comme beaucoup de choses signées Apple, iCloud fonctionne à merveille.

Avec iCloud, les données telles que les courriers électroniques, calendriers, contacts et signets sont envoyées vers vos ordinateurs, iPhone et iPad. iCloud comprend des options non synchronisées comme Flux de photos (voir Chapitre 9) et le courrier électronique (Chapitre 12).

L'abonnement gratuit comprend 5 giga-octets (Go) de stockage gratuit, ce qui est suffisant pour beaucoup d'utilisateurs. De l'espace supplémentaire peut être loué à l'année moyennant finances.

Ce qui est sympa est que tous les morceaux de musique, applications, livres, périodiques, films et émissions de télévision achetés sur l'iTunes Store ne sont pas comptés dans les 5 Go. De ce fait, si vos documents, courriers, photos prises avec l'iPhone, informations de compte et autres données issues d'applications n'occupent guère de place, vous devriez être à l'aise avec les 5 Go.

Si vous envisagez de vous passer d'ordinateur mais que tous vos courriers, calendriers, contacts et signets doivent être synchronisés automatiquement et sans fil, procédez comme suit :

1. **Touchez l'icône Réglages, sur l'écran d'accueil de l'iPhone.**
2. **Touchez votre nom d'utilisateur, en haut de la liste des réglages.**
3. **Touchez iCloud.**
4. **Activez à présent les commutateurs afin d'activer ou de désactiver la synchronisation des données suivantes :**
   - Mail. Contacts.
   - Calendriers. Rappels.
   - Notes. Safari.
   - Maison. Santé.
   - Wallet. Game Center.
   - Siri. iCloud Drive.
5. **Touchez le bouton principal afin de quitter les réglages.**

Nous reviendrons sur iCloud dans le reste de ce chapitre et dans plusieurs autres. En attendant, passons à la synchronisation.

La synchronisation

Nous allons maintenant passer à la synchronisation des données. Les manipulations sont quasiment identiques sous Mac et sous Windows, car l'interface d'iTunes est la même.

Si vous utilisez iCloud pour synchroniser vos contacts, calendriers, signets ou notes, **n'activez surtout pas ces éléments dans iTunes.** Car si vous activiez la synchronisation à la fois avec iTunes et sur iCloud, toutes vos données seraient dupliquées dans votre iPhone, réduisant considérablement sa capacité de stockage. À vous donc de faire votre choix : iCloud ou iTunes.

Synchroniser les contacts

Cliquez sur le bouton Infos, en bas du volet de gauche d'iTunes.

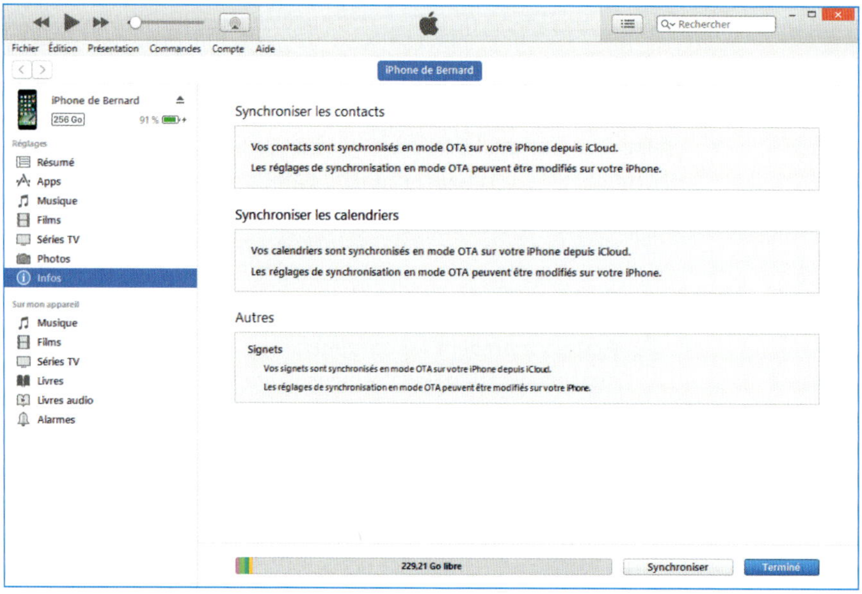

Figure 3.2 : Synchronisez ici les contacts et calendriers présents dans l'ordinateur.

La rubrique Synchroniser les contacts (Figure 3.2) détermine comment iTunes doit gérer la synchronisation des contacts. Le mode OTA (*Over The Air*, « par voie aérienne»), actif par défaut, synchronise d'emblée les contacts et les calendriers. S'il n'est pas actif, une technique consiste à les synchroniser manuellement. Pour cela, touchez Réglages > iCloud, puis désactivez le commutateur Contact. Sur la version d'iTunes dans l'ordinateur, la rubrique Synchroniser les contacts est maintenant visible.

Ou alors, vous pouvez synchroniser un groupe, ou tous les groupes de contacts que vous avez créés dans le carnet d'adresses de votre ordinateur. Cochez dans ce cas les cases de la liste Groupes sélectionnés afin de ne synchroniser que ces groupes.

L'iPhone synchronise les carnets d'adresses suivants :

- **Mac :** Carnet d'adresses.
- **PC :** Carnet d'adresses Windows, Carnet d'adresses Yahoo!, Contacts Google, Outlook.
- **Mac et PC :** Carnet d'adresses Yahoo!, Contacts Google.

Sur un Mac, la synchronisation peut être effectuée avec de multiples applications. Sur un PC, elle ne peut être effectuée qu'avec une seule application à la fois vous utilisez le Carnet d'adresses Yahoo!, cochez la case Synchroniser les contacts du carnet d'adresses Yahoo!, puis cliquez sur le bouton Configurer afin de saisir vos identifiants et mot de passe Yahoo! Si vous utilisez le Carnet d'adresses de Google, cochez la case Synchroniser les contacts Google, puis cliquez sur le bouton Configurer afin de saisir vos identifiant et mot de passe Google.

La synchronisation ne supprimera jamais un contact de votre carnet d'adresses Yahoo! s'il possède un identifiant (ID) Yahoo! Messenger, même si vous le supprimez dans l'iPhone ou dans l'ordinateur.

Pour supprimer un contact possédant un identifiant Yahoo! Messenger, connectez-vous à votre compte Yahoo! avec un navigateur Internet et supprimez ce contact directement dans le carnet d'adresses de Yahoo!

Lorsque vous synchronisez les contacts et le calendrier de Microsoft Exchange (un service destiné aux entreprises), tous les contacts et calendriers personnels déjà présents dans votre iPhone sont effacés.

Avancé

De temps en temps, il y a une telle pagaille dans les contacts, calendriers, comptes de messagerie et/ou signets, dans l'iPhone, que la meilleure solution est de supprimer ce fatras et de le remplacer par des données fraîches provenant de votre ordinateur.

Si cela vous arrive, cochez les cases appropriées (la Figure 3.2 n'en contient qu'une, Contacts, mais des cases Calendriers, Comptes Mail ou d'autres peuvent apparaître). À la prochaine synchronisation, les données correspondantes, dans l'iPhone, seront remplacées par celles copiées depuis l'ordinateur.

Synchroniser les fichiers audiovisuels

Si vous avez choisi la synchronisation automatique des données, vous apprendrez dans cette section comment copier vos morceaux de musique, sonneries, podcasts, clips vidéo et photos de l'ordinateur vers l'iPhone.

Les podcasts et les vidéos – mais pas les photos – ne sont synchronisés que dans un seul sens : de l'ordinateur vers l'iPhone. Supprimer l'un de ces éléments de l'iPhone ne les supprime pas de l'ordinateur lors de la synchronisation. Il existe toutefois des exceptions à ce comportement unidirectionnel, à savoir les musiques, podcasts, vidéos et les applications achetées ou téléchargées depuis iTunes Store, l'App Store, ainsi que les listes de lecture que vous avez créées sur l'iPhone. Comme vous vous en doutez, tous ces éléments sont automatiquement copiés vers l'ordinateur.

Vous utiliserez les panneaux Apps, Musique, Films, Séries TV, Podcasts, Livres, Sons et Photos pour indiquer les éléments audiovisuels à copier de l'ordinateur vers l'iPhone. Les sections qui suivent les passent tous en revue.

Synchroniser les applications

Si vous avez acheté ou téléchargé des applications iPhone depuis iTunes Store ou l'App Store, vous configurerez la synchronisation de la manière suivante sur l'ordinateur :

1. **Cliquez sur le Apps, dans le volet de gauche.**
2. **Dans le volet du milieu, cliquez sur le bouton Installer de chacune des applications que vous désirez copier vers votre iPhone (Figure 3.3).**

   Les applications peuvent être triées par noms, catégories, date d'acquisition ou taille. Ou alors, vous pouvez saisir un mot ou une phrase dans le champ de recherche – reconnaissable à sa petite loupe – pour rechercher une application spécifique.
3. **Réarrangez éventuellement les icônes dans les écrans de l'iPhone affichés par iTunes, en les faisant glisser aux emplacements qui vous conviennent**

Figure 3.3 : Sélectionnez les applications à installer dans l'iPhone.

4. **Cliquez sur le bouton Synchroniser ou Appliquer, en bas à droite d'iTunes.**

   Les applications sont synchronisées et les icônes de l'iPhone sont réarrangées exactement comme dans iTunes.

Synchroniser la musique, la vidéo et les mémos vocaux

Procédez comme suit pour copier les morceaux de musique de l'ordinateur vers votre iPhone :

1. **Cliquez sur Musique, dans le volet de gauche, puis cochez la case Synchroniser la musique.**

   Cette option ne concerne que la musique présente dans la bibliothèque d'iTunes (et non des morceaux stockés dans des dossiers spécifiques de l'ordinateur).

2. **Sélectionnez le bouton d'option Toute la bibliothèque musicale ou l'option Playlists, artistes, albums et genres sélectionnés.**

   Si vous choisissez cette dernière option, cochez les cases qui se trouvent dessous. Dans le panneau supérieur, des options permettent d'inclure les clips vidéo ou des mémos vocaux, ou les deux (Figure 3.4).

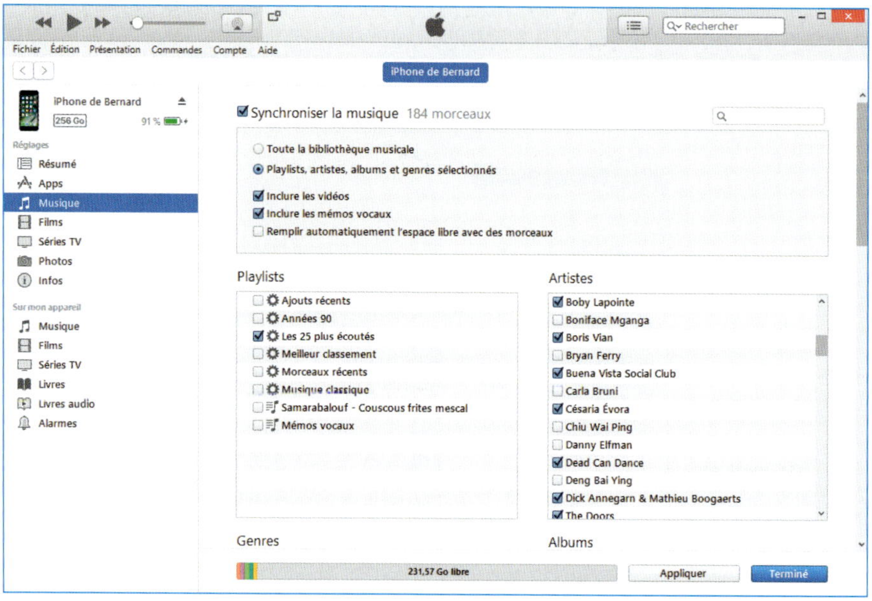

Figure 3.4 : Utilisez le panneau Musique pour copier les fichiers audio dans votre iPhone.

3. **Cliquez sur le bouton Synchroniser ou Appliquer, en bas à droite, dans iTunes.**

   Les morceaux de musique, clips de musique et mémos vocaux sont synchronisés.

Les fichiers audio et vidéo sont notoirement connus pour occuper énormément de place dans une mémoire de stockage. Pour éviter ce problème, sélectionnez les listes de lecture, les artistes et/ou les genres en veillant à ce que tous ces éléments ne saturent pas la mémoire de l'iPhone. Et surtout, abstenez-vous de cocher la calamiteuse case Remplir automatiquement l'espace libre avec des morceaux, car iTunes remplirait toute la mémoire de l'iPhone avec de la musique.

Que reste-t-il comme place dans l'iPhone ? C'est une bonne question. La réponse se trouve en bas d'iTunes, lorsque l'iPhone est sélectionné. Un graphique montre le contenu de l'iPhone ; un jeu de couleurs permet d'identifier la nature des données. Nous y reviendrons à la fin de ce chapitre et au Chapitre 18.

Synchroniser les films

Procédez comme suit pour copier des clips vidéo dans votre iPhone :

1. **Cliquez sur le Films, dans le volet de gauche, puis cochez la case Synchroniser les films.**
2. **Choisissez une option, dans le menu que montre la Figure 3.5, pour les vidéos à synchroniser automatiquement, ou cochez la case de chacune des vidéos à prendre en compte.**

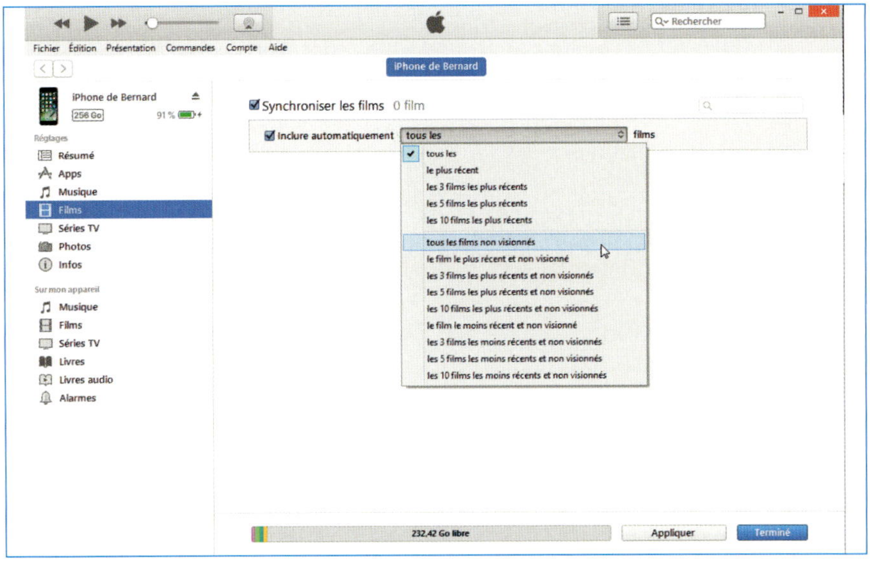

Figure 3.5 : Choisissez un critère de synchronisation.

Quel que soit votre choix dans le menu déroulant, vous pourrez néanmoins sélectionner des vidéos unitairement en cochant leur case. Pour cela, décochez l'option Inclure automatiquement, puis sélectionnez les vidéos.

3. **Cliquez sur le bouton Synchroniser ou Appliquer, en bas à droite, dans iTunes.**

   Vos vidéos sont synchronisées.

Synchroniser les séries TV

La synchronisation des émissions de télévision s'effectue un peu différemment de la synchronisation des vidéos :

1. **Cliquez sur le Séries TV, dans le volet de gauche, puis cochez la case Synchroniser les séries TV.**
2. **Dans le menu en haut à gauche, choisissez le nombre d'épisodes à inclure.**

3. **Dans le coin, en haut à droite, précisez s'il faut synchroniser tous les épisodes ou seulement ceux qui sont sélectionnés.**
4. **Pour inclure tel ou tel épisode en particulier, cochez leur case dans les rubriques Épisodes ou Inclure les épisodes des listes de lecture.**
5. **Cliquez sur le bouton Synchroniser ou Appliquer, en bas à droite, dans iTunes.**

   Les émissions de télévision sont synchronisées.

   Quel que soit votre choix dans le menu déroulant, vous pourrez néanmoins sélectionner des émissions en cochant leur case.

Synchroniser les livres

Procédez comme suit pour synchroniser des livres numériques et des livres audio :

1. **Cliquez sur le Livres, dans le volet de gauche, puis cochez la case Synchroniser les livres.**
2. **Choisissez Tous les livres ou Livres sélectionnés.**
3. **Si vous avez choisi Livres sélectionnés, cochez les cases des ouvrages à synchroniser.**
4. **Faites défiler la page puis cochez la case Synchroniser les livres audio.**
5. **Si vous avez choisi l'option Livres sélectionnés, cochez les cases des livres audio à synchroniser.**

   Si le livre est divisé en plusieurs parties, chacune sera dotée d'une case à cocher.

6. **Cliquez sur le bouton Synchroniser ou Appliquer, en bas à droite, dans iTunes.**

   Les livres numériques et les livres audio sont synchronisés.

Synchroniser les photos

Procédez comme suit pour démarrer la synchronisation depuis un Mac :

1. **Cliquez sur Photos dans le volet de gauche d'iTunes.**
2. **Cochez la case Synchroniser les photos.**

3. **Dans le menu Copier les photos depuis, sélectionnez l'option désirée :**

- **Photos :** Synchronise toutes les photos présentes dans l'application Photos du Mac (l'ancienne application iPhoto est ignorée, même si elle est encore présente dans l'ordinateur).
- **Choisir un dossier :** permet le sélectionner un dossier contenant les photos à synchroniser.
- **Images :** Synchronise toutes les photos présentes dans le dossier Images du Mac.

4. **Pour ne synchroniser que certains albums de l'application Photos, cliquez sur le bouton d'option Albums sélectionnés, puis cochez les cases de chacun des albums à transférer (Figure 3.6).**

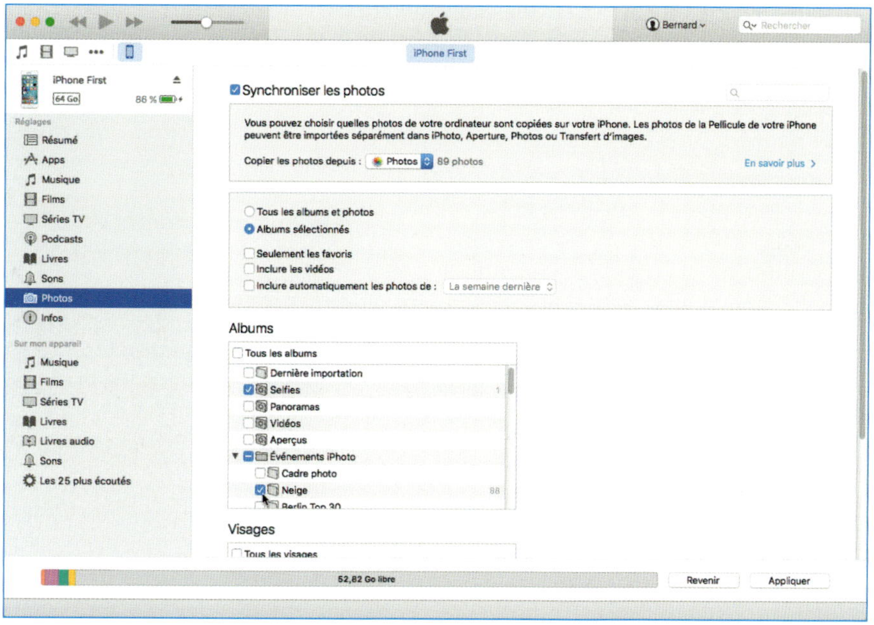

Figure 3.6 : Choisissez l'emplacement des photos à transférer.

5. **Cliquez sur le bouton Appliquer, en bas à droite dans iTunes.**

Sur un PC, le principe est le même, mais les choix diffèrent dans l'option Copier les photos depuis.

Si iCloud est actif, vous ne pourrez pas synchroniser les photos depuis l'ordinateur. Pour accéder aux photos présentes dans l'ordinateur et les synchroniser, touchez Réglages > *Votre nom d'utilisateur* > iCloud > Photos. Désactivez les commutateurs Photothèque iCloud et Mon flux de photos.

Qu'est-ce qu'il y a dans l'iPhone ?

Peut-être voudriez-vous voir rapidement ce que contient votre iPhone. La solution qui vient à l'esprit est de parcourir son contenu en appuyant sur les boutons Vidéos, Photos ou autres. Mais avec iTunes, vous accéderez plus rapidement au contenu en cliquant sur l'une des catégories Musique, Films, Séries TV, Livres et Les 25 plus écoutés, dans le volet de gauche d'iTunes, sous le nom de l'iPhone.

COMBIEN RESTE-T-IL DE PLACE ?

Pour savoir combien il reste de place dans l'iPhone, consultez la partie inférieure d'iTunes, lorsque l'iPhone est connecté. Une jauge montre non seulement l'occupation de l'espace de stockage, mais aussi le type de données qui s'y trouve. À la Figure 3.7, l'iPhone ne contient que très peu de données, mais en rien de temps il sera beaucoup plus chargé.

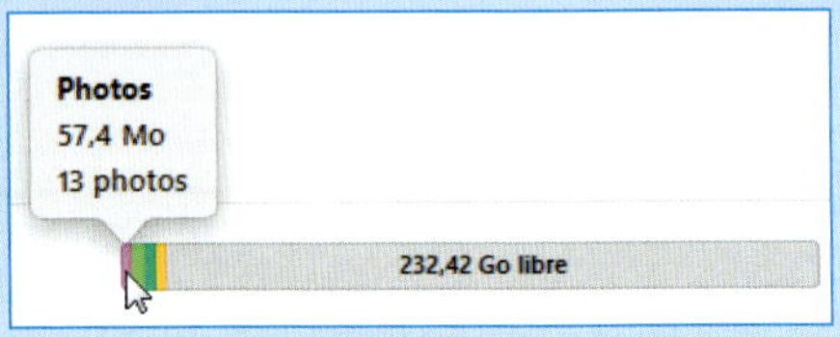

Figure 3.7 : Découvrez d'un coup d'œil comment l'espace de stockage de l'iPhone est utilisé.

Cette jauge est affichée en bas du panneau, quel que soit celui que vous avez sélectionné.

Une astuce sympa : immobilisez le pointeur de la souris sur un segment de la jauge pour obtenir l'occupation de ce type de données en octets, ainsi que le nombre d'éléments.

La catégorie Autres est un fourre-tout comprenant les contacts, les calendriers, les rendez-vous, les événements, les signets et les courriers électroniques stockés. Ces données occupent généralement très peu d'espace.

Chapitre 4

Les bases de l'iTéléphonie

DANS CE CHAPITRE :

- **Téléphoner.**
- **La messagerie vocale visuelle.**
- **Enregistrer un message d'accueil.**
- **L'appel mains libres.**
- **Recevoir un appel.**
- **Choisir une sonnerie.**
- **Configurer des appels en conférence.**
- **Utiliser FaceTime**

Vous avez peut-être craqué pour l'iPhone à cause de son écran qui montre magnifiquement les photos, pour l'audiovisuel ou pour le meilleur navigateur Internet de poche jamais réalisé. Sans même parler de son aspect général hyper-sympa.

Mais c'est surtout un téléphone. Et comme pour tout téléphone mobile, la qualité de la communication dépend essentiellement de l'endroit où vous vous trouvez et de la couverture du réseau de l'opérateur.

Comme nous l'avons mentionné au Chapitre 1, les points de signal, en haut à gauche de l'écran, donnent une idée de sa force. Plus ils sont nombreux, meilleure est la communication. Le pire est l'apparition du redoutable message « Réseau indisponible ».

Téléphoner

Commencez par toucher l'icône Téléphone, sur l'écran d'accueil. Vous appelez ensuite en utilisant n'importe laquelle des icônes qui apparaissent en bas de l'écran : Favoris, Appels, Contacts, Clavier ou Messagerie. Examinons-les en détail.

Contacts

Au Chapitre 3, nous avons vu comment importer dans l'iPhone les adresses postales, les adresses électroniques et – ce qui est le plus approprié dans ce chapitre – les numéros de téléphone qui se trouvent dans votre Mac ou dans votre PC. Si en plus vous avez effectué les manipulations préconisées, toutes ces informations sont déjà à leur place. Voici donc comment exploiter – eh oui... – ces contacts :

1. **Dans l'application Téléphone, touchez l'icône Contacts.**
2. **Effleurez l'écran du doigt pour faire défiler rapidement la liste des contacts.**

   Vous pouvez aussi toucher une des petites lettres à droite de la liste des contacts pour accéder rapidement aux prénoms commençant par cette lettre.

   Une liste de noms de contacts peut aussi être obtenue en commençant à taper un nom, dans le champ Recherche, en haut de la liste alphabétique. Elle se restreint au fur et à mesure de la saisie. Vous pouvez aussi rechercher un contact par son lieu de travail ou encore avec la fonction Spotlight décrite au Chapitre 2.

3. **Quand le nom apparaît, touchez l'écran pour arrêter le défilement.**

   Toucher l'écran pour immobiliser le défilement ne sélectionne pas l'élément dans la liste. Cela peut paraître peu intuitif, mais vous constaterez à l'usage que c'est vraiment pratique.

   Touchez la barre d'état pour revenir aussitôt en haut de la liste. Cette fonction est surtout utile si votre liste de contacts est bien fournie.

4. **Touchez le nom de la personne à appeler.**

   Comme le montre la Figure 4.1, chaque contact possède plusieurs champs pour le numéro de téléphone, les adresses postale et électronique, celle du site Internet et d'autres encore.

Figure 4.1 : Les coordonnées d'un contact.

5. **Touchez le numéro de téléphone. L'iPhone le compose aussitôt.**

Si vous avez groupé des contacts dans votre ordinateur, touchez le bouton Groupe, en haut à gauche de l'écran Tous les contacts, pour y accéder.

Votre propre numéro de téléphone, au cas où vous auriez tendance à l'oublier, est affiché en haut de la liste des contacts, à condition toutefois que vous ayez accédé à la page Contact en passant par l'application Téléphone.

Vous pouvez aussi démarrer la rédaction de messages textuels et de courriers électroniques depuis l'application Contacts. Ces sujets sont respectivement approfondis dans les Chapitres 5 et 11.

Un numéro de téléphone peut aussi être composé avec la fonction Siri, décrite au Chapitre 7. Appuyez sur le bouton principal pendant trois secondes, jusqu'à ce que Siri vous demande ce qu'il peut faire pour vous. Dites ensuite : « compose le numéro… » suivi du numéro en question ou, si la personne figure parmi les contacts, dites : « Appelle Émilie ». Elle possède plusieurs numéros de téléphone, ou encore, plusieurs Émilie existent dans l'application Contacts ? Pas de problème. Siri vous demandera de préciser qui vous voulez appeler.

Créer un contact

Si vous n'avez pas synchronisé vos contacts, ou si vous voulez en ajouter un, touchez Téléphone > Contacts, puis, en haut à droite du titre, touchez le signe [+].

Un formulaire vide apparaît. Remplissez les champs Prénom, Nom, Société, *etc.*

Si vous désirez soigner la présentation en mettant le prénom en minuscules et le nom en majuscules, comme dans Pierre DUPONT, n'oubliez pas le double-toucher sur la touche Majuscule. Ceci la bloque en capitales. La saisie tout en majuscules est ainsi rapide et facile.

Le champ pour le numéro de téléphone porte le libellé Domic. (pour Domicile). Pour en choisir un autre, comme Bureau ou iPhone, vous procéderez comme suit :

1. **Si le contact existe déjà, accédez à sa fiche puis touchez Modifier, en haut à droite.**
2. **Touchez continûment le libellé actuel (Domicile, par défaut).**

   Une liste de libellés apparaît.

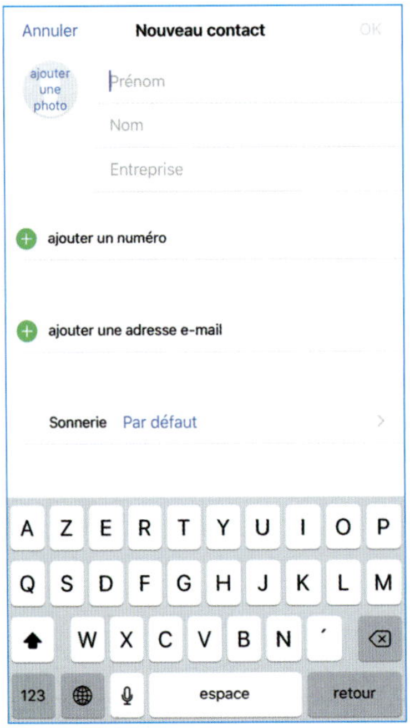

Figure 4.2 : Un libellé pour les numéros de téléphone Internet vient d'être créé (à la dernière ligne).

3. **Touchez le libellé de votre choix.**

Si aucun ne vous convient, touchez l'option Ajouter un libellé Personnalisé, puis saisissez-le. À la Figure 4.2, un nouveau libellé Internet a été ajouté, pour les numéros de téléphone des offres triple-play des opérateurs.

4. **Touchez OK, en haut à droite.**

Plusieurs numéros de téléphone, mais aussi des adresses électroniques, peuvent être affectés à un même contact. Au moment d'appeler ou d'envoyer un courrier électronique, l'iPhone vous demandera de choisir le numéro ou l'adresse dans une liste.

Saisissez les autres informations. Vous pouvez associer une sonnerie particulière à tel ou tel correspondant (Hibou pour les appels de vos correspondants professionnels, Carillons pour les appels de la famille…).

Touchez le bouton OK pour terminer la saisie. Vérifiez les informations dans la fiche que vous venez de créer puis touchez le bouton Contacts (tous) pour revenir à la liste des contacts.

Favoris

C'est dans cette liste que vous placerez les correspondants – ainsi que leur numéro de téléphone – que vous appelez le plus souvent. Il suffit de toucher un nom dans les Favoris pour que l'iPhone l'appelle aussitôt.

Vous pouvez définir autant de favoris que vous le voulez pour une même personne. Par exemple, vous pouvez créer des favoris distincts pour le téléphone fixe du bureau et pour le téléphone mobile de votre conjointe ou conjoint.

Un favori est créé en un clin d'œil :

1. **Dans la liste des contacts, touchez celui que vous désirez placer dans les favoris.**

   La fiche du contact apparaît.

2. **Effleurez vers le haut afin d'arriver en bas de la fiche.**
3. **Touchez le bouton Ajouter aux favoris.**

   C'est fait, sauf si le contact possède plusieurs numéros de téléphone, la liste de ces numéros est affichée (Figure 4.3), ainsi que les adresses de messagerie.

4. **Touchez le numéro de téléphone à placer dans les favoris.**

   Un second panneau propose certaines ou toutes de ces options :

- **Message :** touchez cette option pour que la communication soit systématiquement établie par SMS ou iMessage (si l'iPhone a détecté que ce correspondant est équipé d'un iPhone, ou possède un iPad ou un Mac).

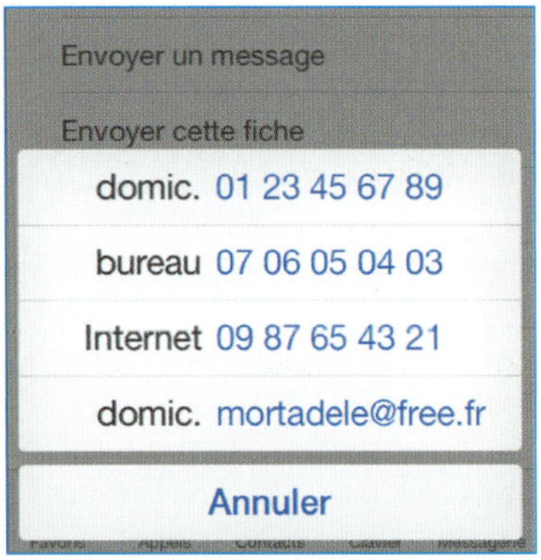

Figure 4.3 : Choisissez, parmi les nombreux numéros de téléphone de ce contact, celui qui doit être placé dans les favoris. Vous pouvez aussi placer une adresse de messagerie parmi les favoris.

- **Appeler :** touchez cette option pour établir uniquement des communications téléphoniques classiques, par la voix.
- **Vidéo :** touchez cette option pour que la communication soit toujours établie avec FaceTime. Ce type de communication vidéophonique n'est possible que si le correspondant possède un iPhone, un iPad 2 ou ultérieur, un Mac tournant sous Mac OS X Lion ou ultérieur ou MacOS, ou un iPod Touch de 4e génération ou ultérieur. La fonction FaceTime est décrite plus loin dans ce chapitre.
- **E-mail :** prépare un courrier électronique qui sera envoyé au correspondant.

5. **Touchez l'une des options.**

   Et voilà, c'est fait !

   Pour accéder aux favoris, il suffit de toucher le bouton en forme d'étoile, dans l'application Téléphone.

Vous pouvez modifier l'ordre dans lequel les favoris sont affichés. Touchez l'option Modifier puis, à droite du nom à modifier, touchez l'icône à trois barres superposées. Tirez-la à l'emplacement que le favori doit occuper.

De nouveaux favoris peuvent être désignés à partir de l'application Favoris, en touchant le signe [+] en haut à droite. Cette action vous ramène dans Contacts. Choisissez-y la personne et le numéro de téléphone à ajouter aux favoris.

Si l'un de vos favoris tombe en disgrâce, il est facile de l'éliminer sans vergogne. Voici comment :

1. **Touchez l'option Modifier, en haut à gauche de l'écran.**

   Un cercle rouge à barre blanche, qui ressemble à un signal « sens interdit », apparaît à gauche de chacun des noms. Ce sont des boutons de suppression.

2. **Touchez le bouton de suppression du favori à éliminer.**

   La barre est basculée à la verticale et un rectangle rouge Supprimer apparaît à droite du nom.

3. **Touchez le rectangle Supprimer.**

   La personne, ou son numéro de téléphone, n'a plus l'insigne privilège de figurer dans le cercle très fermé de vos favoris.

Supprimer un correspondant de la liste des Favoris ne le supprime pas de la liste des Contacts.

Appels récents

Toucher l'icône Récents affiche le journal des communications. Il contient les appels émis et reçus (bouton Tous) ainsi que les appels auxquels vous n'avez pas répondu (bouton Manqués). Dans la liste Tous, les appels émis et reçus sont en noir, les appels manqués en rouge.

Toucher le bouton fléché bleu fournit des informations supplémentaires, notamment l'heure de l'appel émis ou manqué, ainsi que des informations concernant la personne qui a appelé, si elle figure parmi vos contacts.

Pour rappeler, touchez la zone du nom ou du numéro de téléphone.

Si un appel manqué provient de quelqu'un ne figurant pas parmi vos contacts, vous pouvez l'ajouter à la liste. Touchez le bouton d'information, à droite du numéro de téléphone, puis touchez l'option Créer un nouveau contact. Si le correspondant figure déjà parmi vos contacts, mais qu'il possède un autre numéro de téléphone, touchez le bouton Ajouter à un contact existant. Si la liste commence à être bien longue ou si elle n'a plus de raison d'être, effacez le numéro en l'effleurant de gauche à droite, puis touchez le bouton Supprimer.

Clavier

Il vous arrivera bien sûr de devoir composer le numéro d'une personne ou d'une société ne figurant pas parmi vos contacts.

Pour ce faire, touchez l'icône Clavier afin d'accéder aux confortables touches du clavier tactile que montre la Figure 4.4. En dépit de ce que vous auriez pu lire par ailleurs, je trouve qu'il est très facile à utiliser. Il suffit de pianoter dessus pour entrer le numéro puis de toucher le bouton vert orné d'un combiné téléphonique.

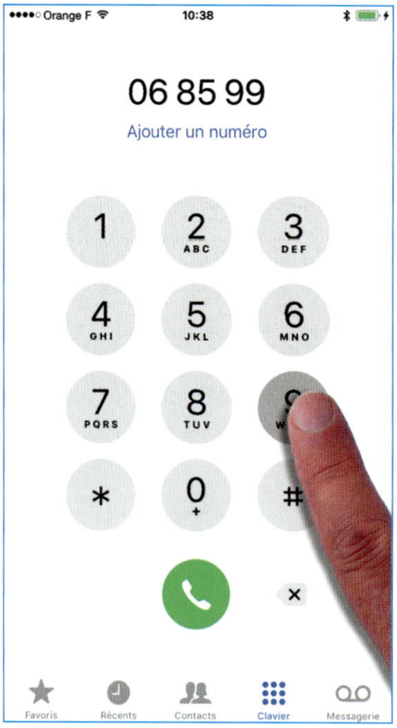

Figure 4.4 : Une manière très classique de composer un numéro de téléphone.

Pour ajouter ce numéro au carnet d'adresses, effleurez la touche à gauche de la touche verte (celle avec une silhouette et le signe +) puis cliquez, soit sur Créer un nouveau contact, soit sur Ajouter à un contact existant.

Le clavier de l'iPhone peut aussi servir à écouter une messagerie vocale ou un répondeur.

Cela nous amène à l'une des fonctionnalités les plus appréciables de l'iPhone : la messagerie vocale visuelle.

La messagerie vocale

Vous le savez sans doute déjà : la messagerie est le service qui permet à un correspondant de vous laisser un message, si vous n'avez pas répondu à son appel téléphonique.

Vous pouvez demander à l'iPhone de convertir en texte le message vocal que vous a laissé un correspondant. Ceci permet d'en prendre discrètement connaissance sans déranger les autres personnes lors d'une réunion, ou dans une salle de spectacle ou de restaurant.

Les appels manqués

Sur l'iPhone, ce service est accessible en touchant l'icône Téléphone, dans le Dock. Mais auparavant, une petite question : comment savez-vous que vous avez manqué des appels ?

Le premier indice est le chiffre qui apparaît en haut à droite de l'icône Téléphone, comme à la Figure 4.5. Il indique le nombre d'appels auxquels vous n'avez pas pu ou voulu répondre. Le même chiffre apparaît sur l'icône Messagerie, après avoir touché l'icône Téléphone. On ne peut pas dire que vous n'avez pas été prévenu.

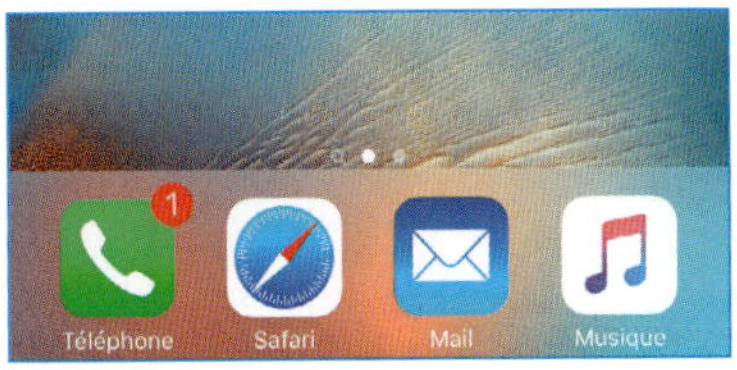

Figure 4.5 : Vous avez manqué un appel.

Touchez Téléphone > Appels pour savoir qui vous a appelé. Les appels manqués sont écrits en rouge (Figure 4.6). Si le correspondant figure parmi vos contacts, son nom apparaît en clair. Sinon, c'est le numéro de téléphone qui est affiché, sauf si le correspondant a choisi d'empêcher son affichage. Dans ce cas, la mention Aucun identifiant ou Numéro bloqué est affichée.

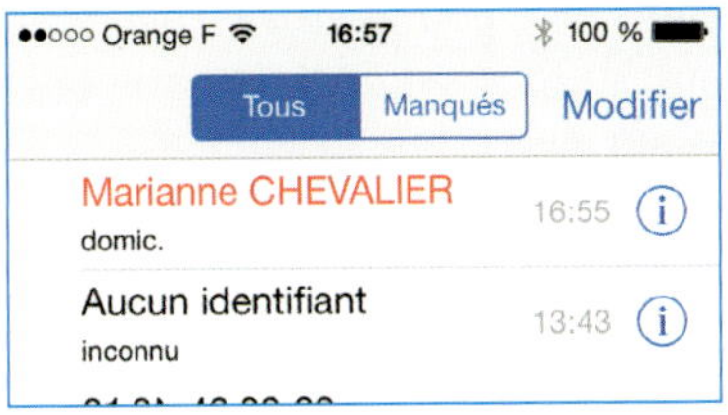

Figure 4.6 : Un appel manqué est affiché en rouge.

Si le correspondant est identifié par son nom ou son numéro, vous pouvez le rappeler en touchant le nom ou le numéro.

S'il a laissé un message, touchez l'icône Messagerie, en bas à droite, puis touchez le nom ou le numéro manqué. La voix féminine de la messagerie vocale vous informe si des messages ont été reçus. Suivez ses instructions pour les écouter.

La messagerie vocale permet d'enregistrer une annonce personnalisée que vous dicterez à l'iPhone. Écoutez les instructions vocales pour procéder étape par étape.

Vous pouvez écouter votre messagerie vocale à partir d'un autre téléphone, si vous avez configuré un code en quatre chiffres lorsque vous avez activé la messagerie vocale auprès de votre opérateur téléphonique.

Recevoir un appel

C'est bien beau de disposer de plusieurs manières d'appeler. Mais si c'est vous qui êtes appelé, comment cela se passe-t-il ? Tout dépend si vous acceptez l'appel ou non.

Accepter un appel

Pour accepter un appel, vous avez le choix entre trois possibilités :

- Touchez le bouton Répondre et commencez à jacasser.
- Si le téléphone est verrouillé, tirez la glissière de déverrouillage vers la droite.
- Si l'ensemble écouteurs-microphone est branché, appuyez sur le bouton du microphone. L'adaptateur pour jack standard, destiné aux écouteurs et microphone non Apple, peut être utilisé.

Vous disposez en réalité d'une quatrième option si vous possédez une oreillette Bluetooth ou un ensemble mains libres pour voiture. Touchez le bouton Répondre (reportez-vous éventuellement au manuel de votre oreillette pour savoir où il est). Le Chapitre 14 en dit plus sur Bluetooth.

Si vous écoutez de la musique au moment d'un appel, elle s'interrompt ; c'est à vous de décider si vous acceptez l'appel. Si oui, la musique reprendra exactement là où elle s'était interrompue, sitôt que vous aurez raccroché.

Refuser un appel

Il devient insistant ce banquier... Si vous estimez être trop occupé pour répondre – le choix du costume pour le restau chic de ce soir n'est pas une mince affaire –, vous disposez de trois possibilités pour ne pas répondre et inviter votre correspondant à s'épancher dans la messagerie vocale :

- Touchez le bouton Refuser (et hop !).
- Appuyez deux fois de suite, très rapidement, sur le bouton Marche/Veille/Arrêt (il se trouve sur le dessus de l'iPhone).
- Si vous utilisez les écouteurs-micro, pincez le microphone pendant deux secondes puis relâchez-le. Deux bips vous informent que l'appel a bien été refusé (« Pincez-moi, je rêve ? »).

Parfois, vous voudrez bien prendre la communication, mais souhaiterez que la sonnerie ne soit pas audible ou que le vibreur soit désactivé. Pour cela, appuyez une seule fois sur le bouton Marche/Veille/Arrêt ou appuyez sur l'un des boutons de volume. Vous conservez la possibilité de répondre.

Choisir une sonnerie

L'iPhone est doté de plusieurs dizaines sonneries de toutes sortes. Voici comment en choisir une :

1. **Sur l'écran d'accueil, touchez l'icône Réglages.**
2. **Touchez l'option Sons.**
3. **Touchez Sonnerie afin d'accéder à toutes les sonneries de l'iPhone.**

   La Figure 4.7 n'en montre qu'une petite partie.

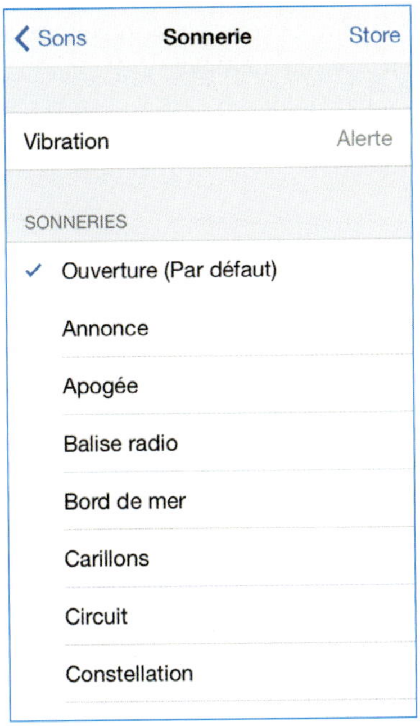

Figure 4.7 : Il y a là de quoi produire de belles cacophonies.

4. **Faites glisser la liste par un effleurement du doigt.**
5. **Touchez le nom d'un son pour l'écouter.**

   Une coche apparaît à gauche du son que vous venez d'écouter.

   Si le son vous plaît, vous n'avez rien de plus à faire, car il est d'ores et déjà sélectionné. Si vous ne l'aimez pas, essayez-en un autre.

6. **Appuyez sur le bouton principal pour quitter les réglages.**

Il est facile d'associer des sonneries spécifiques à tel ou tel correspondant. Dans la liste Contacts, choisissez la personne à laquelle vous désirez associer une sonnerie. Touchez le bouton Modifier puis touchez Sonnerie. La liste mentionnée précédemment s'affiche. Choisissez le son le plus approprié (par exemple l'aboiement pour le banquier ou la harpe pour l'élu(e) de votre cœur... ou l'inverse !).

Pour supprimer la sonnerie affectée à une personne, retournez dans Contacts et touchez Modifier. Vous avez ensuite le choix entre toucher la flèche à droite pour changer de sonnerie ou toucher le cercle rouge puis le bouton Supprimer pour l'effacer.

En cours de conversation

De nombreuses activités sont possibles au cours d'une conversation comme consulter le calendrier, prendre des notes ou s'informer sur la météo. Appuyez sur le bouton principal pour accéder à ces applications. Vous découvrez ainsi les merveilles du multitâche à la sauce iPhone.

Si la connexion Wi-Fi est établie, vous pouvez aussi surfer sur l'Internet avec Safari tout en conversant au téléphone. Mais ce n'est pas possible si vous n'avez accès qu'au réseau EDGE.

Les autres options :

- **Silence :** sur l'écran d'accueil que montre la Figure 4.8, touchez Silence si vous désirez communiquer avec quelqu'un qui se trouve à côté de vous sans que le correspondant entende cet aparté. Appuyez de nouveau sur cette icône pour reprendre la conversation.
- **Clavier :** cette option est utile pour taper le mot de passe d'accès à une messagerie ou le numéro indiqué par la voix céleste de l'un de ces répondeurs robotisés qui vous baladent sans fin dans un labyrinthe d'options ne menant nulle part, privé de toute présence humaine. Mais je digresse...

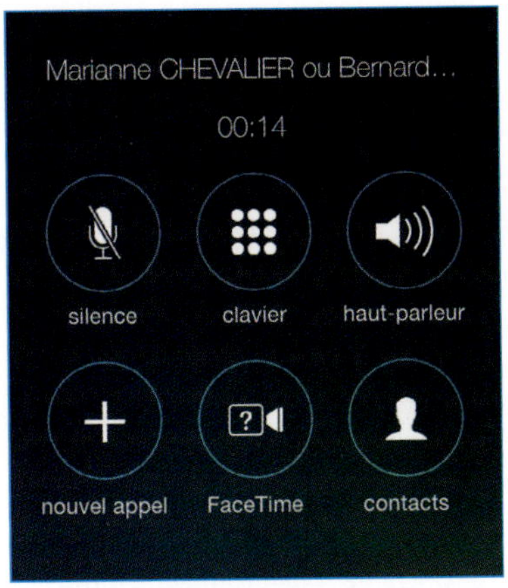

Figure 4.8 : Les options en cours d'appel. Si le correspondant figure parmi les contacts, son nom est indiqué en clair en haut de l'écran. Autrement, le numéro de téléphone ou la mention Inconnu sont affichés.

- **Haut-parleur :** touchez cette icône afin de dérouter le son vers le haut-parleur de l'iPod, et faire profiter votre entourage de la conversation.
- **Nouvel appel :** met un appel en attente, comme décrit à la rubrique « Jongler avec des appels à la pelle », un peu plus loin.
- **FaceTime :** cette fonctionnalité permet de voir votre correspondant (et lui de vous voir) à la condition expresse qu'il soit lui aussi équipé d'un appareil fonctionnant sous iOS, Mac OS X ou MacOS. Cette option est détaillée à la fin de ce chapitre.
- **Contacts :** ouvre la liste des contacts.

Jongler avec des appels à la pelle

Vous pouvez prendre un nouvel appel alors même que vous êtes déjà en ligne (ou ne pas le faire en touchant le bouton Ignorer).

Deux options sont possibles pour prendre un autre appel tout en mettant l'appel en cours en attente :

- Maintenez le doigt sur le bouton Silence et répondez au correspondant qui vient d'arriver.
- Appuyez sur l'icône Nouvel appel.

Vous pourrez ensuite passer d'un appel à l'autre en mettant l'un d'eux en attente, soit avec le bouton Permuter, soit en touchant le numéro de téléphone affiché en haut de l'écran.

Si la conversation avec le second correspondant est autrement plus importante que la première, touchez le bouton Raccr. et répondre pour écourter la communication avec le premier appelant.

Enfin, comme l'iPhone est multitâche, vous pouvez démarrer une application en cours d'appel : touchez le bouton principal puis, sur l'écran d'accueil, touchez l'icône de l'application à utiliser.

Les appels Conférence

Supposons maintenant que le correspondant numéro 1 et le correspondant numéro 2 se connaissent. Ou, dans le cas contraire, que vous vouliez qu'ils fassent connaissance. Toucher le bouton Conférence vous permettra à tous les trois de causer ensemble.

Supposons que vous deviez parler à toute votre équipe en même temps. C'est peut-être le moment de démarrer une conférence téléphonique. Elle peut réunir jusqu'à cinq personnes, ce qui est parfois plus facile que de les amener dans une salle.

Voici la procédure : commencez par appeler chaque personne et à les mettre en attente, comme nous l'avons expliqué à la section « Jongler avec des appels à la pelle ». Touchez le bouton Ajouter l'appel pour en effectuer un autre, puis le bouton Conférence pour réunir tout le monde. Répétez cette manip pour tous les autres appels.

Quelques autres informations concernant les conférences :

- L'iPhone est en réalité un téléphone à deux lignes dont l'une peut être réservée aux appels en conférence.
- Pour mettre fin à l'un des appels de la conférence, touchez le bouton Conférence puis tapez sur le cercle rouge orné d'un petit combiné téléphonique visible en regard de l'appel à écourter. Touchez le bouton Fin pour que le correspondant disparaisse.
- Pour discuter en privé avec l'un des participants à la conférence, touchez Conférence puis Privé, en regard de l'appel en question. Touchez Conférence pour renvoyer l'appel dans la conférence.
- Vous pouvez ajouter un nouvel appel entrant à la conférence en touchant Suspendre et répondre, suivi de Conférence.

Se voir avec FaceTime

Les utilisateurs du logiciel Skype connaissent de longue date les joies de la vidéophonie, mais elle n'est pas moins spectaculaire sur un téléphone mobile. Sur l'iPhone, elle est prise en charge par la fonction FaceTime.

Autrefois limitée aux conversations *via* le Wi-Fi, FaceTime est désormais utilisable sur le réseau de téléphonie mobile, mais uniquement en 3G. De plus, votre correspondant doit posséder un iPhone 4 ou ultérieur, ou un iPad 2 ou ultérieur, ou un iPod Touch de 4e ou 5e génération, ou un Mac tournant sous OS X ou MacOS.

Notez aussi que la vidéo *via* FaceTime n'est pas utilisable au cours d'une conférence téléphonique.

Rien n'est plus facile que d'activer la vidéo : au cours de l'appel, touchez le bouton FaceTime, bien visible au milieu de la Figure 4.8. Votre correspondant doit accepter la liaison vidéo en touchant le bouton Accepter. Son visage apparaît ensuite sur l'écran de l'iPhone (Si ce n'est pas le cas, assurez-vous que la connexion est bien acheminée par le Wi-Fi).

Une vignette, en haut à droite de l'écran, montre ce que voit votre correspondant, c'est-à-dire votre visage. La fonction FaceTime utilise en effet la caméra frontale, au-dessus de l'écran. Il est toutefois possible d'activer la caméra au dos de l'iPhone afin que votre correspondant voie ce que vous voyez, en touchant le bouton du sélecteur d'objectif, en bas à droite de l'écran. Vous pourrez ainsi lui montrer où vous êtes.

Notez que votre numéro de téléphone apparaît sur l'iPhone de votre correspondant, même si votre numéro est bloqué. C'est un moyen de décourager les appels malveillants. Notez aussi, à ce propos, que la fonction FaceTime peut être désactivée sur votre iPhone en touchant, dans l'écran d'accueil, l'icône Réglages > FaceTime.

Pour mettre fin à la conversation, touchez le bouton Terminer, en bas de l'écran.

2
L'iPhone mobile

- Vous avez échappé au titre « L'iPhone iMobile » et gagné le droit de découvrir comment envoyer et recevoir des SMS, des MMS et des iMessages. En tant que journalistes, nous apprécions tout particulièrement la facilité et la rapidité des prises de notes.

- Ensuite, nous passerons en revue ces sympathiques applications que sont le Calendrier, la Calculatrice et l'Horloge, et aussi les mémos vocaux. Ces fonctionnalités permettent non seulement de résoudre des problèmes arithmétiques à la volée, mais aussi de ne pas manquer un rendez-vous et surtout d'être toujours ponctuel. Vous verrez aussi comment tenir un carnet de santé extrêmement précis avec l'application fort opportunément nommée Santé.

- Nous conclurons cette partie avec le fabuleux assistant intelligent et causant de l'iPhone : Siri, qui comprend presque tout ce que vous lui dites.

Chapitre 5

Texto ou tard : SMS et MMS

DANS CE CHAPITRE :

- **Envoyer et recevoir des SMS (texte seul), des MMS (multimédia) et des iMessages.**
- **Utiliser l'application Notes.**

L'iPhone étant unique en son genre, vous n'avez probablement pas eu l'occasion d'essayer un clavier virtuel intelligent. Au début, il vous semblera peut-être malcommode. Mais, de l'avis des utilisateurs d'iPhone, il suffit de quelques jours pour être à l'aise avec lui et l'utiliser efficacement.

Quand vous aurez lu ce chapitre, vous serez vous aussi à l'aise avec le clavier et efficace. Vous avez découvert au Chapitre 2 ce qu'est ce clavier virtuel. Dans ce chapitre, nous nous attarderons sur deux applications textuelles : Messages (envoi de SMS et de MMS) et Notes.

Messages

L'application Messages permet d'échanger « c msg text » que tous les téléphones mobiles sont capables d'envoyer et de recevoir. Mais comme le clavier de l'iPhone est autrement plus pratique que les minuscules touches des téléphones, vous écrirez votre prose en texte clair, avec une syntaxe et une orthographe moins dépenaillées ke dab.

L'iPhone reconnaît le protocole MMS qui permet d'échanger des images, des contacts, des vidéos, des sonneries et autres fichiers audio, ainsi que des lieux, avec n'importe quel téléphone mobile possédant lui aussi des capacités MMS.

SMS sont les initiales de *Short Message Service*, « service de messages courts », appelés aussi « textos », un terme qui tombe cependant en désuétude. MMS sont celles de *Multimedia Messaging Service*, « service de messagerie multimédia ». La plupart des téléphones mobiles reconnaissent ces deux protocoles.

Notez que si les opérateurs offrent souvent un certain nombre de SMS gratuits dans leurs forfaits, les MMS, eux, sont généralement facturés.

Les iMessages sont des messages échangés par le Wi-Fi entre des appareils fonctionnant sous iOS (iPhone, iPad, iPod) ou sous MacOS.

Avant d'apprendre comment envoyer et recevoir des textos, passons en revue quelques notions de base :

- **L'expéditeur et le destinataire doivent tous deux disposer d'un téléphone mobile capable de créer et recevoir des SMS et/ou des MMS.** C'est le cas de l'iPhone et de presque tous les téléphones mobiles. Gardez à l'esprit que si vous envoyez un SMS ou un MMS à quelqu'un dont le téléphone n'a pas de fonction SMS ou MMS, il sera non seulement incapable de le recevoir, mais ne saura même pas que vous lui en avez envoyé un.
- **Quelques téléphones – mais bien sûr pas l'iPhone – limitent la longueur des SMS à 160 caractères.** Si vous envoyez un message plus long à un téléphone limité à 160 caractères, le message sera soit tronqué, soit divisé en plusieurs messages plus courts. Bref, il vaut mieux que vos SMS soient courts. D'où l'intérêt des abréviations, plus faciles à saisir et qui permettent de communiquer davantage d'informations en peu de caractères.
- Un forfait limite le nombre de SMS. Les messages supplémentaires seront facturés à part.
- Un message est un message – et sera décompté comme tel –, même s'il se limite à seulement quelques caractères comme « OK » ou « A+ ».
- Il est souvent possible d'augmenter le nombre de SMS du forfait, ce qui revient moins cher que de payer des SMS supplémentaires.
- Les SMS ne peuvent être reçus qu'au travers d'un réseau de téléphonie mobile. Vous ne pouvez pas en échanger par une connexion Wi-Fi.
- Quand deux appareils Apple sont en liaison – votre iPhone et un iPad, par exemple –, l'application Messages envoie spontanément un iMessage plutôt qu'un SMS. L'avantage de l'iMessage est que sa longueur n'est pas limitée et que son envoi est gratuit. L'inconvénient est que des iMessages ne peuvent être échangés que si les deux appareils sont connectés à l'Internet par le Wi-Fi.

Cela dit, nous pouvons passer à l'envoi des SMS.

Envoyer des SMS

Touchez l'icône Messages, sur l'écran d'accueil, pour démarrer l'application Messages. Touchez ensuite l'icône en haut à droite, pour commencer la rédaction d'un nouveau message.

Le champ Destinataire est activé, dans l'attente d'une saisie. Vous avez le choix entre trois actions :

- Si le destinataire ne figure pas dans la liste des contacts, tapez son numéro de téléphone.
- Si le destinataire fait partie de vos contacts, tapez les premières lettres de son nom. Une liste d'occurrences apparaît. Parcourez-la au besoin puis touchez le nom du contact désiré (plus vous tapez de lettres, plus la liste de propositions se restreint).
- Touchez l'icône ronde bleue « Plus », à droite du champ Destinataire, pour sélectionner un nom dans la liste des contacts.

Il existe une quatrième option qui permet de composer le message avant d'indiquer l'adresse. Touchez la zone de saisie, juste au-dessus du clavier, à gauche du bouton Envoyer, puis tapez votre message. Touchez ensuite le champ Destinataire et utilisez l'une des techniques précédentes pour adresser le SMS.

Pour accompagner le message d'une signature amusante, basculez l'iPhone sur le côté. Une série de signatures manuscrites (`Super !`, `Merci`, `Félicitations !`, `Bonjour` et d'autres) sont proposées. Si elles ne sont pas visibles, appuyez sur la touche rappelant la lettre grecque gamma γ en bas à droite du clavier. Touchez ensuite l'une des signatures pour l'insérer dans le message. Attention : si le message n'est pas un iMessage, le SMS se transforme en MMS et il risque alors d'être taxé.

Après avoir rédigé le message et indiqué le destinataire, touchez le bouton Envoyer.

Recevoir des SMS

Commençons par le commencement. Si vous voulez qu'une alerte sonore vous informe de l'arrivée d'un SMS, touchez le bouton Réglages, touchez Sons puis Son SMS. Sélectionnez ensuite un bruitage.

Sachez cependant que même si vous avez choisi un son, vous ne serez pas prévenu de l'arrivée d'un SMS si l'interrupteur Sonnerie/Silencieux est en mode

Silencieux (vous entendrez le son tant que l'écran Réglages est affiché, mais vous ne l'entendrez plus quand vous l'aurez quitté).

Si vous recevez un SMS pendant que l'iPhone est en veille, tout ou partie du message et du nom de l'expéditeur apparaît sur l'écran de déverrouillage.

La notification de l'arrivée d'un message est signalée, soit par une bannière dans laquelle le texte défile horizontalement, soit par une alerte fixe, comme le montre la Figure 5.1. Pour accéder directement au message, touchez la bannière, ou touchez le bouton Répondre, si une alerte est affichée.

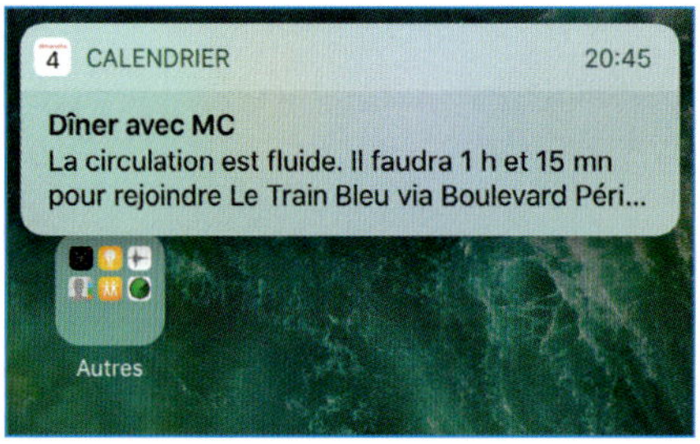

Figure 5.1 : Alerte de rendez-vous sur l'écran d'accueil.

Pour choisir entre la bannière ou l'alerte, touchez Réglages > Notifications > Messages. À la rubrique Style d'alerte si déverouillé, touchez ensuite le pictogramme Bannières ou le pictogramme Alertes.

Pour accéder à l'ensemble des SMS reçus, touchez l'icône Messages. L'écran Messages apparaît. Touchez un SMS pour l'ouvrir. Pour y répondre, touchez le champ à gauche du bouton Envoyer, ce qui affiche le clavier. Tapez la réponse puis touchez Envoyer.

Votre conversation textuelle est enregistrée dans une succession de phylactères (des bulles, si vous préférez...). Les SMS reçus apparaissent à gauche dans les bulles grises, et vos propres messages à droite, dans des bulles vertes (SMS) ou bleues (iMessages).

Une conversation peut être supprimée en touchant le bouton Modifier, en haut à droite de l'écran, puis Supprimer, en bas de l'écran.

Vous pouvez affecter un son d'alerte de SMS à chacun de vos contacts. Choisissez une sonnerie, comme expliqué au Chapitre 4, mais, au lieu de toucher Sonnerie, touchez l'option Sons SMS, juste en dessous.

Figure 5.2 : Un échange de iMessages.

MMS : Comme SMS mais avec un M

Les fonctions MMS des iMessages – ceux que vous envoyez à votre entourage utilisant du matériel Apple – sont particulièrement sophistiquées.

Procédez comme pour envoyer un SMS. Indiquez le destinataire dans le champ À, puis touchez l'une de ces icônes à gauche du champ de saisie (si un bouton à chevron est visible, touchez-le pour accéder icônes) :

» **Photo :** Un panneau apparaît dans la partie inférieure de l'écran (Figure 5.3). Les petites vignettes à droite montrent les deux dernières photos que vous avez prises. Touchez-en une pour l'insérer dans le MMS.

La grande vignette centrale montre l'image captée par l'appareil photo au dos de l'iPhone. Pour prendre la photo et l'insérer dans le MMS, touchez le bouton blanc, en bas. Si vous préférez prendre un selfie, touchez l'icône en haut à droite. L'appareil photo en façade est alors utilisé.

La photo insérée dans le MMS est affublée de deux icônes. En haut à gauche, l'icône représentée dans la marge indique que le mode Live est actif (c'est l'option par défaut). La photo est en réalité une petite animation de deux secondes. Pour envoyer une image fixe, touchez ce bouton afin de désactiver le mode Live. En haut à droite, le bouton sert à supprimer l'image.

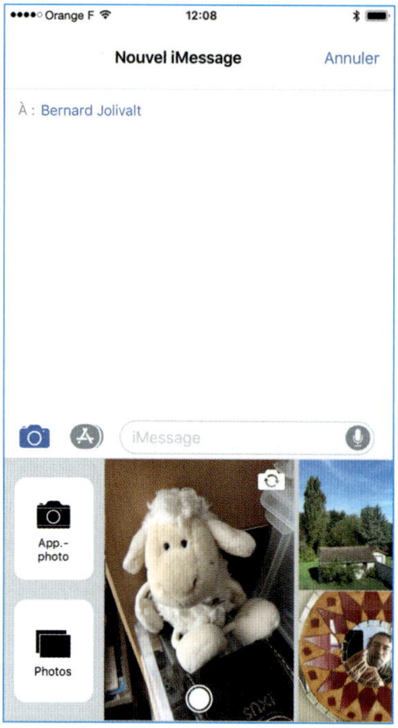

Figure 5.3 : L'interface permettant d'envoyer des photos, des animations et des vidéos.

Deux options sont proposées à gauche de la vignette principale :

- **App - photo :** active l'appareil photo. Cette fonction n'est pas redondante car elle donne accès à toutes fonctionnalités de l'application : cadrage carré, vidéo, retouches...
- **Photos :** accède à l'application Photos. Choisissez une photo dans l'un des albums. Si vous préférez prendre une photo, basculez l'iPhone sur le côté puis touchez l'icône Appareil photo.

  Lorsque vous touchez la photo insérée dans le MMS, les options Annoter et Modifier apparaissent en bas de l'écran.

- **App Store :** permet de choisir des autocollants, et d'autres éléments dans la boutique en ligne d'Apple.

Cela fait, touchez le bouton d'envoi, à droite du champ de saisie.

Quand vous recevez une photo ou une vidéo incluse dans un message, elle apparaît dans une bulle tout comme du texte. Touchez-la pour la voir en plein écran.

Envoyer un iMessage audio

Il est possible d'envoyer un message audio au lieu d'un texte. Par exemple, vous vous baladez dans la rue et vous entendez quelque chose d'intéressant : un musicien, une altercation haute en couleurs, des oiseaux qui gazouillent... Envoyez immédiatement l'enregistrement sonore par un iMessage que votre correspondant pourra écouter.

Comme il s'agit d'un iMessage, seuls vos correspondants équipés d'un iPhone ou d'un Mac pourront le recevoir.

Pour envoyer un iMessage audio, vous devez commencer par saisir l'adresse de messagerie de votre correspondant. Si ce dernier figure dans le carnet d'adresses de l'application Contacts, le plus simple est de commencer à taper son nom.

Une petite icône en forme de microphone apparaît à droite du champ de saisie du message. Si le bouton Envoyer est affiché à la place de l'icône, cela signifie que le destinataire ne peut pas recevoir d'iMessages.

Touchez continûment l'icône en forme de micro : un sélecteur circulaire apparaît (Figure 5.4) et l'enregistrement démarre. Il dure aussi longtemps que le doigt est appuyé sur l'icône.

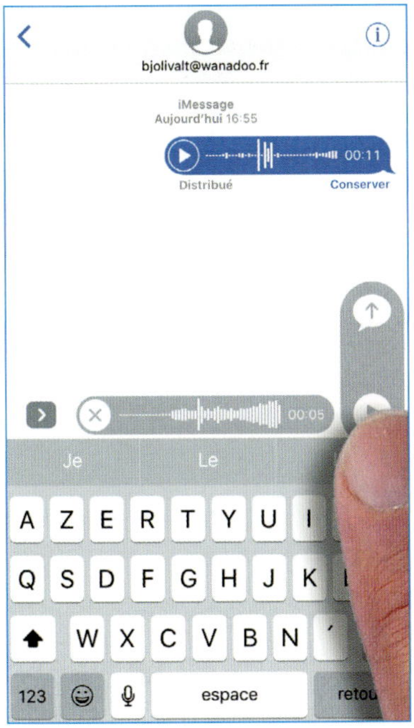

Figure 5.4 : L'enregistrement d'un son pour un iMessage audio. Un premier message, déjà envoyé, est visible en haut à droite, dans le cartouche bleu.

Ôtez le doigt pour arrêter l'enregistrement. Appuyez ensuite sur le bouton fléché, en haut du sélecteur circulaire, pour envoyer l'enregistrement audio à votre correspondant.

Un message envoyé peut être réécouté en touchant son bouton de lecture. Il reste affiché pendant deux minutes, puis il disparaît afin de ne pas encombrer l'iPhone. Cette durée n'est pas modifiable, mais une option Jamais est accessible en touchant Réglages > Messages > Expire. Notez qu'il existe deux options Expire : l'une pour les messages audio, l'autre pour les messages vidéo.

Astuces texto

Voici d'autres petites astuces et suggestions concernant les SMS :

- Pour envoyer un SMS à quelqu'un figurant dans les listes Favoris ou Appels, touchez l'icône Téléphone, sur l'écran d'accueil, puis l'icône Favoris ou Appels. Touchez l'icône fléchée ronde bleue, à droite du nom ou du numéro de téléphone, puis touchez le bouton Message, en bas de l'écran Infos.
- Pour appeler ou envoyer un message électronique à quelqu'un à qui vous avez envoyé un SMS ou un MMS, touchez l'icône Messages sur l'écran d'accueil, puis le message figurant dans la liste. Touchez le bouton Appeler, en haut de la conversation, pour composer le numéro de cette personne, ou touchez Informations de contact, une adresse électronique, puis tapez le message électronique.

  Cette technique n'est utilisable que si le contact possède une adresse électronique.
- Pour ajouter à votre liste de contacts une personne qui vous a envoyé un SMS ou un MMS, touchez son nom ou son numéro de téléphone dans la liste Messages, puis touchez le bouton Ajouter aux contacts.
- Si un SMS ou un MMS comporte une adresse Internet, touchez-la pour afficher la page Internet dans Safari.
- Si un SMS ou un MMS comporte un numéro de téléphone, touchez-le pour appeler ce numéro.
- Si un SMS ou un MMS comporte une adresse de messagerie, touchez-la pour ouvrir un message électronique préadressé dans l'application.
- Si un SMS ou un MMS comporte une adresse postale, touchez-la pour voir où elle se trouve dans l'application Plans.

Vous bénéficiez à présent de la Suprême Maîtrise des SMS des MMS (et vous avez droit à quelques bonbons M&M's).

Prenez de bonnes notes

L'application Notes sert à écrire du texte, mais aussi à dessiner, à conserver l'adresse d'un site que vous êtes en train de visiter avec Safari (en touchant le bouton de partage, dans Safari, puis l'icône Notes). Vous pouvez même insérer ou coller des photos dans une note et dessiner dessus.

Pour créer une note, touchez l'icône Notes sur l'écran d'accueil ; touchez ensuite Notes, dans la liste des dossiers.

Touchez ensuite l'icône en bas à droite.

Ou plus rapidement encore : sur l'écran d'accueil : appuyez fermement sur l'icône Notes puis, dans le menu, choisissez Nouvelle note.

Une note vierge apparaît ainsi que le clavier virtuel. Lorsque le clavier est tenu en largeur, la partie gauche contient la liste des notes (voir Figure 5.5). Tapez votre prose. Lorsque vous avez fini, touchez OK, en haut à droite, pour enregistrer la note

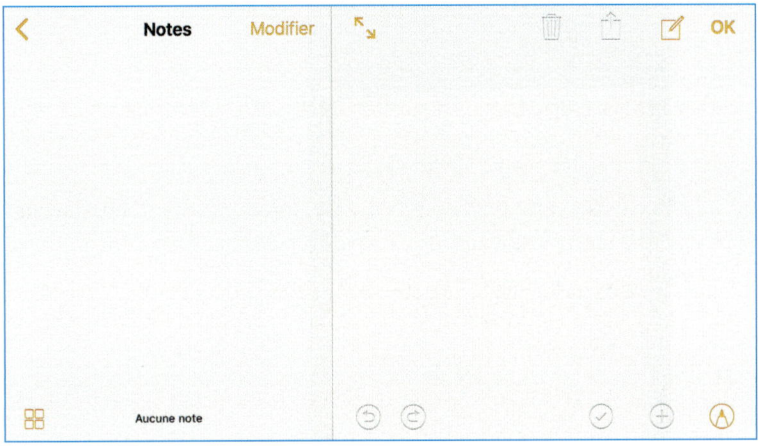

Figure 5.5 : L'application Notes.

Des icônes sont visibles au-dessus du clavier :

Tracer un tableau : le nombre de rangées et de lignes est réglable. Plusieurs tableaux peuvent être créés dans une même note.

Mise en forme : l'icône Aa déploie un menu proposant plusieurs tailles de police afin de créer des titres, des intertitres, ainsi que des listes à cocher, à puces, à tirets et numérotées. Notez que toute ligne commençant par un tiret (-) ou par numéro suivi d'un point (1.) est automatiquement convertie en liste à chaque retour à la ligne.

Créer une liste de pointage : lorsque cette icône est active, la ligne de texte que vous vous apprêtez à saisir est précédée par un cercle. Ce dernier est en fait une icône à cocher vide. Créez une liste de tâches précédées de cette icône. Par la suite, quand vous afficherez la note, vous pourrez cochez les tâches exécutées. Cette fonctionnalité est commode pour n'oublier aucun achat lorsque vous faites des courses au supermarché. Cette option est accessible directement depuis l'écran d'accueil : appuyez fermement sur l'icône Notes puis, dans le menu, choisissez Liste de pointage.

:Plus : cliquer sur cette icône affiche un menu proposant les actions suivantes :

- **Scanner des documents :** cette option active l'appareil photo au dos de l'iPhone. Cadrez le document. Une zone de délimitation jaune entoure le document (Figure 5.6). Si le mode Auto est actif, le scan est aussitôt pris. En mode Manuel, vous devez toucher le bouton blanc pour prendre le scan.

Cliquez ensuite sur Conserver le scan (ou sur Reprendre, s'il ne vous satisfait pas). Cliquez ensuite sur Enreg., dans l'interface de l'appareil photo, pour placer le scan dans la note.

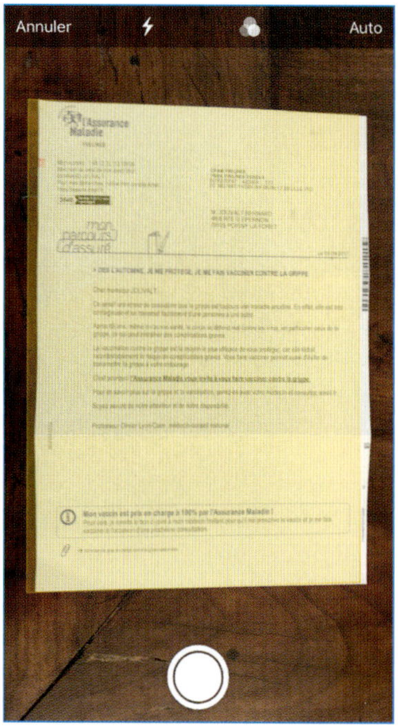

Figure 5.6 : Scan d'un document. Le poser sur un fond sombre facilite le cadrage automatique de la feuille de papier.

- **Prendre une photo ou une vidéo :** active une version réduite de l'appareil photo. Les seules fonctions qu'il offre sont Photo et Vidéo. En mode photo, une position x2 réduit le champ de visée. L'icône de permutation des appareils photo est visible.

- **Photothèque :** permet de choisir une image dans l'application Photos. Cette option est accessible directement depuis l'écran d'accueil : appuyez fermement sur l'icône Notes puis, dans le menu, choisissez Nouvelle photo.
- **Ajouter un dessin :** affiche des outils de dessin utilisables sur la note.

Dessiner : permet de dessiner du bout du doigt sur une note (nouvelle ou déjà existante) avec des instruments de dessin comme le feutre ou le crayon, ou avec un stylet standard. Plusieurs couleurs sont proposées ainsi qu'une règle pour tirer des traits bien droits. La fonction de dessin est également accessible directement depuis l'écran d'accueil : appuyez fermement sur l'icône Notes puis, dans le menu, choisissez Nouveau dessin.

Lorsqu'une note a été enregistrée :

» Touchez Notes en haut à gauche pour voir la liste de l'ensemble de vos notes (leur titre est la première ligne du texte). Touchez-en une pour l'ouvrir.

» Basculez l'iPhone sur le côté, en largeur, pour voir à la fois les listes des notes et le contenu de celle qui est sélectionnée.

» Touchez le bouton de partage, en haut à droite de l'écran, pour accéder à l'icône de l'application Mail et envoyer la note à quelqu'un par courrier électronique ou par SMS, la copier ou encore l'imprimer si vous possédez une imprimante compatible AirPrint (si le clavier occulte les icônes de partage, touchez OK, en haut à droite de l'écran, pour l'escamoter).

» Touchez le bouton Ajouter des personnes, à gauche du bouton de partage, pour inviter des contacts à lire et modifier la note.

» Touchez le bouton en forme de poubelle, en bas à gauche de l'écran, pour supprimer la note.

À ces actions, nous pouvons ajouter celle-ci, fort utiles :

» Touchez Réglages > Général > Clavier pour atteindre les options qui activent ou désactivent les suggestions affichées en haut du clavier, lors d'une saisie, ou la majuscule automatique en début de phrase ou après un point, la correction automatique, le soulignement des mots mal tapés, le verrouillage des majuscules après un double-taper sur la touche Majuscule, et le point placé en double-touchant la barre Espace.

Si vous avez tout bien noté, vous savez l'essentiel de ce qu'il faut savoir pour gérer vos notes.

Chapitre 6

Des utilitaires indispensables

DANS CE CHAPITRE :

- **Les différents affichages du calendrier.**
- **Calculer avec l'iPhone.**
- **Utiliser l'horloge comme alarme, chronomètre ou minuteur.**
- **Créer des pense-bêtes vocaux.**
- **Se rappeler des rappels.**
- **Santé**

L'iPhone est un smartphone, autrement dit un « téléphone intelligent ». Et, en tant que tel, il est capable de vous rappeler vos rendez-vous, de vous indiquer dans quel fuseau horaire vous vous trouvez et d'effectuer des opérations arithmétiques.

Dans les pages qui suivent, nous examinerons trois des applications principales – bien que pas follement sexy – de l'iPhone. Nous pouvons même nous risquer à affirmer que personne parmi vous n'a acheté un iPhone rien que pour son calendrier, sa calculette ou son horloge. Mais ces fonctions n'en sont pas moins appréciables. Nous jetterons aussi un coup d'œil à l'application Santé.

Le calendrier : entre hier et demain

Grâce à l'application Calendrier, vous ne manquerez aucun rendez-vous ni événement, comme les anniversaires. Sur l'écran d'accueil, l'icône Calendrier affiche toujours le jour de la semaine.

Le calendrier peut être présenté par Jour, Semaine, Mois et Année, et aussi sous forme de liste. L'affichage selon la période de temps s'effectue très intuitivement : lorsque l'affichage par jour est actif, touchez en haut à gauche le mois courant pour accéder à l'affichage de la totalité du mois, puis, au même endroit, à l'année en cours pour afficher de nombreuses années, de 1912 jusqu'à plusieurs milliers d'années à venir. Pour aller dans l'autre sens, c'est encore plus simple : touchez, l'année, le mois ou le jour.

Vous pouvez revenir instantanément au jour actuel en touchant le bouton Aujourd'hui, en bas à gauche (sauf en mode Semaine).

N'oubliez pas que vos rendez-vous du jour et du lendemain peuvent être consultés rapidement dans le Centre de notification, en effleurant l'écran de tout en haut vers le bas. D'autres informations du jour vous sont fournies, comme la météo ou la Bourse, ainsi que les appels téléphoniques manqués et autres informations utiles.

L'affichage Jour

La vue Jour que montre la Figure 6.1 affiche tous les rendez-vous d'une journée de 24 heures. Vous devrez faire défiler l'écran pour les parcourir. Les événements couvrant la journée entière sont affichés en haut de la page.

L'affichage Semaine

Lorsqu'il est tenu en largeur, l'application Calendrier affiche le temps par semaines. Cinq jours sont visibles (Figure 6.2). Pour voir les autres jours, effleurez l'écran horizontalement. Par défaut, le samedi et le dimanche sont considérés comme des jours ouvrés. Pour modifier cette présentation, touchez Réglages > Calendrier > La semaine commence le. Choisissez ensuite le jour approprié (Mardi, par exemple, si vous travaillez du mardi au samedi).

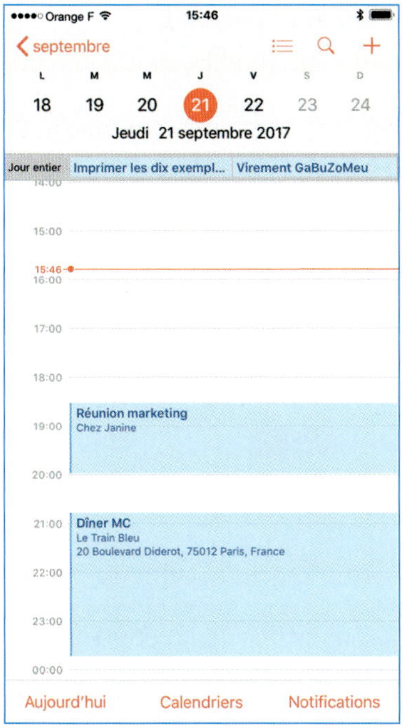

Figure 6.1 : L'affichage en mode Jour.

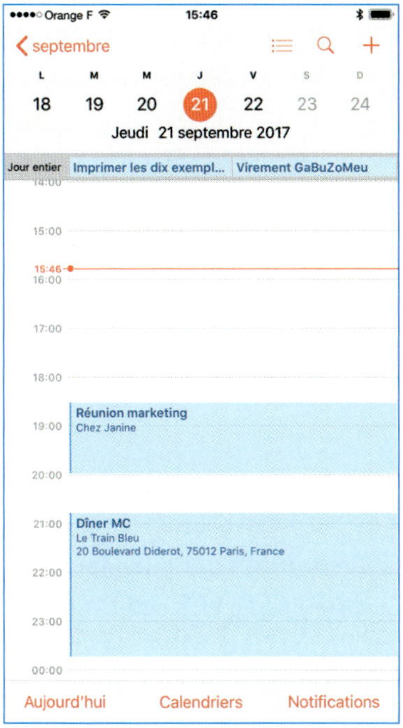

Figure 6.2 : L'affichage par semaine. Par rapport à la figure précédente, le dîner au Train Bleu a été reporté d'un jour. Il suffit pour cela de faire glisser l'événement vers la nouvelle date. Les heures de début et de fin sont directement régrables de la même manière, en déplaçant les bords supérieur et/ou inférieur.

Pour afficher le numéro de la semaine en haut à gauche du calendrier, en mode Semaine, touchez Réglages > Calendrier puis activez le commutateur Numéros de semaine.

L'affichage Mois

L'affichage en mode Mois montre les jours du mois. Le jour courant est marqué en rouge. Un point gris signale ceux comportant un événement (Figure 6.3). Effleurez l'écran horizontalement pour parcourir d'autres mois.

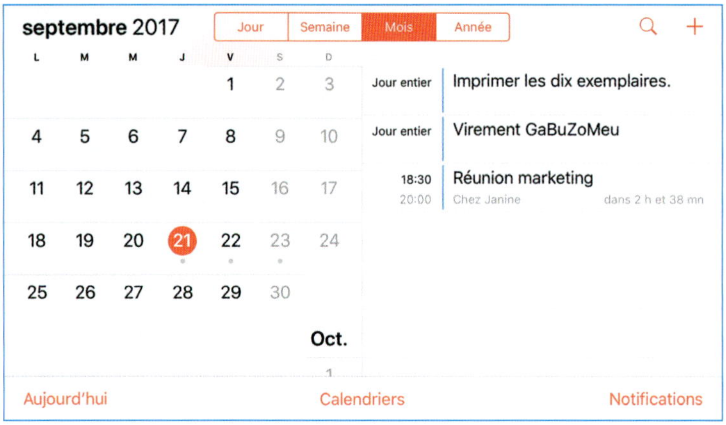

Figure 6.3 : L'affichage en mode Mois. Les points gris signalent les jours auxquels un événement est prévu. Tenu en largeur, l'application Calendrier indique aussi les événements du jour.

L'affichage Année

L'affichage en mode Année montre tous les mois des années (Figure 6.4). Dans chaque mois, la colonne de gauche est celle du jour auquel commence la semaine (lundi, par défaut). Effleurez verticalement pour parcourir les années.

L'affichage Liste

Il est proposé pour les affichages Mois et Jour. Lorsque le mois est affiché, toucher la troisième icône à partir de la droite, en haut de l'écran, affiche la liste des événements du jour sélectionné.

Lorsque le jour est affiché, toucher la troisième icône à partir de la droite, en haut de l'écran (elle est différente de la précédente) affiche tous les événements que vous avez entrés, de même que les anniversaires mentionnés dans vos contacts, sont listés dans l'ordre chronologique (Figure 6.5). Faites défiler la liste du bout du doigt pour la parcourir. Touchez OK pour quitter ce mode d'affichage.

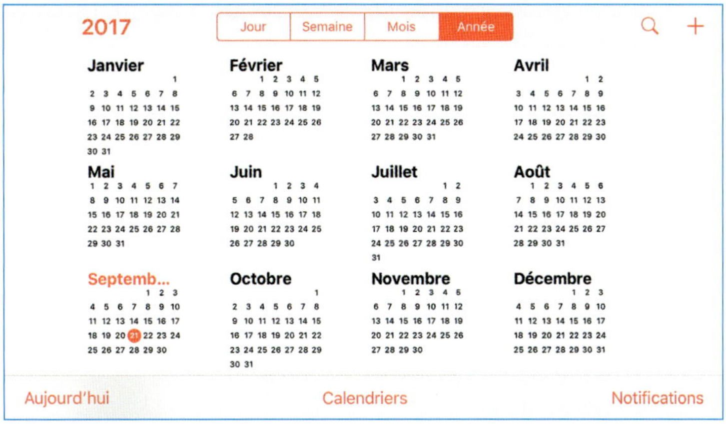

Figure 6.4 : L'affichage par années.

Une liste est également affichée en touchant l'icône en forme de loupe. Dans ce cas, un champ Rechercher permet de localiser un événement dans le calendrier.

Figure 6.5 : L'affichage journalier en mode Liste.

Si vous utilisez l'application Calendrier du Mac, vous pourrez créer de multiples calendriers parmi lesquels vous choisirez celui qui doit être synchronisé avec l'iPhone, comme nous l'avons expliqué au Chapitre 3. Mieux encore : vous choisirez d'afficher un seul ou tous les calendriers.

L'iPhone affiche le code de couleurs que vous avez choisi dans Calendrier. Sympa, non ?

Les tâches créées dans l'application Calendrier du Mac ne sont pas synchronisées et n'apparaîtront donc pas dans l'iPhone.

Saisir des données dans le calendrier

Vous avez appris au Chapitre 3 l'essentiel de ce qu'il faut savoir pour synchroniser votre iPhone. Cette opération concerne aussi les entrées du calendrier effectuées dans Calendrier, ou Microsoft Entourage (Mac), ou encore dans Outlook (Windows).

Si un courrier électronique reçu par Mail contient la date et le lieu d'un rendez-vous ou d'un événement, il y a de fortes chances pour que l'application Calendrier le détecte et l'affiche au jour et à l'heure spécifiés.

Les occasions d'entrer des rendez-vous à la volée ne manquent bien sûr pas. Il est très facile de les saisir directement dans l'iPhone :

1. **Touchez l'icône Calendrier, sur l'écran d'accueil, puis affichez la date en mode Jour ou Mois.**

   Si vous avez touché le bouton Mois, touchez ensuite le jour de l'événement.

2. **Touchez le signe [+], en haut à droite.**

   Ce bouton est affiché dans les modes Jour, Mois et Année. Le toucher ouvre la fenêtre Événement.

   Au lieu de toucher le signe [+] vous pouvez aussi toucher continûment le calendrier à la date et/ou l'heure du début de l'événement.

3. **Touchez le champ Titre et indiquez l'objet de l'événement. Touchez ensuite le champ Lieu et indiquez où il se déroule.**

   Lorsque vous saisissez le lieu, l'application affiche une liste de lieux (lieu actuel, villes, noms de rue...) correspondant à votre saisie. Si l'un d'eux correspond à ce que vous êtes en train de taper, touchez-le et il est aussitôt inséré.

4. **Si l'événement a une date de commencement et/ou une date de fin :**

   a. Touchez le champ Début.

b. Dans la partie inférieure de l'écran (Figure 6.6), réglez le jour, l'heure et la minute du début de l'événement.

c. Touchez le champ Fin, puis réglez le jour, l'heure et la minute de la fin de l'événement

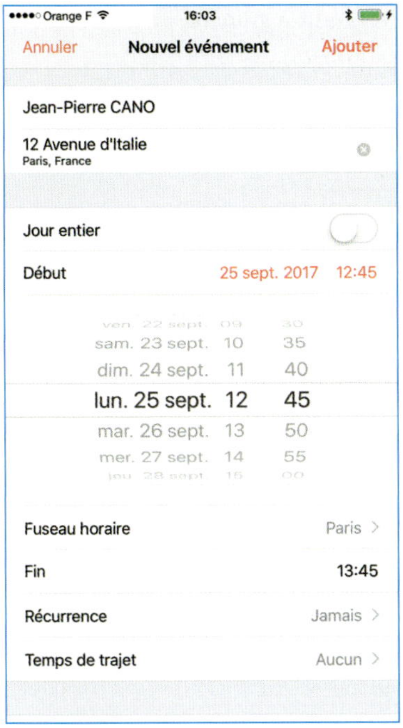

Figure 6.6 : Le réglage des dates et heures de début et de fin ressemble à celui d'un cadenas à code.

Actionnez séparément les rubans de date, d'heure et de minute (par intervalles de 5 minutes).

d. Touchez Ajouter, en haut à droite.

5. Si vous entrez un événement qui dure toute la journée, activez le commutateur Jour entier.

Un événement qui dure toute une journée est classiquement un anniversaire, ou encore un jour de livraison sans heure précise, ou une tâche à effectuer au cours de la journée.

Le sélecteur n'affiche à présent que le jour, le mois et l'année (et non le jour, l'heure et la minute).

6. Si la saisie concerne un événement qui se répète régulièrement, comme le jour où il faut sortir la poubelle, touchez l'option Récurrence, indiquez la fréquence de l'événement, puis touchez Retour, en haut à gauche.

Les options sont Tous les jours, Toutes les semaines, Toutes les deux semaines, Tous les mois et Tous les ans.

7. **Touchez l'option Temps de trajet puis activez le commutateur qui apparaît. Indiquez ensuite le lieu de départ, ou choisissez une durée estimée du trajet (5, 15, 30 minutes, ou 1 heure, 1 heure 30 ou 2 heures). Touchez ensuite Retour, en haut à gauche, pour revenir aux options de configuration.**

   L'application tient compte du temps de trajet et vous empêche de saisir un rendez-vous, ou tout autre événement, pendant la durée où vous êtes présumé être en route.

8. **Pour placer un rappel ou une alerte, touchez l'option Alerte. Choisissez ensuite le laps de temps entre l'alerte et l'événement puis touchez OK.**

   Une alerte peut se manifester 5, 15 ou 30 minutes avant l'événement, ou une heure ou deux, ou un jour ou deux avant, ou enfin le jour même. Le moment venu, un son retentit tandis que l'iPhone affiche un message.

   Vous êtes du genre à qui il faut tout rappeler deux fois ? Et même plutôt deux fois qu'une ? Pas de problème, car il existe une option Deuxième alerte.

9. **Touchez Calendrier pour effectuer une saisie dans un calendrier en particulier, puis touchez le calendrier en question (Personnel, Travail, ou autre). Touchez ensuite Retour.**

10. **Pour ajouter une note à propos du rendez-vous ou de l'événement, touchez l'option Notes. Saisissez votre texte puis touchez OK.**

    Le clavier virtuel apparaît afin que vous puissiez saisir vos informations.

11. **Après avoir tout réglé, touchez OK, en haut à droite.**

L'événement est noté dans l'application Calendrier. Touchez-le pour obtenir tous les détails le concernant, y compris un plan du quartier si dans Lieu, vous avez entré une adresse postale (Figure 6.7).

Touchez le plan, dans Calendrier, pour l'ouvrir avec l'application et définir un itinéraire.

Vous pouvez choisir un autre calendrier par défaut (chinois, hébraïque ou musulman) en touchant Réglages > Calendrier > Autre calendrier. Touchez Calendrier par défaut puis sélectionnez celui que vous désirez afficher en permanence.

Lorsque le moment sera venu de vous prévenir du rendez-vous, une notification sera affichée à temps sur l'écran de verrouillage ou sur l'écran d'accueil. L'iPhone vous informera même de la durée estimée du trajet et vous signalera si la circulation est fluide ou non.

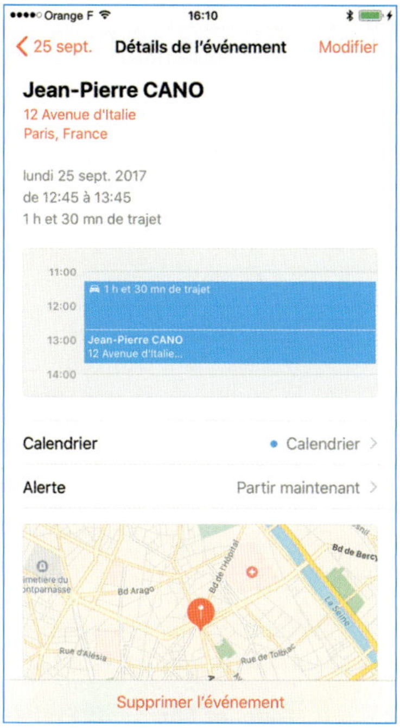

Figure 6.7 : Les détails d'un événement.

Quand vous voyagez au loin, vous pouvez faire en sorte que les événements soient affichés en tenant compte du fuseau horaire qui a été affecté à vos calendriers. Touchez Réglages > Calendrier > Ignorer l'heure locale. Activez ensuite le commutateur Ignorer l'heure locale, et touchez l'option Fuseau horaire. Dans le panneau qui apparaît, saisissez le nom de la ville correspondant au fuseau horaire à utiliser.

Lorsque le commutateur Ignorer l'heure locale est désactivé, les événements sont affichés selon le fuseau horaire où se trouve l'iPhone.

Les alertes du calendrier peuvent être désactivées en touchant Réglages > Sons et vibrations > Alertes de calendrier. Touchez ensuite l'option Aucun.

Pour modifier une entrée dans le calendrier, touchez-la, touchez Modifier puis effectuez les changements.

Pour supprimer un événement, touchez Modifier, puis, tout en bas, Supprimer l'événement. Si vous avez touché ce bouton par erreur, l'iPhone vous offre la possibilité d'annuler.

Les entrées effectuées dans le calendrier de l'iPhone sont synchronisées avec celles du calendrier spécifié dans le panneau Infos de la version d'iTunes installée dans l'ordinateur.

Vous pouvez demander à iCloud de synchroniser vos calendriers entre tous vos PC et/ou Mac et tous vos appareils mobiles tournant sous iOS ou OS X ou macOS. Touchez Réglages, touchez votre identifiant, tout en haut de la liste, puis iCloud ; assurez-vous ensuite que le commutateur Calendrier est actif.

Un calendrier poussé (mais pas poussif)

Si la société pour laquelle vous travaillez utilise Microsoft Exchange ActiveSync, les saisies dans le calendrier et les invitations à des réunions provenant de vos collègues peuvent être *poussées* par la technologie « push » dans votre iPhone, afin qu'elles y soient affichées un moment après avoir été entrées, et cela même si la saisie a été faite depuis un ordinateur sur le lieu de travail. Configurer un compte qui facilite le poussage vers votre iPhone des saisies dans un calendrier s'effectue rapidement, bien que vous deviez préalablement vous assurer auprès du responsable informatique de la société que cette opération est autorisée. Procédez ensuite comme ceci :

1. **Touchez Réglages > Comptes et mots de passe > Ajouter un compte.**
2. **Dans la liste Ajouter un compte, touchez Microsoft Exchange (voir Figure 6.8).**

Figure 6.8 : L'écran d'ajout d'un compte. Sélectionnez Microsoft Exchange.

3. **Remplissez les champs Adresse, Nom d'utilisateur, Mot de passe et Description, puis touchez Suivant.**

4. **À l'écran suivant, entrez l'adresse du serveur Exchange. Les autres champs contiennent l'adresse électronique, le nom de l'utilisateur et le mot de passe que vous venez de saisir, comme le montre la Figure 6.9.**

Figure 6.9 : Remplissez les champs vides pour configurer votre compte d'entreprise.

5. **Activez tous les types d'information que vous désirez synchroniser avec Microsoft Exchange.**

   Tout devrait bien se dérouler à partir d'ici, bien que certaines sociétés puissent exiger des mots de passe supplémentaires, pour d'évidentes raisons de sécurité.

Si votre iPhone professionnel est égaré ou perdu – ou s'il s'avère que vous êtes une taupe infiltrée, travaillant pour la concurrence –, le responsable informatique de votre entreprise peut effacer à distance tout le contenu de votre appareil.

Si votre entreprise utilise Microsoft Exchange 2007 ou 2010, vous n'avez pas à saisir l'adresse du serveur Exchange, car l'iPhone peut la déterminer automatiquement.

Un seul compte Microsoft Exchange ActiveSync peut être configuré sur votre iPhone.

Répondre aux invitations à des réunions

Un autre bouton important se trouve à droite des boutons Liste, Jour et Mois, mais n'est affiché que si la synchronisation du calendrier avec Exchange est activée. Le bouton Invitations – une flèche pointée vers le bas dans un demi-rectangle – signale qu'une invitation a été placée dans votre calendrier.

Touchez le bouton Invitations pour voir les invitations en cours, puis sur l'une d'elles pour obtenir des détails.

Supposons qu'une invitation à une réunion émane de votre directeur. Vous pouvez voir qui d'autre y participera, vérifier s'il n'y a pas de conflit de planning, *etc.* Touchez Accepter pour prévenir l'organisateur de la réunion que vous serez présent, ou Refuser si vous estimez que vous avez mieux à faire – pour une fois que la nouvelle stagiaire de la photocopieuse vous invite au McDo… – ou touchez Peut-être, si peut-être bien que oui, peut-être bien que non, c'est à voir…

Vous pouvez choisir de recevoir une alerte chaque fois que quelqu'un vous envoie une invitation. Dans le réglage Calendrier, touchez Nouvelle invitation, Alertes, afin que le bouton soit en bleu.

S'abonner à des calendriers

Vous pouvez vous abonner à des calendriers conformes aux standards CalDAV et iCalendar (.ics) supportés par les populaires calendriers Google et Yahoo!, ou par Calendrier sur le Mac. Bien qu'il soit possible de lire, avec l'iPhone, les entrées se trouvant dans les calendriers auxquels vous vous êtes abonné, il n'est pas possible d'en écrire ou de les modifier.

Pour vous abonner à l'un de ces calendriers, touchez Réglages > Mail > Comptes. Choisissez Ajouter un compte, puis Autre. Vous avez ensuite le choix entre Ajouter un compte CalDAV ou Ajouter un calendrier (abonnement). Vous devez indiquer le serveur où l'iPhone trouvera le calendrier en question et, au besoin, le nom d'utilisateur et le mot de passe, ainsi qu'une description facultative.

La calculette : y a pi !

Allez, rapido : combien font 3467,80 multipliés par 982,30 ? La réponse est bien sûr – mouline, mouline, mouline… – 3406 419,94.

Le problème peut être résolu rapidement en pianotant de vos petits doigts agiles sur l'application Calculette de l'iPhone. Elle se trouve dans l'écran supplémentaire auquel vous accédez en effleurant l'écran d'accueil vers la gauche.

La calculette est parfaite pour additionner, soustraire, multiplier, diviser et calculer un pourcentage. Les chiffres et les symboles sont grands et faciles à lire, comme le montre la Figure 6.10.

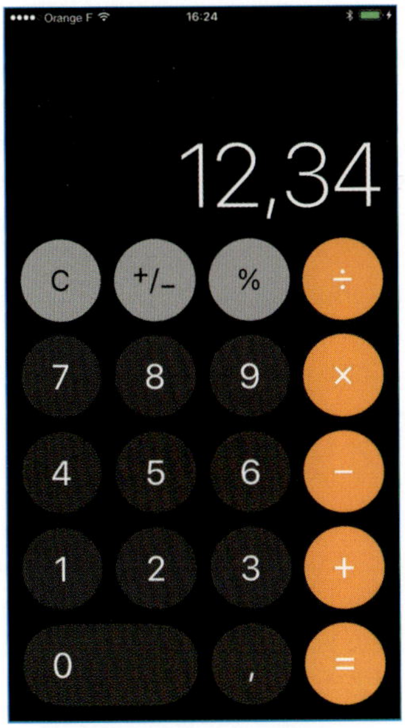

Figure 6.10 : Une calculette dans l'iPhone, ça compte.

Peut-être estimez-vous que cette calculette est bien simpliste. Où sont les boutons de racine, de sinus et de cosinus que vous affectionnez ? En attendant d'avoir la réponse – renversante –, c'est très classe d'exhiber l'iPhone pour savoir combien la boulangère doit vous rendre de monnaie sur le bâtard que vous zigouillerez d'un coup de couteau – pour tartiner du beurre et glisser une tranche de jambon, qu'alliez-vous croire ?

Pour accéder à une véritable calculatrice scientifique, basculez tout simplement l'iPhone de côté : l'humble petite calculette se pare de quantités de fonctions mathématiques capables de mouliner des opérations complexes (voir Figure 6.11) avec une précision de 15 décimales.

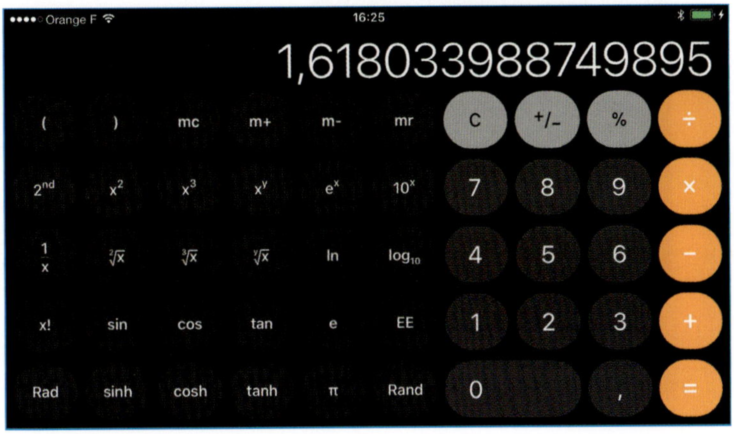

Figure 6.11 : La calculatrice scientifique de l'iPhone vient de calculer le nombre d'or : (1+√5)/2.

L'horloge : avec le temps, va, tout s'en va

L'iPhone a une horloge ! « Grande nouvelle », penserez-vous puisque le plus modeste des téléphones mobiles donne l'heure, et que de surcroît, l'heure est très souvent affichée – en petit, certes ! – en haut de l'écran.

C'est vrai. Mais tous les téléphones mobiles ne donnent pas l'heure partout dans le monde, affichent celles dans plusieurs grandes villes sur plusieurs continents. Et tous les téléphones mobiles n'ont pas une alarme, un chronomètre ou un minuteur.

L'heure dans le monde

Vous voulez connaître l'heure à New York, San Francisco ou Shanghai ? L'application Horloge permet d'afficher l'heure dans de nombreuses villes du monde, comme le montre la Figure 6.12.

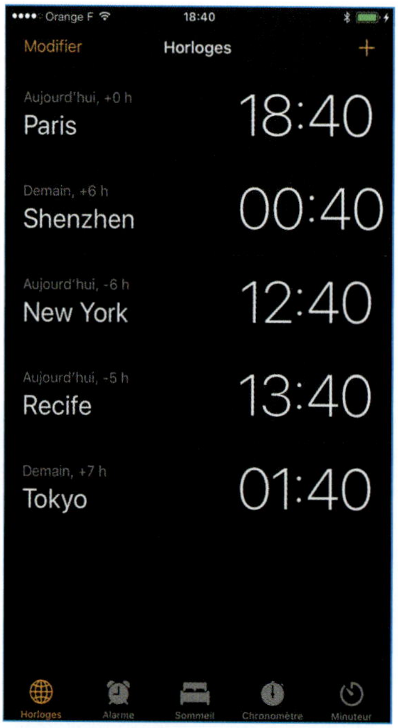

Figure 6.12 : Quelle heure est-il ailleurs dans le vaste monde ?

Touchez le bouton [+], en haut à droite de l'écran, et utilisez le clavier virtuel pour saisir le nom d'une ville ou d'un pays en haut de l'écran. L'iPhone affiche une liste correspondant aux premières lettres saisies. C'est ainsi que taper *Par*

affiche *Paramaribo* au Surinam ainsi que *Paris*, France. Mais aussi *Asunción*, car c'est la capitale du *Paraguay*. Vous pouvez créer autant d'horloges que vous le désirez.

Pour supprimer une ville, touchez Modifier puis touchez l'icône de suppression. Touchez ensuite Supprimer.

L'ordre des villes peut être réarrangé en touchant Modifier, puis en tirant une horloge à l'aide de son icône à trois barres.

L'alarme

Vous avez déjà essayé de régler le réveil automatique dans un hôtel ? Même sur le réveil le plus rudimentaire, ce n'est pas une mince affaire, mais sur l'iPhone, c'est très facile :

1. **Sur l'écran d'accueil, touchez l'icône Horloge.**

   Ou alors, touchez fermement l'application Horloge, sur l'écran d'accueil, puis dans le menu, choisissez Nouvelle alarme.

   Ou encore, affichez le Centre de contrôle en effleurant de tout en bas vers le haut puis, en bas du volet, touchez l'icône Minuteur (c'est la deuxième à partir de la gauche).

2. **En bas de l'écran, touchez l'icône Alarme.**
3. **Touchez l'icône [+], en haut à droite.**
4. **Réglez l'heure de l'alarme en actionnant les molettes, en bas de l'écran.**

   Le principe est le même que pour le réglage d'un événement dans l'application Calendrier.

5. **Si vous désirez conserver l'alarme pour les autres jours, touchez Récurrence puis touchez le jour de la semaine auquel l'alarme doit retentir.**
6. **Touchez Retour.**
7. **Touchez Sonnerie pour choisir le bruitage qui vous réveillera (voir Chapitre 4).**

   C'est une question de choix personnel, mais je puis vous assurer que le son fort opportunément nommé Alarme réveillerait un mort.

8. **Touchez Rappel d'alarme pour qu'en plus de l'affreux bruitage, un bouton de rappel apparaisse à l'écran.**

Touchez le bouton de rappel pour reporter l'alarme de neuf minutes.

9. **Si vous désirez nommer l'alarme, touchez Description, puis tapez un autre nom comme Réveil ou ce que vous voudrez.**

10. **Touchez le bouton Enregistrer afin de mémoriser vos réglages.**

Vous savez qu'une alarme a été réglée et activée grâce à la petite icône en forme d'horloge – qui l'eût cru ? – affichée en haut à droite de l'écran.

Une alarme est prioritaire sur tout morceau que vous seriez en train d'écouter avec l'application iPod. Il est suspendu le temps que l'alarme retentisse, puis il reprend quand vous la désactivez ou touchez le bouton de rappel de l'alarme.

L'iPhone ne sonne pas quand le commutateur Sonnerie/Silencieux est mis sur Silencieux ; il n'émet aucune alerte audio et la fonction iPod est muette. Par contre, les alarmes de l'application Horloge retentissent toujours ! C'est bon à savoir quand vous êtes au cinéma ou à l'opéra, où vous risqueriez de vous faire détester. Un autre point qui peut sembler évident, mais que l'on peut oublier où que l'on soit : assurez-vous que le volume de l'iPhone est assez élevé pour vous réveiller.

Sommeil

La fonction Sommeil est le gestionnaire de vos nuits. Après avoir répondu à quelques questions, comme votre heure habituelle de réveil, les jours de la semaine auxquels le réveil doit sonner, le nombre d'heures de sommeil qu'il vous faut par nuit et le moment où vous voulez recevoir une invitation à aller vous coucher et la sonnerie qui doit vous réveiller, l'iPhone sera pour vous comme une nounou qui vous dit quand aller au lit et vous réveille en fanfare, oups, en musique.

Sommeil conserve l'historique de vos nuits. Si vous possédez une montre Apple Watch, l'iPhone détectera vos durées de sommeil en fonction de vos mouvements, et il les enregistrera dans l'application Santé.

Si l'écran de l'iPhone est trop lumineux la nuit, réglez-le de manière à ce qu'il ait des teintes plus douces. Pour cela, touchez Réglages > Luminosité et affichage > Night Shift. Activez le commutateur Programmé, puis réglez la plage horaire pour l'affichage nocturne. Réglez ensuite la température des couleurs.

Le chronomètre

Vous vous entraînez pour le marathon de Paris, de New York ou le tour du Groenland en trottinette ? Le chronomètre de l'iPhone permettra de mesurer votre performance. Touchez l'application Horloge puis l'icône Chronomètre, en bas de l'écran.

Touchez le bouton Démarrer pour commencer le compte et le bouton Arrêter en franchissant la ligne d'arrivée. Pour mémoriser le temps à chaque tour ou passage et l'afficher, touchez le bouton Tour.

Le bouton Effacer réinitialise le chronomètre et efface tous les temps mémorisés avec Tour.

Mais si vous désirez faire quelque chose de plus attrayant, comme regarder des photos, le son sélectionné ainsi qu'un message vous préviendront que le temps est passé.

Le minuteur

Vous avez mis des piécettes dans un parcmètre ? Vous vous préparez des œufs à la coque, mollets ou durs ? Dans tous ces cas, vous devez décompter le temps imparti. Le minuteur est accessible de plusieurs manières :

- Effleurez l'écran de tout en bas vers le haut afin de déployer le Centre de contrôle. Touchez ensuite la deuxième icône à partir de la gauche, en bas du volet.
- Dans l'écran d'accueil, touchez l'application Horloge puis l'icône Minuteur, en bas de l'écran.
- Et la plus rapide : appuyez fermement sur l'icône Horloge puis, dans le menu, choisissez Minuteur.

Le minuteur décompte de 1 minute jusqu'à 23 heures 59 minutes. C'est plus qu'il n'en faut pour la plupart des tâches. Réglez la durée à l'aide des deux molettes, puis choisissez une sonnerie (il est préférable qu'elle soit différente de celles que vous avez déjà sélectionnées pour d'autres fonctions, comme le téléphone). Touchez ensuite le bouton Démarrer.

L'iPhone décompte les minutes (Figure 6.13).

Figure 6.13 : Le compte à rebours est en cours.

Le dictaphone

Pensez à tous ces moments où il vous serait utile d'avoir un petit magnétophone sous la main, notamment quand vous écoutez une conférence ou quand vous interviewez quelqu'un (pour un journal d'entreprise, par exemple). Ou encore pour vous souvenir d'une idée ou d'une tâche à effectuer.

Pour accéder à l'application Dictaphone, effleurez l'écran principal de droite à gauche pour accéder au deuxième écran. Touchez ensuite le dossier Autres puis l'application Dictaphone.

Enregistrer un mémo vocal

Toucher l'icône Dictaphone, sur l'écran d'accueil, affiche le microphone que montre la Figure 6.14. Le microphone se trouve en dessous de l'iPhone. Souvenez-vous de ce détail lorsque vous désirez l'orienter vers votre interlocuteur.

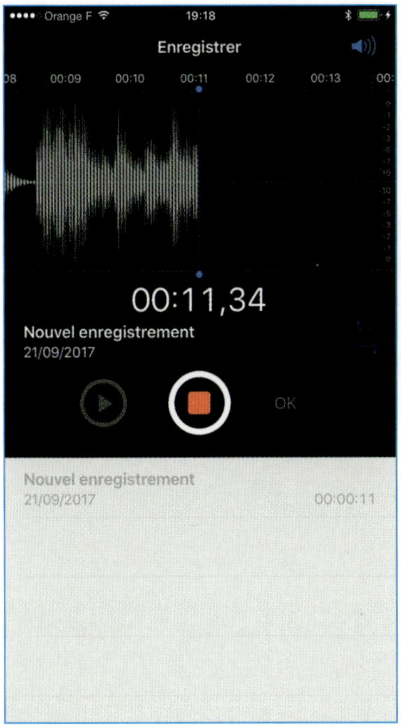

Figure 6.14 : L'enregistrement d'un message.

Touchez le bouton d'enregistrement rouge, en bas à gauche de l'écran, pour démarrer l'enregistrement d'un mémo vocal. L'amplitude du son est indiquée par une piste audio dans la partie supérieure de l'écran.

La piste audio permet de déterminer le niveau d'enregistrement idéal. Selon Apple, il se situe entre -3 dB de part et d'autre de la ligne horizontale. Parlez à voix normale et réglez le niveau d'enregistrement en éloignant ou rapprochant l'iPhone de la bouche.

Au milieu de l'écran, une horloge indique la durée de l'enregistrement.

Pour suspendre un enregistrement, touchez le bouton rouge. Pour le reprendre, touchez de nouveau le bouton rouge.

Pour mettre fin à l'enregistrement, touchez Terminé, à droite du bouton rouge. Touchez OK, juste à droite du bouton. Un panneau Nouveau mémo vocal apparaît. Nommez l'enregistrement puis touchez Enregistrer.

Écouter un mémo vocal

Les enregistrements s'accumulent en bas de l'application Dictaphone. Touchez celui que vous désirez écouter, puis touchez le bouton de lecture (Figure 6.15).

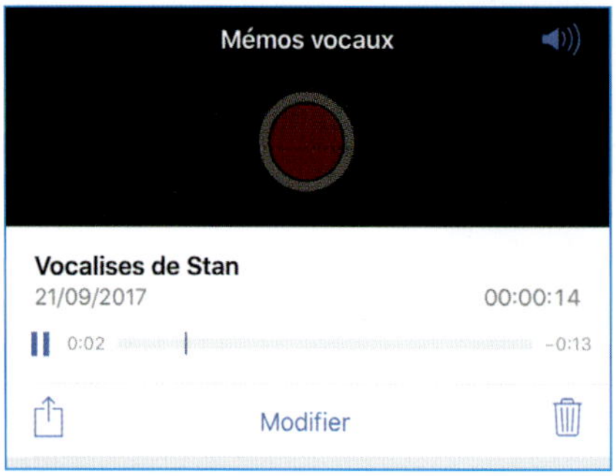

Figure 6.15 : L'écoute d'un mémo vocal.

Vous pouvez déplacer la tête de lecture pour lire le mémo à n'importe quel point.

Si vous n'entendez rien après avoir touché le bouton de lecture, touchez l'icône en forme de haut-parleur, en haut à gauche. Le son passera par le haut-parleur interne de l'iPhone.

Pour effectuer un nouvel enregistrement, touchez le bouton rouge.

Pour réafficher l'application Dictaphone avec sa piste audio vierge, fermez-la complètement en la quittant et en double-cliquant ensuite avec le bouton principal. Éjectez ensuite l'aperçu de l'application d'une pichenette vers le haut.

Raccourcir un mémo vocal

La personne que vous avez enregistrée s'est peut-être interminablement attardée sur des détails inutiles. Vous voulez donc réduire l'enregistrement à l'essentiel. Il est heureusement possible de raccourcir un enregistrement directement dans l'iPhone.

Touchez le mémo vocal comme pour l'écouter. Touchez ensuite l'option Modifier. La piste audio du mémo est affichée. Touchez l'icône de coupe représentée dans la marge. Dans l'application, elle se trouve en bas à droite de la piste. Déplacez ensuite les repères rouges de part d'autre de la partie à conserver.

Appuyez sur le bouton de lecture pour écouter le mémo (Figure 6.16). Au besoin, affinez l'emplacement des coupes. Touchez ensuite le bouton Raccourcir.

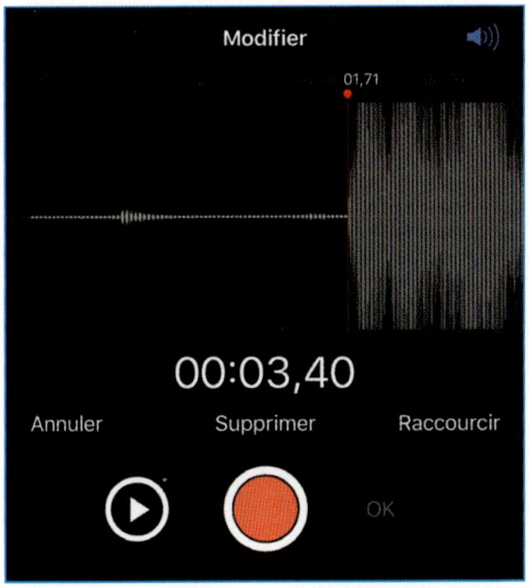

Figure 6.16 : Délimitez la partie du mémo à conserver avec les repères rouges. Le repère bleu est la tête de lecture.

Les modifications sont définitives. Vérifiez soigneusement la pertinence des coupes en écoutant le mémo avant de le raccourcir.

Envoyer un mémo vocal

Peut-être voudrez-vous faire profiter d'autres personnes du cours que vous avez enregistré.

Touchez un mémo vocal comme pour le lire. Touchez ensuite l'icône en bas à gauche. Vous avez le choix entre deux options : envoyer le mémo en pièce jointe d'un courrier électronique, en touchant l'icône Envoyer par e-mail ou, si votre opérateur l'autorise, l'envoyer sous la forme d'un MMS.

Un mémo vocal peut aussi être transféré dans un Mac ou un PC avec la fonction de synchronisation d'iTunes, comme expliqué au Chapitre 3.

Pour supprimer un mémo vocal, touchez Supprimer, en haut à gauche de la liste des mémos, puis touchez sa pastille de suppression puis l'option Supprimer.

Rappels

L'application Rappels n'est pas qu'un simple pense-bête. Elle est capable de savoir où vous vous trouvez et elle collabore activement avec les applications Calendrier, Outlook et iCloud. Ce dernier est capable de synchroniser vos rappels entre tous les ordinateurs et appareils mobiles fonctionnant sous iOS.

La fonction de localisation permet à Rappels de vous notifier les courses à faire au moment même où vous vous garez sur le parking du supermarché. Ou alors, un message vous rappellera de téléphoner à quelqu'un dès que vous serez arrivé au bureau. Voici comment cela fonctionne :

1. **Sur l'écran d'accueil, touchez l'application Rappels puis, en haut à droite de l'écran, touchez le bouton [+].**

2. **Dans le menu, touchez Liste.**

   Un panneau Nouvelle liste vierge apparaît.

3. **Saisissez un intitulé.**

   Cela peut être une tâche à effectuer (rappeler quelqu'un), un achat à ne pas oublier (les croquettes du chien) ou, comme dans la Figure 6.17, des courses à faire. Bref, cela peut être n'importe quoi.

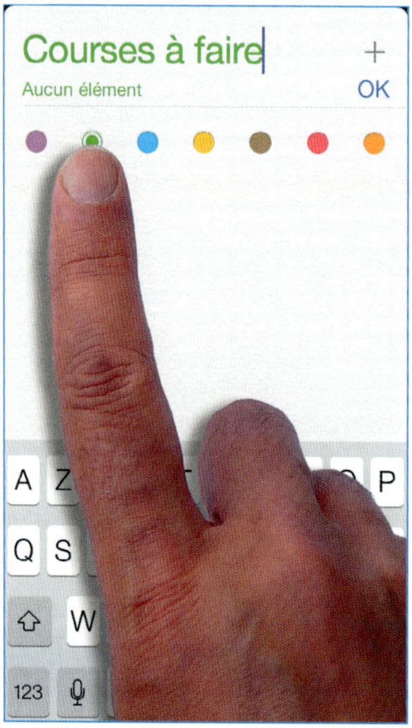

Figure 6.17 : Saisissez le nom d'une liste de tâches à effectuer.

4. **(Facultatif) Choisissez une couleur pour le texte.**

   Touchez l'un des boutons colorés, comme à la Figure 6.17.

5. **Touchez Terminé, en haut à gauche.**

   Un nouveau panneau apparaît. Son titre est celui défini à l'Étape 3. Pour le moment, il ne contient aucun élément.

6. **Touchez la zone vide.**

   Un + gris apparaît ainsi qu'une barre d'insertion.

7. **Saisissez une tâche à effectuer (Figure 6.18).**

   Elle est précédée d'un cercle gris.

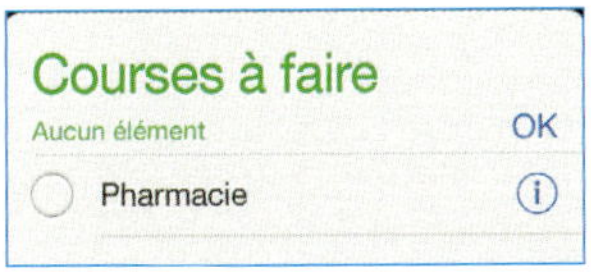

Figure 6.18 : Saisissez le nom d'une tâche à effectuer.

8. **Cliquez sur le bouton d'information, à droite de la tâche.**

   Un panneau détail apparaît. Il contient deux commutateurs :

   - **Me notifier un certain jour :** lorsque cette option est activée, l'application affiche une commande Alarme permettant d'indiquer le jour et l'heure à laquelle une alerte vous signalera que c'est le moment d'effectuer la tâche. Cette alerte peut être récurrente.
   - **Me le rappeler à un endroit :** lorsque cette option est active, une commande Lieu apparaît.

9. **Activez le commutateur Me le rappeler à un endroit, puis touchez l'option Lieu.**

   La première fois que vous utilisez cette option, l'application Rappels vous demande l'autorisation d'utiliser vos données de localisation. Touchez OK, car autrement cette fonctionnalité serait inopérante.

10. **Dans le champ de saisie, saisissez l'adresse du lieu où le rappel doit se manifester.**

11. **Au-dessus de la carte, touchez l'une de ces deux options :**

    - **Quand j'arrive :** l'alerte est déclenchée lorsque vous entrez dans le cercle.
    - **Quand je pars :** l'alerte est déclenchée au moment où vous quittez le cercle.

    Comme le montre la Figure 6.19, un repère est placé sur la carte, centré dans un cercle. Ce cercle, dont le rayon par défaut est de 100 mètres, délimite la zone de couverture de l'alerte. Vous pouvez élargir le diamètre du cercle en tirant la poignée noire vers l'extérieur.

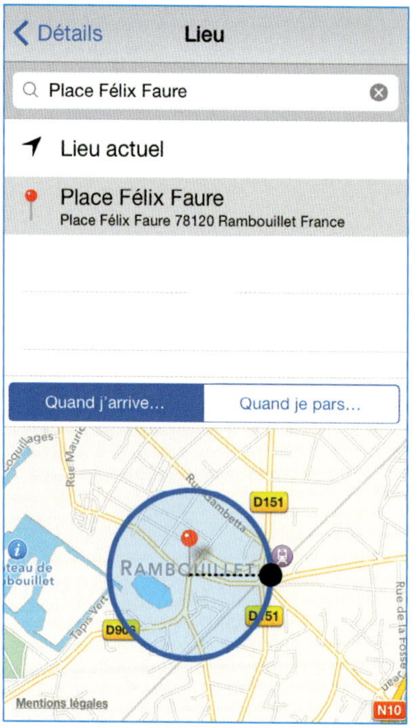

Figure 6.19 : Indiquez si le rappel doit vous être notifié en quittant un lieu ou en arrivant sur un lieu. Réglez ensuite le rayon de la zone de détection.

12. **Touchez Détails, en haut à gauche, puis touchez OK, en haut à droite.**

    Vous revenez ainsi dans la liste.

13. **Touchez le cercle à gauche de la tâche afin de l'activer.**

    N'oubliez pas cette formalité, car sinon, la tâche ne vous serait pas notifiée.

Vous pouvez définir d'autres tâches basées sur l'heure et/ou le lieu qui s'ajouteront à liste, en répétant les Étapes 5 à 12. Elles seront ajoutées à la liste en cours. De nouvelles listes contenant des tâches peuvent également être définies.

À votre Santé

L'application Santé est votre carnet de santé virtuel. Vous pouvez y consigner vos paramètres vitaux au jour le jour afin de surveiller votre forme. D'autres données peuvent être importées automatiquement depuis la fonction Sommeil de l'application Horloge, ou par des interactions avec une montre Apple Watch.

En bas de l'écran, l'option Fiche médicale que montre la Figure 6.20 permet de noter des informations extrêmement utiles en cas d'accident, comme les problèmes de santé que l'urgentiste qui vous prend en charge doit connaître, les allergies et intolérances, les traitements en cours, *etc.* La ou les personnes à prévenir ainsi que le groupe sanguin peuvent aussi être précisés, mais la détermination du groupe est systématiquement effectuée par le médecin.

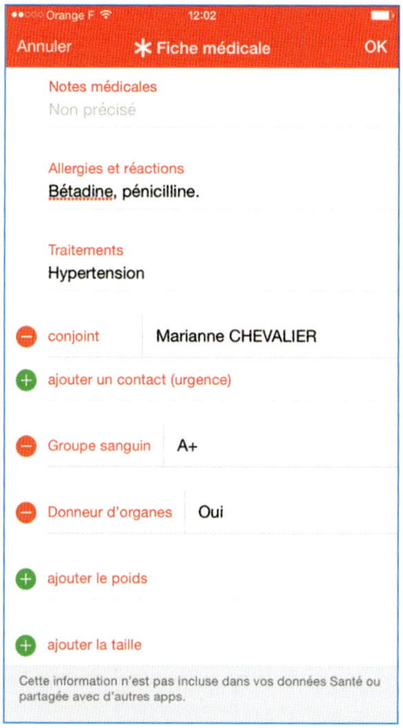

Figure 6.20 : La fiche médicale de l'application Santé peut vous sauver la vie.

N'oubliez pas de valider la création de la fiche médicale ainsi que chaque modification en touchant OK, en haut à droite. Autrement, des informations vitales ne seraient pas à jour.

La fiche médicale est affichée même lorsque l'iPhone est en veille. Pour y accéder, il faut avoir actionné la glissière Déverrouiller puis touchez Urgence, en bas à droite. Le clavier du téléphone apparaît (il n'accepte alors que les appels vers les services d'urgence). Touchez ensuite l'option Fiche médicale, en bas à gauche.

En cas d'urgence, et si vous êtes inconscient, il n'est pas certain que les secours sachent que vous possédez un iPhone contenant l'application Santé, ni qu'ils sachent comment accéder à la fiche médicale.

En pleine forme

En bas de l'application Santé, l'icône Données Santé contient de nombreuses rubriques (Forme, Mensurations, Nutrition, Résultats, Signes vitaux, Sommeil…)

elles-mêmes subdivisées en nombreux paramètres que vous pouvez tenir à jour. Leur évolution est ensuite affichée sous forme de graphiques du rythme cardiaque, de pression artérielle, de température, des données nutritionnelles, de nombre de pas effectués, de kilomètres parcourus en vélo, de durée du sommeil, *etc.*

Dans un avenir proche, des périphériques extérieurs pourront alimenter l'application Santé en données recueillies en temps réel par des capteurs. La montre Apple Watch, qui n'était pas encore commercialisée à l'heure où ces lignes étaient écrites, échangera des informations avec l'application Santé, car elle est équipée de capteurs physiologiques. Des applications tierces pourront également communiquer avec l'application Santé.

La fiche médicale peut vous sauver la vie grâce aux précieuses informations qu'elle contient. Mais l'application Santé risque aussi de fournir des informations à des sociétés d'assurance et d'autres organismes, une éventualité qu'Apple n'exclue pas, même si en France, la législation encadre la divulgation de ce genre d'informations personnelles.

Chapitre 7

L'iPhone n'est pas aphone

DANS CE CHAPITRE :

- **Activer Siri.**
- **Comment le dire Sirieusement.**
- **Corriger les erreurs.**

Comment ne pas aimer Siri ? L'assistant personnel vocal est comme un petit génie enfermé dans la lampe à huile. Non seulement il écoute ce que vous avez à lui dire, mais en plus, il essaie de comprendre ce que vous attendez de lui. Après quoi, il se démène comme un beau diable pour assouvir vos désirs les plus... non, là je m'égare... Surtout qu'aux États-Unis, en Australie et en Allemagne, Siri parle avec une voix féminine alors qu'en Angleterre et en France, c'est un homme. Il est cependant possible de choisir entre la voix masculine ou féminine en touchant Réglages > Siri et recherche > Voix de Siri.

Siri est capable d'entendre le message que vous lui dictez et de l'envoyer, de donner des instructions, d'appeler un correspondant, de régler le réveille-matin, de rechercher sur l'Internet, de vous trouver un restaurant, *etc.* Quand il a besoin d'informations supplémentaires ou quand il ne comprend pas, Siri vous répond, parfois avec humour. Si vous lui dites « Je suis fatigué. », il vous demande : « Vous n'avez pas fermé l'œil de la nuit ? »

Apple reconnaît que Siri n'est pas parfait. Il lui arrive parfois de ne pas bien comprendre ce qu'on lui dit ou de répondre n'importe quoi. Mais c'est néanmoins une fonction pratique et très spectaculaire.

S'adresser à Siri

Si vous n'avez pas activé Siri au moment de la configuration quand vous avez allumé votre iPhone pour la première fois, touchez le bouton Réglages > Siri et recherche. Touchez ensuite le commutateur Appuyer pour demander à Siri, afin d'activer la fonction (quand Siri est inactif, l'iPhone utilise l'ancienne fonction Contrôle vocal, beaucoup plus rudimentaire).

Pour démarrer Siri, appuyez continûment sur le bouton principal jusqu'à ce qu'un carillon retentisse. Parlez ensuite. Un effet de vagues apparaît (Figure 7.1) avec la mention « Que puis-je faire pour vous ? » Ou alors, si l'écran n'est pas verrouillé, portez l'iPhone à l'oreille, attendez le carillon puis parlez. Siri réagit aussi lorsque vous appuyez sur le bouton d'une oreillette-microphone Bluetooth.

Figure 7.1 : Siri attend votre demande.

Ensuite, il ne vous reste plus qu'à dire à Siri ce que vous attendez de lui. Si vous n'avez pas été bien compris, Siri vous le dit (Figure 2). Touchez l'icône en bas de l'écran puis reformulez la question.

Si vous démarrez Suri et que vous ne réagissez pas, il affiche page après page une longue liste de questions que vous pourriez lui poser. Elle vous donnera une idée des possibilités de votre assistant.

Figure 7.2 : Siri n'a pas compris votre demande. Touchez l'icône en forme de microphone puis reformulez votre demande.

Pour désactiver Siri, appuyez sur le bouton principal.

Siri est à la fois un logiciel de reconnaissance vocale et d'intelligence artificielle. Il répond en langage courant, bien qu'un tout petit peu synthétique. Ses réponses sont accompagnées d'une version textuelle, comme vous le découvrirez d'ici peu.

Mais d'où Siri extrait-il ses réponses ? Il les cherche sur l'Internet à partir de sources comme des moteurs de recherche et des annuaires. Il farfouille aussi dans les services de localisation du téléphone. Et enfin, Siri collabore avec de nombreuses applications : Bourse, Calendriers, Contacts, Horloge, Mail, Messages, Météo, Musique, Note, Plans, Rappel et Safari.

À partir des informations de vos fiches de contacts, Siri est capable de déterminer qui sont votre conjoint, vos collègues, vos amis, et où se trouve votre domicile. Vous pouvez lui demander « Trouve un restaurant à Marseille » et il effectue la recherche avec Safari.

Siri exige un accès à l'Internet. La précision de ses réponses dépend de nombreux facteurs, notamment les bruits ambiants ou un accent particulier.

Que peut-on demander à Siri ?

L'immense avantage de Siri est qu'il n'est pas nécessaire de s'astreindre à un langage stéréotypé. Demandez-lui « Est-ce que j'aurai besoin d'un parapluie demain ? » Il répondra peut-être : « Je ne vois pas de pluie prévue demain » et il affiche les prévisions météorologiques pour les jours à venir.

Dictez-lui un rendez-vous, et il le notera dans l'application Calendrier. Vous avez oublié de préciser le lieu ? Siri y pensera et vous demandera où. Vous ne savez plus du tout à quelle adresse le rendez-vous était prévu ? Dites « compose le numéro de… » et, si cette personne figure parmi vos contacts, Siri l'appellera.

Mieux encore : vous entendez à la radio ou dans un lieu une chanson qui vous plaît. Faites-la écouter à Siri. Il la cherchera dans la base de données de Deezer et vous dira ce qu'est ce morceau (Figure 7.3).

Figure 7.3 : De haut en bas : Siri comprend votre question, analyse ce qu'il entend et donne la réponse.

Si vous ne savez pas comment formuler une question, restez silencieux un instant – Siri fait alors défiler des questions types – ou touchez le point d'interrogation en bas à droite de l'écran. Vous accéderez ainsi à d'autres questions types classées par application (Figure 7.4).

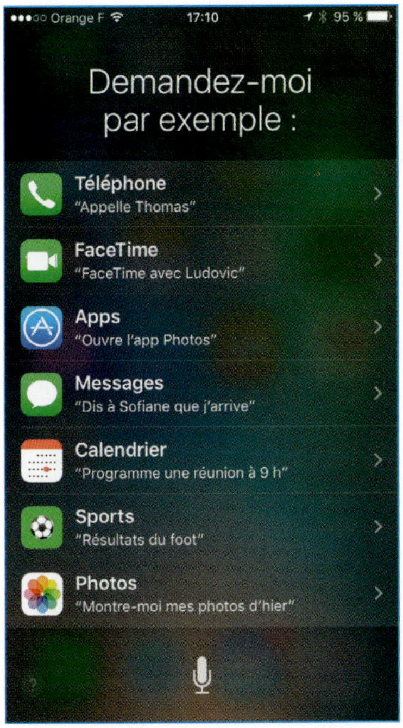

Figure 7.4 : Affichez des questions types pour avoir une idée de tout ce que vous pouvez demander à Siri.

Ces questions types ne sont que des suggestions. Vous pouvez les formuler différemment, ou en inventer d'autres. Siri s'efforcera toujours de répondre au mieux.

Dicter avec Siri

Dans bien des cas où vous taperiez de vos gros doigts sur les minuscules touches du clavier virtuel de l'iPhone, vous pourrez à la place dicter votre texte à Siri. Effleurez la touche Microphone sur le clavier puis dites votre phrase. Siri mouline un instant ce que vous avez dit, puis il transcrit la prose correspondante.

Touchez l'icône de fin de dictée quand vous avez fini de dicter.

touchez l'icône en forme de clavier pour réafficher le clavier virtuel.

Corriger une erreur

Aussi artificiellement intelligent que soit Siri, il faut parfois le remettre en place. Ses erreurs sont heureusement assez faciles à corriger. Le moyen le plus simple est de toucher l'icône en forme de microphone puis de reformuler la demande.

Vous pouvez rester sur le même sujet et vous contenter de préciser : « Je voulais dire Botswana ».

Vous pouvez aussi toucher le texte de ce que vous avez dit puis corriger au clavier ou vocalement. Si un mot est souligné en bleu, il peut être corrigé de l'une de ces deux manières.

Avant que Siri envoie un message dicté, il vous demande l'autorisation. C'est une précaution appréciable. Si le message doit être modifié, vous pouvez le faire en disant par exemple « Remplace mardi par jeudi » ou « Ajoute : je suis tout excité rien qu'à l'idée de te revoir point d'exclamation ».

Configurer Siri

Touchez Réglages > Siri et recherche. Comme nous l'avons déjà mentionné, vous pouvez choisir la voix de Siri : masculine (par défaut) ou féminine. Siri est polyglotte. Il comprend quantité de langues.

Vous trouverez également ces options dans les réglages de Siri :

- **Retour audio :** pour ne converser avec Siri qu'avec le kit écouteurs/microphone, touchez cette option puis touchez Mains libres uniquement. Quand l'autre option, nommée Toujours activé, est sélectionnée, Siri fonctionne aussi bien sans le kit qu'avec le kit.
- **Mes infos :** touchez cette option pour que Siri vous appelle par un autre prénom lorsqu'il s'adresse à vous. Dans la liste des contacts qui apparaît, choisissez celui dont le prénom est celui que Siri doit utiliser quand il vous parle.

Comme mentionné précédemment, Siri peut se manifester même à partir de l'écran verrouillé. C'est le comportement par défaut, qui n'est pas forcément le meilleur, car si votre iPhone tombe entre de mauvaises mains, le malfaisant pourra se servir de Siri pour téléphoner, envoyer un message ou un courrier électronique en votre nom, outrepassant ainsi la reconnaissance d'empreinte digitale ou le code. C'est une importante faille de sécurité qui ne devrait pas être active par défaut. Pour ne pas en être victime, touchez Réglages > Siri et recherche, puis désactivez la fonction Siri avec écran verrouillé.

3

L'iPhone multimédia

- Votre iPhone est incontestablement le meilleur iPod jamais inventé (avec un zeste d'iPad). C'est pourquoi, dans cette partie, nous aborderons l'aspect multimédia de votre téléphone : le son, la vidéo et la photo. Jamais un téléphone ne fut aussi plaisant à utiliser. Nous vous montrerons comment profiter pleinement de ses capacités multimédias.

- Nous verrons d'abord comment écouter de la musique, des podcasts et des livres audio avec l'iPhone. Puis nous visionnerons quelques vidéos et nous vous indiquerons où en trouver. Vous découvrirez aussi des instructions pour regarder la vidéo sur un iPhone et vous apprendrez comment filmer des séquences vidéo avec votre iPhone et les partager.

- Nous passerons ensuite à tout ce que vous avez toujours voulu savoir sur la photo avec un iPhone : comment les prendre, les stocker, les synchroniser, *etc*.

- Vous découvrirez comment regarder des dizaines de chaînes de télévision, y compris celles de la TNT, sur votre iPhone et pour finir, vous apprendrez comment partager en famille tous vos achats et téléchargements gratuits sur l'App Store, sur iTunes Store et dans l'iBooks Store.

Chapitre 8

L'iPhone audioPhone et vidéoPhone

DANS CE CHAPITRE :

- **Découvrir l'iPod tapi dans l'iPhone.**
- **Les commandes audiovisuelles.**
- **Personnaliser les fonctions audio.**
- **Ne plus avoir de morceau à l'écoute.**

Nous commencerons par un rapide tour de l'application Musique. Puis nous verrons comment utiliser l'iPhone comme lecteur audio. Quand vous serez familiarisé et à l'aise avec ces commandes, nous vous expliquerons comment personnaliser l'iPhone afin d'écouter vos morceaux comme vous l'entendez. Nous vous livrerons quelques astuces pour utiliser au mieux l'iPhone en tant que lecteur audio, et pour finir, vous découvrirez comment utiliser l'application iTunes pour acheter de la musique, des livres audio, des vidéos, *etc.*, et comment télécharger du contenu gratuit, comme des podcasts.

Nous présumerons que votre iPhone contient des morceaux : de la musique, des podcasts et des livres audio. Si ce n'est pas le cas, nous vous suggérons d'en transférer dans l'iPhone (reportez-vous au Chapitre 3 et suivez les instructions) avant de lire ce chapitre, et aussi le suivant.

L'iPod qui sommeille dans l'iPhone

Il y a longtemps, bien longtemps et même plus que ça, l'application Musique, en bas à droite de l'écran d'accueil, s'appelait iPod. C'était dire à quel point l'iPhone s'identifiait à l'iPod, qui était à l'origine un simple lecteur de fichiers MP3.

Touchez l'application Musique. Cinq icônes sont visibles au pied de l'écran : Bibliothèque, Pour vous, Explorer, Radio et Recherche.

Les listes de lecture

Touchez Playlists, en haut du panneau Bibliothèque, pour accéder aux listes de lecture. Pas de problème si rien n'apparaît : sachez simplement que le jour où vous en créerez, c'est là qu'elles se trouveront. Les listes de lecture sont des morceaux à jouer dans un ordre que vous avez vous-même défini.

Touchez une liste de lecture et vous verrez les morceaux qu'elle contient. Au besoin, faites défiler l'écran pour parcourir tous les titres. Touchez un morceau et la liste est aussitôt lue à partir de là.

C'est tout ce qu'il y a à dire pour la sélection et l'écoute d'un morceau d'une liste de lecture.

Licence artistique

Choisissons maintenant un morceau d'après le nom de l'artiste plutôt que dans la liste de lecture. Touchez le mot Artistes, en haut de la liste des morceaux : un menu apparaît. Il contient les options Artistes, Albums, Morceaux, Genres et Compositeurs

Touchez le nom d'un artiste : les morceaux qu'il interprète sont affichés (Figure 8.1). Au besoin, faites défiler l'écran pour parcourir les titres et touchez le nom d'un morceau pour l'écouter.

Un bouton Recherche se trouve en bas à droite de l'écran. Touchez-le puis touchez le champ Votre bibliothèque. Saisissez ensuite le nom de l'artiste que vous désirez écouter. Ou alors, demandez à Siri. Par exemple, pour écouter le titre *Seems so long ago, Nancy,* de Leonard Cohen, il vous suffit de dire à Siri : « Joue Nancy ».

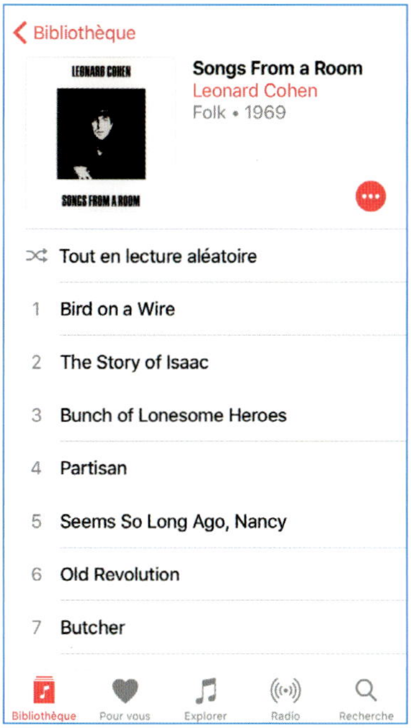

Figure 8.1 : Touchez le nom d'un artiste pour accéder aux morceaux qu'il interprète.

Les albums

La commande Albums ressemble beaucoup à la commande Artistes. Le contenu de l'écran est en effet pareil, à un détail près : au lieu d'afficher des noms d'interprètes à droite des pochettes, l'option Albums affiche le titre de chaque album.

Les commandes

Maintenant que vous avez acquis les bases, voyons ce qu'il est possible de faire d'autre avec l'application Musique.

Pour accéder aux commandes de lecture, touchez la partie inférieure de l'écran, juste au-dessus de la barre de boutons. L'écran que montre la Figure 8.2 apparaît.

Une barre de temps se trouve sous l'illustration de l'album. Elle indique la durée écoulée et le temps restant, et la tête est repositionnable. La glissière inférieure règle le volume. Le bouton en bas au milieu ne présente un intérêt que si des appareils sans fil – écouteurs AirPods, enceintes… – sont connectés. Elle permet de rediriger le son vers l'un d'eux.

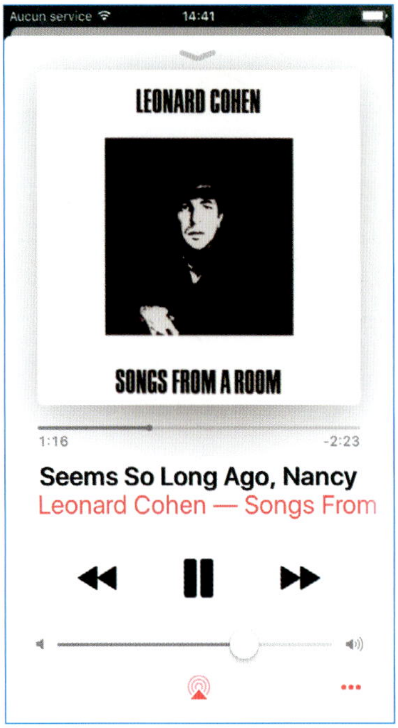

Figure 8.2 : Les commandes de lecture de l'application Musique.

En bas à droite, le bouton à trois points ouvre un panneau contenant plusieurs options :

- **Supprimer de la bibliothèque :** le morceau est effacé de l'iPhone.
- **Ajouter à une playlist :** si aucune liste de lecture n'a été créée, la commande Nouvelle playlist est affichée. Touchez-la pour en commencer une. Sinon, choisissez la liste de lecture à laquelle vous désirez ajouter le morceau.
- **Coup de cœur :** si un morceau vous plaît particulièrement, touchez l'icône en forme de cœur et Apple sera informé de votre coup de cœur. Il vous proposera ensuite quantité de morceaux du même genre. À côté, toucher le cœur barré retire le morceau des coups de cœur.

Une autre manière d'accéder aux commandes du morceau à l'écoute consiste à afficher le Centre de contrôle en effleurant l'écran de bas en haut, puis en l'effleurant de droite à gauche. Les commandes de la Figure 8.3 apparaissent. Elles apparaissent aussi sur l'écran de déverrouillage lorsqu'un morceau est en cours de lecture.

Quand vous utilisez les écouteurs-microphone livrés avec l'iPhone, appuyer sur le microphone suspend le morceau. Appuyez de nouveau dessus pour le reprendre. Vous pouvez appuyer deux fois de suite, à intervalles très réduits, pour passer au morceau suivant.

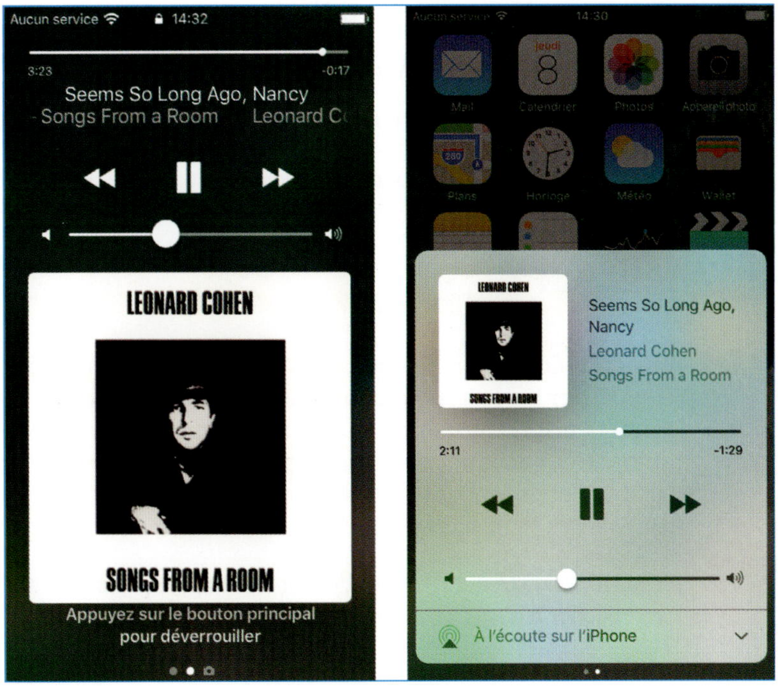

Figure 8.3 : Les commandes du morceau à l'écoute sur l'écran de déverrouillage (à gauche) et sur l'écran d'accueil (à droite).

Nous avons fait le tour de tout ce qu'il faut savoir pour écouter de la musique – mais aussi des podcasts et des livres audio – avec l'iPhone.

Personnaliser l'écoute

Il nous reste encore quelques points à voir avant de passer à la vidéo. Vous trouverez ici une foule de conseils qui rendront l'écoute encore plus attrayante.

Quelques préférences peuvent être modifiées afin de personnaliser encore plus l'iPhone.

Jouer tous les morceaux au même volume

L'application iTunes est dotée d'une fonction Égaliseur de volume qui joue tous les morceaux au même niveau sonore. Vous ne risquez ainsi pas d'exposer vos délicates oreilles à un brutal déferlement de décibels lorsque vous passez brusquement du mince filet de voix de Jane Birkin au déchaînement des Tambourinaires du Burundi.

Procédez comme suit pour activer cette fonctionnalité :

1. **Touchez Réglages > Musique.**
2. **Activez le commutateur Égaliseur de volume.**

Ne confondez pas cette fonction avec celle de l'égaliseur décrite ci-dessous.

Régler l'égaliseur

Un égaliseur augmente ou réduit les niveaux relatifs de certaines fréquences afin d'améliorer la restitution sonore. Certains réglages mettent les basses en valeur, d'autres restituent mieux les aigus. L'iPhone est livré avec vingt-deux prédéfinitions qui ont pour noms Acoustique, Amplificateur de basses, Réducteur de basses, Classique, Danse, Électronique, Pop, Rock, *etc.* Chacune est adaptée à un genre de musique bien particulier.

Le meilleur moyen de trouver l'égalisation appropriée pour tel ou tel morceau est de procéder à des essais. Démarrez l'écoute du morceau puis :

1. **Sur l'écran d'accueil, touchez Réglages > Musique > Égaliseur.**
2. **Dans la liste des égalisations, touchez celles que vous estimez les plus appropriées (Pop, Rock R&B, Danse...) et, tout en écoutant attentivement le morceau, essayez de déterminer ce qu'apporte chacune d'elles.**
3. **Quand vous aurez trouvé l'égalisation qui vous semble la plus appropriée, appuyez de nouveau sur le bouton principal.**

Si vous n'appréciez aucune des égalisations prédéfinies, touchez l'option Désactivé, en haut de la liste.

Créer une liste de lecture sur l'iPhone

Vous pouvez bien sûr créer des listes de lecture dans iTunes et les synchroniser avec votre iPhone, mais il est aussi possible de les créer directement sur l'iPhone. Voici comment :

1. **Touchez l'icône Musique, en bas à droite dans le Dock.**
2. **Choisissez un morceau et lisez-le.**

   Ce sera le premier de la nouvelle playlist.
3. **Touchez la barre de lecture du morceau.**

Elle se trouve juste au-dessus de la barre d'icônes. Les commandes de lecture du morceau apparaissent.

4. **Touchez le bouton à trois points, en bas à droite.**
5. **Dans le panneau qui apparaît, touchez Ajouter à une playlist.**
6. **Touchez Nouvelle playlist.**

   La nouvelle liste de lecture est créée. Le morceau que vous écoutiez au début de cette manipulation est pour le moment le seul de la liste.

7. **Touchez Nom de la playlist puis saisissez le nom de votre nouvelle liste de lecture.**

   Si vous le désirez, vous pouvez décrire le contenu de la playlist dans le champ Description.

8. **Pour ajouter d'autres morceaux, touchez Ajouter de la musique.**
9. **Parcourez la bibliothèque, touchez un morceau puis touchez OK, en haut à droite.**

   Le morceau est ajouté à la liste.

10. **Répétez les étapes 8 et 9 autant de fois que vous désirez ajouter des morceaux.**

    La liste de lecture est créée (Figure 8.4).

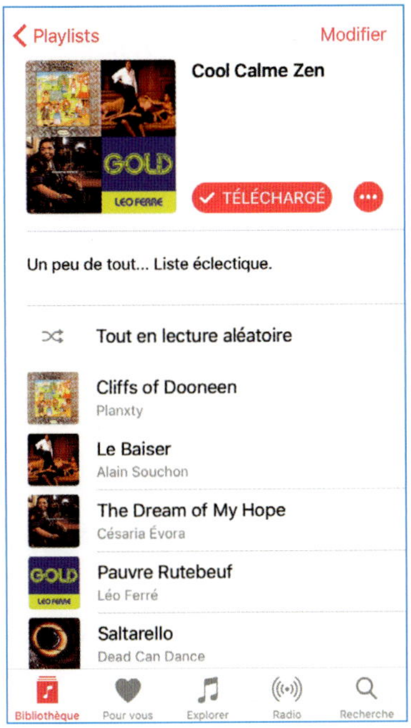

Figure 8.4 : La liste de lecture qui vient d'être créée.

Pour accéder à une liste de lecture, touchez l'icône Bibliothèque, en bas à gauche, puis touchez Playlists. Une liste de lecture est modifiable. Touchez Modifier, en haut à droite puis :

- Pour régler l'ordre de lecture des morceaux, tirez-les par le bouton à trois barres, à droite de leur nom.
- Pour ôter un morceau de la liste, touchez le bouton à trois points d'interdiction à gauche. Touchez ensuite l'étiquette Supprimer.
- Pour ajouter un morceau que vous auriez oublié, touchez Ajouter de la musique, en tête de la liste.

Après avoir créé une liste de lecture et synchronisé l'iPhone avec l'ordinateur, la liste de lecture se trouve à la fois dans l'iPhone et dans iTunes.

Régler l'extinction automatique

Si vous aimez vous endormir en musique, mais sans que l'iPhone joue toute la nuit, programmez son extinction automatique :

1. **Touchez l'icône Horloge, sur l'écran d'accueil.**

   Ou alors, ouvrez le Centre de contrôle en effleurant l'écran de bas en haut.

2. **Touchez l'icône Minuteur, en bas.**
3. **Réglez le nombre d'heures et de minutes pendant lesquelles l'iPhone doit lire de la musique.**
4. **Touchez l'option Sonnerie.**
5. **Touchez le dernier élément de la liste des sonneries : Arrêter la lecture.**
6. **Touchez Choisir, en haut à droite.**
7. **Touchez bouton Démarrer.**

Après le temps imparti, l'application Musique cessera de jouer et l'iPhone se mettra en veille.

Ne plus avoir de morceau à l'écoute

Si vous voulez qu'aucun morceau ne soit à l'écoute, procédez comme suit :

1. **Double-cliquez avec le bouton principal afin d'accéder aux dernières applications utilisées.**
2. **Faites disparaître la vignette de l'application Musique d'une pichenette vers le haut.**
3. **Appuyez sur le bouton principal.**

C'est fait. Plus aucun morceau n'est à l'écoute dans l'application musique.

Chapitre 9

Photos : c'est dans la boîte !

DANS CE CHAPITRE :

- **Prendre des photos.**
- **Importer des photos.**
- **Créer un album.**
- **Visionner et admirer des photos.**
- **Améliorer les photos.**
- **Utiliser le Flux de photos.**
- **Créer un diaporama.**
- **Lire un code QR**

L'iPhone 8 et l'iPhone 8 plus sont équipés d'un appareil photo de 12 mégapixels, d'une focale équivalent à un 28 mm en 24x36, qui ouvre à f/1,8. Cette grande luminosité alliée à un capteur performant permet de photographier sans flash même lorsque la lumière est faible. L'ambiance d'une photo d'anniversaire à la lueur des bougies ou d'un dîner aux chandelles est beaucoup plus intimiste que la lumière crue produite par le flash.

La résolution de l'image est de 4032 x 3024 pixels. L'iPhone 8 est doté d'un zoom numérique de 5x, celui de l'iPhone 8 Plus est de 10x. En fait, ces zooms sont simplement un recadrage de l'image qui est ensuite redimensionnée à la même résolution que celle du capteur. Ce procédé assez rudimentaire se traduit par une perte de qualité sensible.

L'iPhone 8 Plus est équipé de deux appareils photo, l'un doté d'un objectif équivalent à 28 mm pour les photos au grand-angulaire (paysage, intérieurs.), l'autre d'un équivalent 56 mm, ce qui correspond à un objectif standard, pour les portraits ou pour flouter l'arrière-plan. Un peu moins lumineux, il ouvre à f/2,8. L'iPhone 8 est également équipé de deux zooms : un véritable zoom optique de 2x, et un zoom numérique de 10x exploitant tour à tour chacun des objectifs. Un stabilisateur optique améliore la netteté.

Le flash True Tone – entendez par là « fidélité de tonalités » – est relativement puissant grâcc à scs quatre diodes électroluminescentes. Il peut aussi servir de projecteur pour la vidéo. Les deux modèles d'iPhone enregistrent la vidéo au format 4K, à 24, 30 ou 60 images par seconde. Comme pour les photos, le résultat est amélioré par le stabilisateur optique.

Un autre appareil photo se trouve en façade de l'iPhone. D'une résolution moindre (7 mégapixels) la caméra FaceTime HD sert surtout pour la vidéophonie mais aussi pour prendre des selfies qui amuseront vos proches sur les réseaux sociaux.

Dans le viseur

Un petit tour du propriétaire s'impose avant de prendre une première photo. Commencez par appuyer sur l'icône Appareil photo, dans la page d'accueil. L'interface de la Figure 9.1 apparaît.

Figure 9.1 : L'appareil photo de l'iPhone.

Voici à quoi elles servent :

» **Sélecteur d'appareil photo :** touchez l'icône pour utiliser l'appareil photo à l'arrière de l'iPhone, ou la webcam en façade.

» **Sélecteur photo et vidéo :** il comprend sept options qui défilent sous un repère central. Pour en sélectionner une, vous avez le choix entre deux méthodes. La première est d'effleurer les options vers la gauche ou vers la droite selon celle à laquelle vous voulez accéder. La seconde méthode, plus confortable, consiste à effleurer directement l'image. Voici les options en question :

- **Photo :** prise de vue de photos au format 4:3 (4032 x 3024 pixels).
- **Portrait :** effectue la mise au point sur le visage et produit un effet de profondeur en rendant l'arrière-plan flou. Des effets d'éclairage numériques, par traitement de l'image, sont paramétrables. L'iPhone utilise pour cela des cartes de profondeur établies en temps réel afin de connaître le modelé du visage.
- **Carré :** prise de vue de photos au format carré (3024 pixels de côté).
- **Pano :** prise de vue panoramique, en balayant la scène de la gauche vers la droite, l'iPhone tenu en hauteur. Suivez les instructions affichées à l'écran. Un fichier panoramique est volumineux (jusqu'à 47 Mo pour un panoramique à 360 degrés).
- **Vidéo :** filme une scène en haute définition 4K, à la cadence de 24, 30 ou 60 images par seconde.
- **Ralenti :** filme une scène à 120 ou 240 images par seconde (ips). Un sélecteur permet de choisir la cadence. Quand la vidéo est visionnée à la cadence de 30 ips par exemple, tout mouvement – un chat qui bondi, une éclaboussure... – est ralenti de quatre fois ou huit fois.
- **Accéléré :** un mouvement lent, comme la progression d'un escargot, est considérablement accéléré. L'escargot file à toute vitesse. Il est recommandé d'immobiliser l'iPhone lorsque cette option est active.

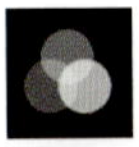

» **Sélecteur d'effet :** sert à appliquer des filtres d'effets (noir et blanc, réchauffement ou refroidissement de l'image) à la photo qui sera prise.

Zoom : touchez le cercle indiquant le facteur de zoom pour passer de 1x à 2x et inversement. Touchez-le un instant faire apparaître l'arc du zoom numérique, de 1x à 10x. Glissez le doigt le long de l'arc pour régler finement le facteur de zoom.

» **Collimateur :** il apparaît lorsque vous touchez l'écran. La mise au point ainsi que la mesure de l'exposition sont effectuées à cet endroit précis. Un autre collimateur, à bord arrondis celui-là, indique que l'application a détecté un visage.

» **Sélecteur du flash :** l'iPhone est équipé d'un flash. Contrairement aux flashes classiques formés d'un tube à éclat dans lequel une décharge électrique provoque l'éclair, le flash de l'iPhone est un ensemble de quatre puissantes diodes électroluminescente (DEL). Touchez l'icône pour afficher les trois options proposées :

- **Automatique :** l'iPhone choisit de déclencher le flash ou non selon la lumière ambiante.
- **Activé :** le flash est déclenché pour chaque prise de vue. Utilisez cette option en plein jour pour déboucher un portrait contenant beaucoup d'ombres dures très sombres.
- **Désactivé :** le flash ne se déclenche jamais. Utilisez cette option pour préserver l'ambiance d'un dîner aux chandelles ou des bougies d'un gâteau d'anniversaire que l'on souffle, ou dans un lieu, comme certains musées, où la prise de vue au flash est interdite.

HDR

» **Sélecteur de plage dynamique :** lorsqu'une scène est très contrastée et que le mode HDR (*High Dynamic Range,* « plage dynamique étendue ») est actif, l'iPhone prend trois photos à bref intervalle : l'une exposée normalement, l'autre légèrement surexposée et l'autre légèrement sous-exposée. Il fusionne ensuite ces trois photos pour fournir une photo avec du détail aussi bien dans les ombres que dans les parties très claires. Trois réglages sont possibles :

- **Automatique :** l'iPhone choisit d'appliquer le traitement HDR si la scène le nécessite.
- **Activé :** le traitement HDR est appliqué à toutes les prises de vues.
- **Désactivé :** le traitement HDR n'est jamais appliqué.

Dans Réglages > Appareil photo, l'option Conserver l'original, active par défaut, fait que la photo sans traitement HDR et la photo traitée sont conservées.

» **Retardateur :** il diffère le déclenchement de 3 ou 10 secondes.

» **Déclencheur :** toucher ce bouton prend la photo. Quand le mode Photo ou Carré est actif, appuyer continûment sur le déclencheur prend des photos en rafale, à la cadence de 10 images par seconde.

Dans des lieux où la discrétion est de mise, un musée par exemple, la simulation du bruit du déclencheur peut être désactivée en basculant le commutateur Sonnerie/Silence (sur le côté gauche de l'iPhone) sur la position Silence.

» **Boutons de déclenchement :** les touches de volume, sur la tranche de l'iPhone, servent de déclencheur (y compris en mode Rafale).

- **Vignette :** touchez la vignette pour voir la photo que vous venez de prendre. Elle apparaît dans l'album Pellicule de l'application Photos (Figure 9.2). Une icône permet de revenir à l'application Appareil photo pour continuer à photographier.
- **Mode Live :** la fonction Live produit des petites animations de 2 secondes destinées à servir de fond d'écran animé, comme expliqué dans le Chapitre 14.

Figure 9.2 : Pour voir la photo que vous venez de prendre, touchez la vignette dans le viseur. L'image apparaît dans l'application Photos.

On ne bouge plus…

Prenons sans tarder une photo avec notre iPhone :

1. **Touchez l'icône Appareil photo, sur l'écran d'accueil.**

   L'appareil photo est aussi accessible à partir du Centre de contrôle, après avoir effleuré l'écran de verrouillage ou l'écran d'accueil de bas en haut.

   Ou alors, sur l'écran d'accueil, appuyez fermement sur l'icône Appareil photo. Un menu apparaît qui contient quatre options :

   - Prendre un selfie.
   - Enregistrer une vidéo.
   - Enregistrer un ralenti.
   - Prendre un portrait.

2. **Assurez-vous que le mode Photo, Portrait ou Carré est enclenché.**

Balayez les options pour les faire défiler. Le mode Pano est un peu particulier ; il exige une rotation de l'iPhone afin de balayer le paysage.

3. **Regardez l'écran de l'iPhone.**

   Il montre l'image que voit l'objectif de l'iPhone. Il se trouve de l'autre côté du smartphone, dans un coin. Veillez à ne pas occulter partiellement l'objectif avec un doigt placé trop près. Attention aussi à la propreté : la moindre poussière, la moindre salissure rendent une photo moins nette.

4. **Visez ce que vous désirez photographier.**

   Vous pouvez bien sûr cadrer en hauteur ou en largeur.

5. **Touchez la partie de la photo qui doit être nette et bien exposée.**

   Un collimateur de mise au point entoure la zone qui sera nette. Sa taille est variable ; le collimateur est plus grand lorsque le plan de mise au point est vaste. En raison de la petite taille du capteur, la profondeur de champ de l'appareil photo de l'iPhone est très étendue. Si une photo est floue, ce sera plus souvent à cause d'un bougé. Ce collimateur règle aussi la luminosité de la photo.

   Si l'image paraît trop claire ou trop foncée, effleurez l'écran vers le haut pour éclaircir, vers le bas pour assombrir.

   L'exposition et la mise au point peuvent être verrouillées afin de recadrer l'image et parfaire la composition sans perdre les réglages. Les photographes connaissent bien cette technique appliquée, avec un appareil photo, en enfonçant le déclencheur à mi-course. Sur un iPhone, ce verrouillage est obtenu en laissant le doigt une seconde sur le collimateur. La mention Verrouillage AE/AF (*Automatic Exposure, Auto Focus*) est alors affichée en bas de l'écran. Recadrez et déclenchez.

6. **Actionnez éventuellement le zoom pour serrer le cadrage.**

   L'objectif est stabilisé, ce qui améliore la netteté des photos surtout quand le zoom est en position téléobjectif.

7. **Pour prendre la photo, touchez le bouton de déclenchement blanc et rond, en bas de l'écran ou sur le côté, ou appuyez sur l'un des boutons de volume.**

   Pour prendre des photos en rafale, à 10 images par seconde, appuyez continûment sur le déclencheur. Un compteur indique le nombre de vues prises au cours de la rafale.

   Pour utiliser le retardateur, touchez son icône dans la barre d'icônes. Choisissez la durée : 3 ou 10 secondes. Appuyez ensuite sur le déclencheur. Le flash clignote lentement, puis rapidement lorsque la prise de vue est imminente. Il prend ensuite une rafale de dix photos.

8. **Répétez les Étapes 3 à 7 pour prendre d'autres photos.**

Les photos que vous prenez sont aussitôt partagées sur iCloud, si cette fonctionnalité est active. Si vous ne tenez pas à ce que vos photos aillent dans le « nuage », touchez Réglages > Photos et appareil photo. Désactivez ensuite le commutateur Partager sur iCloud.

Composer l'image

Pour composer une image selon la règle des tiers, affichez un quadrillage formé de deux lignes horizontales équidistantes et de deux lignes verticales également équidistantes. Ce quadrillage bien connu des artistes est affiché en touchant Réglages, puis Photos et appareil photo. À la rubrique Appareil photo, activez le commutateur Grille.

Veillez à ce que la ligne d'horizon se trouve sur la ligne supérieure (le paysage est alors privilégié) ou sur la ligne inférieure (l'avantage est alors donné au ciel). Pour donner de la force au sujet, placez-le sur l'une des quatre intersections, comme dans la Figure 9.3.

Figure 9.3 : Le quadrillage de la règle des tiers.

Importer des photos

L'iPhone ne fait pas qu'héberger les photos que vous avez prises avec lui. Vous pouvez aussi synchroniser les photos présentes dans votre Mac ou votre PC à partir du panneau Résumé d'iTunes, décrit au Chapitre 3. Nous présumons dans les pages qui suivent que vous savez d'ores et déjà transférer des photos dans votre ordinateur.

Quand l'iPhone est connecté à l'ordinateur, cliquez sur l'onglet Photos, dans iTunes (l'iPhone étant sélectionné dans le volet de gauche). Cochez ensuite les cases correspondant aux emplacements à partir desquels vous désirez synchroniser les photos. Ou alors, cliquez sur le bouton Tous, si vous estimez que la place est suffisante sur l'iPhone pour les recevoir.

La synchronisation des photos est bidirectionnelle. C'est pourquoi les photos prises avec l'iPhone se retrouveront dans la bibliothèque photo de votre ordinateur.

Où se trouvent mes photos ?

Où se trouvent les photos dans l'iPhone ? Celles que vous avez prises avec l'iPhone sont stockées dans l'application Photos, avec les photos éventuellement importées d'un ordinateur. Les photos sont accessibles en cliquant sur l'une des quatre icônes en bas de l'écran :

- **Photos :** les photos sont classées par années. Faites-les défiler verticalement pour parcourir l'ensemble de la photothèque. Les rangées de vignettes sont minuscules. Touchez les photos d'une année pour accéder à des collections journalières. Touchez une vignette d'une collection pour voir les photos triées par moments (Figure 9). Touchez une vignette pour voir enfin la photo en plein écran.
- **Souvenirs** : contient des photos automatiquement sélectionnées par l'application en fonction des lieux, des moments et personnes figurant dans l'ensemble des photos présentes dans la photothèque.
- **Partagés :** cet emplacement contient les photos qui ont été partagées, soit par synchronisation, soit après avoir placé des photos dans un album de partage. L'emplacement Family est réservé aux photos destinées à tous les membres d'un partage familial. L'option Nouvel album partagé sert à créer des albums thématiques partagés.

» **Albums :** les photos et les vidéos sont classées dans des albums thématiques nommés Ajouts récents, Panoramas, Vidéos, Ralenti, Accéléré, Événements (sur mon Mac), Supprimés récemment. Les photos importées sont groupées dans des albums portant le même nom que dans l'ordinateur, si elles se trouvaient dans l'application iPhoto d'un Mac, ou portant le nom du dossier.

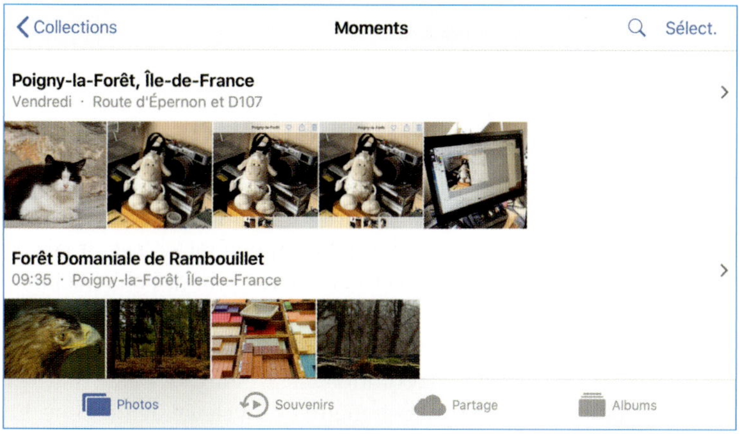

Figure 9.4 : Les photos sont présentées chronologiquement.

Dans le panneau Albums, celui nommé Supprimés récemment est une corbeille dans laquelle vous pouvez récupérer des photos effacées par mégarde.

Double-touchez l'écran pour afficher en plein écran une photo n'occupant qu'une partie de l'écran. Pincez et écartez les doigts pour zoomer dans la photo.

Les photos prises en une seule rafale sont représentées par une seule vignette montrant un effet d'empilement sur le bord supérieur. Touchez la vignette pour étaler la série de photos.

Créer un album

Lorsque vous importez des photos dans l'iPhone grâce à une synchronisation effectuée avec la version d'iTunes installée dans l'ordinateur, chacun des dossiers est converti en album. Pour afficher la liste des albums, touchez l'icône Albums, en bas à droite de l'écran.

Il est toutefois possible de créer des albums directement sur l'iPhone en procédant comme suit :

1. **Démarrez l'application Photos.**

2. **En bas à droite, touchez l'icône Albums.**

   La liste des albums apparaît.

3. **Touchez le signe [+], en haut à gauche.**

   Un panneau Nouvel album apparaît.

4. **Nommez l'album puis touchez le bouton Enregistrer.**

   L'album est ajouté à la liste.

Copier des photos dans des albums

Les photos que vous placez dans les albums sont des copies virtuelles. Cela signifie deux choses : la première est qu'une photo n'est jamais déplacée d'un album vers un autre. L'original subsiste dans l'album Pellicule tandis que sa copie virtuelle se trouve dans un autre album. La seconde chose importante est qu'une copie virtuelle n'est pas un duplicata de la photo, mais un alias (terminologie Mac) ou un raccourci (terminologie Windows). De ce fait, la copie n'occupe que très peu de place dans la mémoire de stockage de l'iPhone. En revanche, lorsque vous modifiez la copie, en la convertissant par exemple en noir et blanc, comme nous le verrons un peu plus loin, l'original est lui aussi modifié.

Voici comment copier une photo :

1. **Démarrez l'application Photos.**
2. **Ouvrez l'album contenant la photo à copier.**

   La planche de vignettes apparaît.

3. **En haut à droite, touchez Sélect.**
4. **Touchez la vignette des photos à copier.**

   Les vignettes sélectionnées sont marquées d'une pastille cochée bleue, en bas à droite.

5. **En bas de l'écran, touchez Ajouter à.**

   La liste des albums susceptibles de recevoir les photos apparaît.

   Les photos ne peuvent être copiées que dans des albums créés directement dans l'iPhone, et non dans les albums qui sont en réalité des dossiers d'ordinateur qui furent synchronisés avec iTunes.

6. **Touchez l'album de destination.**

   La ou les photos sont aussitôt copiées.

Il est impossible de supprimer des photos stockées dans des albums créés par la synchronisation de dossiers informatiques. Pour les ôter de l'iPhone, vous devez les supprimer dans l'ordinateur – ou les déplacer dans un autre dossier de l'ordinateur – puis procéder à une nouvelle synchronisation.

Où cette photo a-t-elle été prise ?

L'iPhone géolocalise les photos grâce aux données fournies par le GPS intégré. Les coordonnées géographiques sont inscrites directement dans le fichier de la photo au moment de la prise de vue.

Pour savoir où vos photos ont été prises, assurez-vous que l'iPhone est connecté à Internet puis procédez comme suit :

1. **Touchez l'icône Photos, sur l'écran d'accueil.**

2. **Touchez le bouton Albums, en bas à gauche de l'écran Albums.**

   Le panneau Albums apparaît.

3. **Touchez l'album Lieux.**

4. **Une carte de géographie apparaît. Des vignettes d'images montrent tous les lieux où des photos ont été prises (Figure 9.5).**

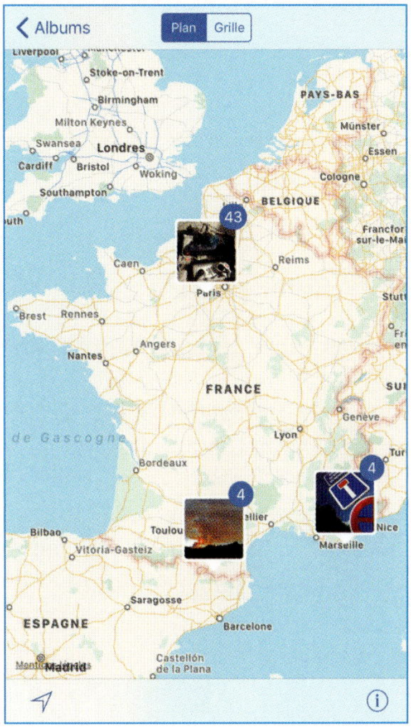

Figure 9.5 : Retrouvez tous les lieux où vous avez pris des photos.

Agrandissez le plan pour obtenir une vue plus précise d'un lieu. Les vignettes se subdivisent afin de correspondre toujours aux lieux géographiques.

5. **Touchez une vignette.**

   La liste des photos prises à cet endroit apparaît (Figure 9.6). L'icône contient un aperçu de l'une des photos ainsi que le nombre de photos prises à cet endroit.

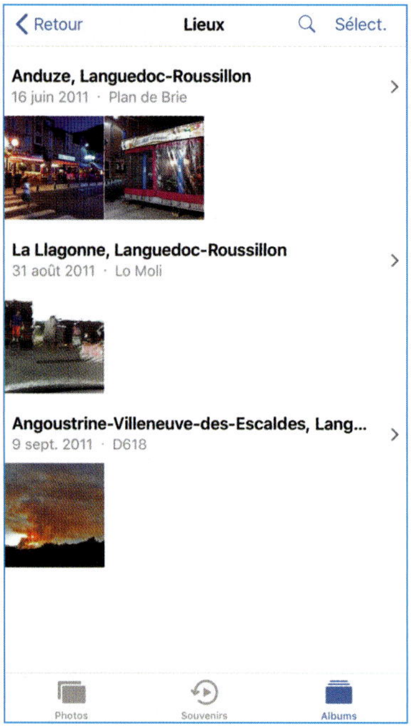

Figure 9.6 : La liste des photos prise en un lieu.

6. **Touchez l'icône contenant les photos.**

   L'album est ouvert.

7. **Touchez une photo pour l'afficher en grand.**
8. **Pour revenir à la carte de géographie, touchez Retour, en haut à gauche.**

Au-dessus de la carte de géographie, un onglet Grille, à côté de l'onglet Plan, affiche la liste de tous les lieux où des photos ont été prises.

Comme les données géographiques inscrites dans les fichiers d'image sont standards – ce sont des métadonnées EXIF –, elles sont utilisables par tous les logiciels capables d'exploiter les coordonnées géographiques.

Une solution encore plus simple consiste à demander à Siri de trouver les photos selon leur localisation et l'époque. Activez-le en appuyant un instant sur le bouton principal puis demandez : « Trouve-moi les photos prises à Nice en août dernier ». S'il ne trouve rien dans l'application Photos, Siri poursuivra la recherche sur l'Internet.

Visionner les photos

Les photos sont faites pour être vues, et non enfouies dans l'équivalent numérique d'une boîte à chaussures. L'iPhone propose plusieurs manières de manipuler, montrer et partager vos meilleures images.

Nous avons vu précédemment comment trouver une photo, la visionner et afficher les commandes. Mais bien d'autres actions sont possibles sans recourir aux commandes. En voici quelques-unes :

- **Passer à la photo suivante ou précédente :** effleurez vers la droite ou vers la gauche, ou touchez une des commandes fléchées.
- **Visionner en largeur ou en hauteur :** basculez l'iPhone de côté, et l'image se réoriente d'elle-même pour être en hauteur ou en largeur. En raison du format 16/9e de l'écran de l'iPhone, les photos cadrées en largeur – en mode Paysage, ou « à l'italienne », comme disent les artistes-peintres – n'emplissent plus l'écran sur toute sa largeur. L'accroissement de la taille de l'écran est cependant plus favorable aux photos cadrées en hauteur – en mode Portrait, ou « à la française » –, car il reste de la place pour afficher les barres de commandes. Mais tout ceci est très anecdotique…
- **Zoomer :** double-touchez pour agrandir l'image. Refaites de même pour la rétablir à sa taille normale. Ou alors, touchez la photo entre le pouce et l'index, et rapprochez-les pour zoomer en avant ou éloignez-les pour zoomer en arrière.
- **Déplacer et faire défiler :** quand vous avez zoomé dans une image, vous pouvez la parcourir en la déplaçant du doigt. Ce qui permet de s'attarder sur la truffe de Toutounet plutôt que sur son maître qui n'a pas l'air commode.

Démarrer un diaporama

Ceux qui gèrent leur photothèque sur un ordinateur savent ce qu'est un diaporama : un ensemble de photographies qui défilent les unes après les autres, avec parfois un accompagnement sonore. L'iPhone comporte une fonction identique :

1. **Sur l'écran d'accueil, touchez l'application Photos.**
2. **Ouvrez un album et touchez la première des photos à visionner dans le diaporama.**
3. **Tenez l'iPhone à la verticale.**

   Autrement, l'icône de partage dont il est question à l'étape suivante n'est pas visible.

4. **Touchez l'icône de partage, en bas à gauche de l'écran.**

   La photo est affichée, marquée d'une coche dans une pastille bleue.

5. **Sous les icônes de partage, touchez l'icône Diaporama.**

   Le diaporama commence aussitôt, accompagné par un fond musical. Vous pouvez à présent rebasculer l'iPhone en largeur si vous le désirez.

Pour régler le diaporama, touchez l'image, puis touchez Options, en bas à droite de l'écran. Choisissez ensuite un thème. Vous avez le choix entre les présentations Origami, Magazine, Fondu, Ken Burns (un lent effet de zoom associé à un déplacement) et Défilement. Choisissez ensuite un thème musical. Là encore, vous avez le choix entre des morceaux prédéfinis mais aussi la possibilité d'en sélectionner dans votre bibliothèque iTunes. Choisissez ensuite de répéter ou non le diaporama en boucle et pour finir, réglez la cadence des images de 1 à 10 secondes à l'aide d'une glissière.

Améliorer les photos

Avec son capteur de 8 mégapixels, l'iPhone fait de belles photos, mais dans certains cas – une lumière pas très favorable, un cadrage approximatif… – une intervention s'impose.

Procédez comme suit pour appliquer une correction :

1. **Sur l'écran d'accueil, touchez l'icône Photos.**
2. **Touchez un album puis touchez la photo à corriger.**
3. **En haut à droite de l'écran, touchez Modifier.**

   Quatre icônes apparaissent de part et d'autre de l'écran (Figure 9.7). De gauche à droite, ce sont les commandes :

Figure 9.7 : Les options d'amélioration d'une photo.

- **Correction automatique :** l'application Photos analyse l'image puis corrige automatiquement le contraste, la luminosité et d'autres paramètres. Cliquez sur le bouton Enregistrer, en haut à droite, pour conserver les corrections.

Le résultat de la correction automatique n'est pas toujours concluant. Si elle ne vous satisfait pas, touchez Annuler, en bas à droite.

- **Recadrage :** si la photo doit être recadrée, touchez ce bouton. Une grille de composition avec des équerres dans les coins est placée sur l'image (Figure 9.8). Tirez les coins vers l'intérieur afin de réduire la zone à conserver. Déplacez la photo sous la grille pour parfaire le cadrage. Dès que vous cessez de toucher la photo, elle est recadrée.

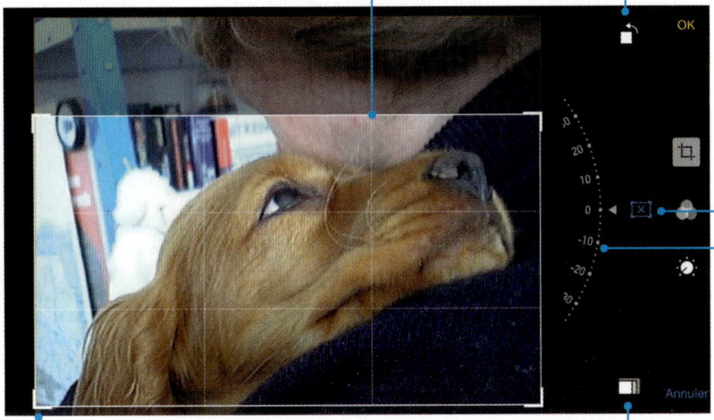

Figure 9.8 : Le recadrage d'une photo avec l'option Original, afin de conserver les proportions. Seule la partie dans la grille de composition sera conservée.

Sur le bord droit de l'image, un rapporteur sert à redresser une image penchée. Effleurez-le pour incliner la photo. Pour pivoter une photo de 90 degrés vers la gauche, touchez l'icône en haut à droite.

L'icône en bas à droite déroule un menu contenant des formats d'image. L'option Original préserve les proportions de la photo d'origine lorsque vous la recadrez. Carré impose un recadrage carré. Les autres formats sont plus obscurs, car Apple a eu la mauvaise idée de remplacer les classiques formats de papier photographique des versions précédentes d'iOS par des rapports d'image. Voici leur conversions :

- **3:2 -** iPhone, reflex à petit capteur ou plein format, pellicule 24 x 36 numérisée.
- **5:3 -** format papier 10 x 15 cm.
- **4:3 -** écrans de télévision et moniteurs cathodiques.
- **5:4 -** format papier 40 x 50 cm.
- **7:5 -** format papier A4.
- **16:9 -** écran de télévision ; certains moniteurs informatiques.

Entre les icônes de rotation et de format, celle montrant un cadre marqué d'un « x » sert à réinitialiser les modifications. Touchez-la pour recommencer un recadrage dont vous n'êtes pas satisfait.

Figure 9.9 : Le filtre Noir simule le contraste dramatique d'un genre cinématographique particulier : le « film noir ».

- **Filtres d'effet :** toucher ce bouton déploie un ruban, à droite ou en bas de la photo, permettant de choisir parmi neuf filtres d'effets (Figure 9.9). Trois sont des conversions en noir et blanc appliquées avec divers rendus et contrastes. Les autres sont des effets de couleur.

- **Correction tonale et chromatique :** cette icône contient trois options : Clarté, Couleur, N & B.
  - **Clarté :** permet d'éclaircir ou d'assombrir rapidement une photo en touchant l'une des vignettes d'un ruban. Si vous désirez régler plus finement la luminosité d'une photo, touchez l'icône Liste. Elle donne accès à des réglages de l'exposition et permet de modifier spécifiquement les tons clairs, ou les tons foncés, ou le contraste et d'autres paramètres.
  - **Couleur :** sert à réchauffer ou refroidir les teintes. L'icône liste contient trois commandes : Saturation pour aviver ou ternir les couleurs, Contraste et enfin Dominante pour corriger un excès de rouge orangé ou de bleu dans une image.
  - **N & B :** convertit la photo dans diverses nuances de noir. L'icône Liste permet de régler l'intensité du noir, sa neutralité et ses tons (en fait la gradation des nuances). Il est aussi possible d'ajouter du grain argentique.
- **Autres :** cette option ne propose qu'une seule commande : Annoter. Semblable à celle de l'application Notes, elle permet de dessiner sur la photo, d'ajouter du texte (commode pour créer un titrage) ou des phylactères (commode pour attribuer à des gens des propos qu'ils n'ont pas tenus, etc.

4. **Les modifications terminées, touchez le bouton OK, en haut à droite, afin de conserver vos retouches.**

   Les effets peuvent être cumulés, ce qui ouvre de vastes perspectives créatives.

Supprimer des photos

Nous avons dit précédemment que les photos étaient faites pour être vues. En réalité, il nous faut nuancer le propos : certaines photos valent d'être montrées, d'autres doivent être corrigées ou améliorées, comme nous venons de le voir, et d'autres enfin ne méritent pas d'être conservées.

Pour supprimer une photo ratée ou inintéressante :

1. **Dans la présentation Collections, touchez la série de photos contenant celle ou celles à supprimer.**

   Vous accédez au panneau Moments.

2. **Dans le panneau Moments, touchez Sélectionner, en haut à gauche.**
3. **Touchez-la ou les photos à supprimer.**

Elles sont marquées d'une coche dans une pastille bleue.

4. **Touchez l'icône en forme de poubelle, en bas à droite.**

   L'application Photos demande de confirmer la suppression des photos de l'album.

5. **Touchez le bouton Supprimer la photo, ou Supprimer n éléments (ou Annuler, si finalement vous changez d'avis).**

   La photo est envoyée dans l'album Supprimés récemment.

Quand vous supprimez des photos d'un iPhone synchronisé avec d'autres appareils (ordinateurs, iPad…), les photos sont également supprimées dans tous ces appareils.

Une vignette de rafale peut contenir de nombreuses photos.

Il n'est pas possible de supprimer des photos importées par une synchronisation. Pour les ôter, vous devez refaire une synchronisation après les avoir ôtées dans le dossier de l'ordinateur ou dans iPhoto.

Récupérer des photos

Toutes les photos que vous avez effacées sont envoyées dans une corbeille. Voici comment les récupérer :

1. **Ouvrez l'application Photos.**
2. **Touchez l'icône Albums, en bas à droite.**
3. **Touchez l'album Supprimés récemment.**

   Les vignettes des photos supprimées sont visibles.

4. **Touchez Sélectionner, en haut à droite.**
5. **Touchez la vignette de chacune des photos à récupérer.**

   Elles sont marquées d'une coche dans une pastille bleue. Si vous ne voulez récupérer qu'une seule photo, ne touchez pas Sélectionner, mais touchez directement la photo. Sa vignette apparaît seule, en grand.

6. **Touchez l'option Récupérer, en bas à droite.**

   L'application demande confirmation.

7. **Touchez le bouton Récupérer la photo.**

La photo est aussitôt renvoyée dans l'album où elle se trouvait. Si l'iPhone est synchronisé, la photo est de nouveau présente dans tous les autres appareils. Sur votre iPhone, la prochaine des photos de la corbeille est maintenant visible, prête à être récupérée ou supprimée.

8. **Pour cesser de récupérer des photos, touchez deux fois le chevron en haut à gauche.**

   Vous revenez ainsi dans le panneau Albums.

La même procédure sert à supprimer définitivement des photos. Au lieu de toucher l'option Récupérer, vous toucherez l'option Supprimer. Cette opération est irréversible. Les photos supprimées de la corbeille sont en effet irrécupérables.

Utiliser le Flux de photos

Dans le cadre du service iCloud, toutes les photos prises avec l'iPhone, ou avec d'autres matériels tournant sous iOS, comme les iPad et iPod Touch récents, sont automatiquement « poussées » vers tous vos autres équipements, notamment vos PC, Mac, iPad, iPod Touch, boîtier Apple TV ou vers un autre iPhone. Le transfert se produit par la magie de la fonction Flux de photos.

Ne vous souciez pas de l'espace de stockage. Les dernières 1000 photos prises au cours des 30 derniers jours sont en effet stockées dans un album Flux de photos pendant 30 jours. C'est une durée qu'Apple estime suffisante pour que tous vos équipements aient eu l'occasion de s'interconnecter et récupérer ces photos *via* une connexion Wi-Fi. Toutes les photos restent sur le PC ou sur le Mac parce que leur capacité de stockage est la plus élevée. Il est toujours possible de déplacer les photos manuellement de l'album Flux de photos vers un autre album de votre iPhone ou de tous les autres matériels tournants sous iOS.

Les photos prises avec l'iPhone ne sont pas placées dans le flux de photos tant que vous n'avez pas quitté l'application Photos. De la sorte, vous avez la possibilité de supprimer celles qui ne doivent pas migrer vers d'autres équipements.

Si pour quelque raison des photos prises avec l'iPhone ne sont pas envoyées, touchez Réglages, faites défiler les commandes jusqu'à l'option Photos et assurez-vous que le commutateur Flux de photos est actif.

Que faire de vos photos ?

Les photos de l'iPhone peuvent être partagées de diverses manières. Mais tout d'abord, assurez-vous que dans un album, vous avez procédé à la manipulation suivante :

1. **Dans un album, touchez Sélect., en haut à droite.**

   Le panneau Choisir éléments apparaît. Les vignettes de l'album sont visibles.

2. **Touchez une ou plusieurs photos.**

   Elles sont marquées d'une coche dans une pastille bleue.

3. **Touchez l'icône de partage en haut à droite.**
4. **Touchez Suivant, en haut à droite.**

   Vous accédez ainsi aux options que montre la Figure 9.10. Voici les principales d'entre elles :

Figure 9.10 : Ce que vous pouvez faire de vos photos.

- **AirDrop :** cette fonction permet d'échanger des données avec une personne connectée au même réseau Wi-Fi ou par Bluetooth, à condition que les équipements fonctionnent sous iOS et soient compatibles.
- **Message :** la photo est jointe à un MMS (*Multimedia Messaging Service,* « service de messagerie multimédia ») ou à un iMessage (liaison par Wi-Fi avec un autre iPhone, un iPad, un iPod touch ou un Mac tournant sous Mac OS X Lion Mountain ou supérieur, ou MacOS). Saisissez le numéro de téléphone mobile du destinataire ou son adresse Internet, puis touchez le bouton Envoyer.

» **Mail :** vous voudrez sans doute montrer vos plus belles photos à votre entourage. Quand vous touchez le bouton Envoyer par courrier, la photo est jointe à un message électronique vierge. Il vous est demandé à quelle taille l'image doit être réduite : Petite, Moyenne, Grande ou Taille réelle. Pour les photos prises avec l'iPhone, optez plutôt pour la taille Moyenne ou Grande, car la taille réelle (640 x 960 pixels) ne permettrait pas de voir la photo en entier sur la plupart des écrans d'ordinateur.

  Saisissez l'adresse électronique, l'objet du message et le message lui-même (reportez-vous au Chapitre 12 pour en savoir plus sur le courrier électronique), puis touchez le bouton Envoyer.

» **Ajouter à Notes :** Insère la photo dans une nouvelle note, ou dans une note existante.

» **Enreg. le PDF dans iBooks :** convertit la photo au format PDF et l'ouvre dans l'application iBooks (d'où elle peut notamment être envoyée par courrier électronique).

» **Copier :** copie l'image. Vous pourrez ensuite la coller dans un message, par exemple, en touchant l'écran un instant jusqu'à ce qu'une barre de commandes apparaisse. Touchez ensuite l'option Coller.

» **Diaporama :** démarre un diaporama, comme expliqué précédemment.

» **Assigner à un contact :** la photo que vous assignez à quelqu'un figurant dans la liste de contacts apparaît lorsque cette personne vous envoie un message. Pour que cela se produise, touchez le bouton Assigner à un contact. Dans la liste Contacts, touchez le nom de la personne à laquelle vous assignerez la photo. Comme pour le fond d'écran, vous pouvez déplacer et redimensionner la photo. Touchez ensuite le bouton Valider.

  Une autre technique consiste à toucher l'icône Téléphone, dans l'écran d'accueil, puis l'icône Contacts. Touchez la zone du correspondant, touchez le bouton Modifier, puis touchez la zone carrée Ajouter photo, en haut à gauche. Vous avez ensuite le choix entre deux options : prendre une photo avec l'appareil photo intégré à l'iPhone ou sélectionner une photo dans l'un des albums.

  Pour changer la photo assignée à quelqu'un, touchez son nom dans la liste Contacts, touchez le bouton Modifier, puis touchez la vignette représentant la photo. À partir de là, vous avez le choix entre prendre une photo avec l'appareil photo intégré à l'iPhone, sélectionner une photo dans l'un des albums, ou déplacer et/ou redimensionner la photo actuelle.

» **Utiliser en fond d'écran :** l'image par défaut est une photo de vaguelettes. Vous souhaitez peut-être autre chose comme image d'arrière-plan : une photo de votre conjoint, des enfants ou de votre animal de compagnie, ou encore un paysage.

» **Imprimer :** si vous possédez une imprimante compatible AirPrint, il suffira de toucher ce bouton pour imprimer la photo. Vous trouverez la liste des imprimantes AirPrint sur l'Apple Store (`http://store.apple.com/fr`).

Lire un code QR

L'appareil photo de l'iPhone est aussi un scanner de codes QR (*Quick Response*, « réponse rapide »). Ces codes carrés (Figure 9.11) servent par exemple à accéder à un site Internet ou à afficher des informations.

Pour lire un code QR, démarrez l'appareil photo en effleurant l'écran de verrouillage ou d'accueil de bas en haut. Touchez ensuite l'icône Appareil photo. Cadrez le code QR. Une bannière en haut de l'écran indique que le code a été lu (Figure 9.11). Touchez-la pour accéder au site ou aux informations.

Figure 9.11 : Le code QR sur une page d'un livre vient d'être lu par l'appareil photo. Touchez la bannière, en haut de l'écran, pour accéder directement au site contenant les livres du collectif Regards Parisiens.

Avant de quitter ce chapitre consacré à la photo, je vous recommande de visiter l'App Store que nous étudierons au Chapitre 15.

Vous voici devenu un pro de la photo avec l'iPhone, ce qui n'est pas peu dire.

Chapitre 10

Place à l'iMage

DANS CE CHAPITRE :

- **Trouver des vidéos.**
- **Regarder un film sur l'iPhone.**
- **Tourner des séquences vidéo.**
- **Monter les séquences.**
- **Regarder la télévision.**

Imaginez la scène : dans l'odeur de graillon du pop-corn tiédasse qui imprègne toute la pièce, la famille entière est agglutinée pour regarder le dernier film à succès. La bande sonore retentit. Les images sont impressionnantes. Tous les yeux sont rivés sur l'iPhone.

Oui, bon, c'est un peu exagéré. L'iPhone n'est pas près de remplacer l'écran géant d'un *home cinema*. Mais nous tenions à insister sur le bel écran en 16/9e de 4,7 pouces de diagonale de l'iPhone 8, soit 12 cm, et celui de 5,5 pouces de l'iPhone 8 Plus, soit près de 14 cm.

Et surtout, comme vous le savez sans doute, l'iPhone est capable de filmer des séquences vidéo en haute définition (720p, 1080p et 4K), mais aussi de créer des effets spéciaux sympas, comme des ralentis ou une accélération du temps. À vous les superproductions à gros budget (celui d'un forfait iPhone, par exemple). Que l'iSpectacle commence !

Où trouver des vidéos ?

Les vidéos que vous regarderez sur votre iPhone appartiennent généralement à l'une de ces catégories :

» **Films et séries de télévision achetés ou loués**. Vous pouvez les télécharger directement dans l'iPhone avec l'application iTunes, ou les télécharger d'abord dans votre ordinateur – Mac ou PC tournant sous Windows – puis les transférer dans l'iPhone par une synchronisation.

» **L'onglet Podcasts, dans l'iTunes Store installé dans l'ordinateur, contient un onglet Vidéo, en haut au milieu de la page. Beaucoup de podcasts sont gratuits.** Le principe est le même que pour regarder des émissions de télévision sur leurs sites respectifs, sauf qu'au lieu de ne les diffuser qu'en flux continu (*streaming*), le fichier vidéo est enregistré sur le disque dur. Vous le transférez ensuite par une synchronisation.

» **Les vidéos que vous avez créées avec iMovie sur votre Mac ou avec d'autres logiciels sur PC.** Et aussi toutes les autres vidéos que vous avez peut-être téléchargées sur Internet.

» **Les sites spécialisés dans la vidéo.** Le plus connu est incontestablement YouTube. Dans les versions précédentes d'iOS, une application YouTube figurait même en bonne place sur l'écran d'accueil. Pour des raisons commerciales qu'il ne nous appartient pas de commenter ici, Apple ne la propose plus. Mais il est heureusement possible de la télécharger gratuitement depuis l'App Store.

» **Les chaînes de télévision auxquelles vous donnent accès les forfaits des trois opérateurs d'iPhone en France.**

LA TECHNOLOGIE FLASH, C'EST FINI

L'iPhone ne lit pas les vidéos et les animations utilisant la technologie Flash, très abondante sur l'Internet, et il ne les lira jamais. Apple a en effet décrété il y a belle lurette que cette technologie a fait son temps à l'heure de l'HTML 5, et Adobe lui-même, qui a racheté cette technologie à Macromedia, la délaisse.

C'est pourquoi il est inutile de chercher une solution lorsqu'en touchant une vidéo, vous obtenez un écran blanc accompagné une mise en garde en anglais vous expliquant que cette vidéo ou cette galerie de photos « exige le lecteur Flash Player de Macromedia » et vous invite à le télécharger. Cela ne servira à rien.

Visionner une vidéo

Pour visionner une vidéo, touchez l'icône Vidéos, sur l'écran d'accueil. La première fois que vous l'utilisez, le seul bouton visible est Store. Touchez-le. Si vous ne voulez pas acheter un film immédiatement, mais seulement voir comment l'application Vidéos fonctionne, touchez une affiche de film puis, dans le descriptif du film, touchez le bouton Bandes-annonces. La vidéo correspondante est aussitôt lue. Ensuite :

1. **Orientez l'appareil en largeur, car l'iPhone ne montre les vidéos que dans ce seul sens.**

   C'est évidemment une bonne chose, car le rapport largeur/hauteur de l'écran est celui du cinéma.

2. **La vidéo étant affichée, touchez l'écran pour afficher les commandes de la Figure 10.1.**

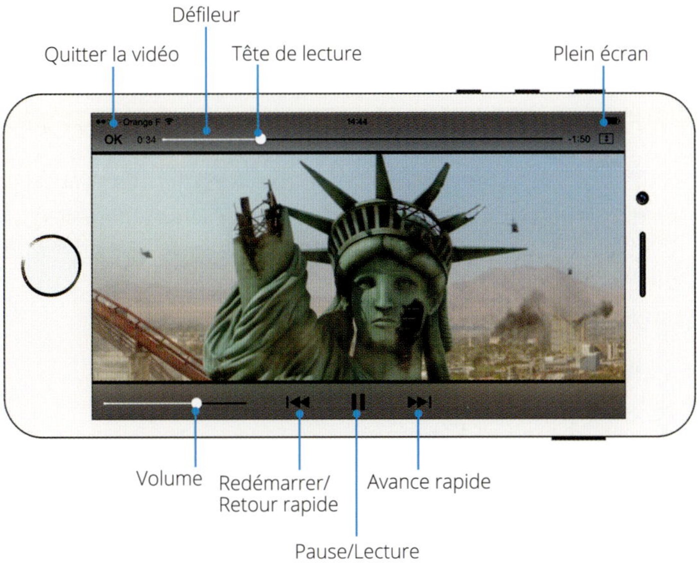

Figure 10.1 : Les commandes vidéo (bande-annonce du film Godzilla, de Gareth Edwards).

   Ou alors, sur l'écran d'accueil, appuyez fermement sur l'icône Photos puis dans le menu, choisissez Enregistrer une vidéo.

3. **Actionnez les commandes :**

   - Pour suspendre puis reprendre la vidéo, touchez le bouton Lecture/Pause.
   - Pour régler le niveau sonore, actionnez le curseur de la glissière Volume. Ou alors, appuyez sur les boutons de volume sur la tranche de l'iPhone.
   - Touchez le bouton Redémarrer/Retour rapide pour recommencer la vidéo, ou touchez-le continûment pour rembobiner.
   - Touchez continûment le bouton Avance rapide pour faire défiler rapidement la vidéo. Vous pouvez aussi visionner un autre moment de la vidéo en repositionnant la tête de lecture, dans la glissière supérieure.

- Touchez le bouton Plein écran pour passer du mode qui adapte la vidéo afin qu'elle emplisse totalement l'écran, quitte à rogner un peu les bords, au mode où la vidéo est montrée sans aucun recadrage, quitte à réduire un peu ses dimensions et à afficher des barres noires sur les côtés.

4. **Touchez de nouveau l'écran pour que les commandes disparaissent (ou attendez qu'elles disparaissent d'elles-mêmes).**

5. **Touchez le bouton OK, en haut à gauche, pour mettre fin à la vidéo (il n'est visible qu'avec les commandes).**

   L'écran Vidéos est de nouveau affiché.

Filmer

L'iPhone prend non seulement des photos, mais il est aussi capable de filmer en haute définition. Pour choisir le couple définition/cadence, touchez Réglages > Photos et appareil photo puis, à la rubrique Appareil photo, touchez Enregistrement vidéo. Choisissez ensuite le mode désiré :

- 720p HD à 30 ips
- 1080p HD à 30 ips
- 1080p HD à 60 ips
- 4K à 30 ips

Dans le panneau Photos et appareil, le réglage Enregistrer au ralenti propose deux couples définition/cadence : 1080p HD à 120 ips (ralenti de 4x lors d'un visionnage à 30 ips) et 720p HD à 240 ips (ralenti de 8x). Pour utiliser l'un de ces deux couples, l'application Appareil photo doit être en mode Ralenti.

Voici comment tourner une séquence vidéo :

1. **Sur l'écran d'accueil, touchez l'icône Appareil photo.**

2. **Tenez l'iPhone en largeur.**

   Si vous tenez l'iPhone en hauteur – une erreur très fréquente chez les débutants –, votre vidéo sera visionnée couchée.

3. **À droite, faites glisser le sélecteur en position Vidéo, comme à la Figure 10.2.**

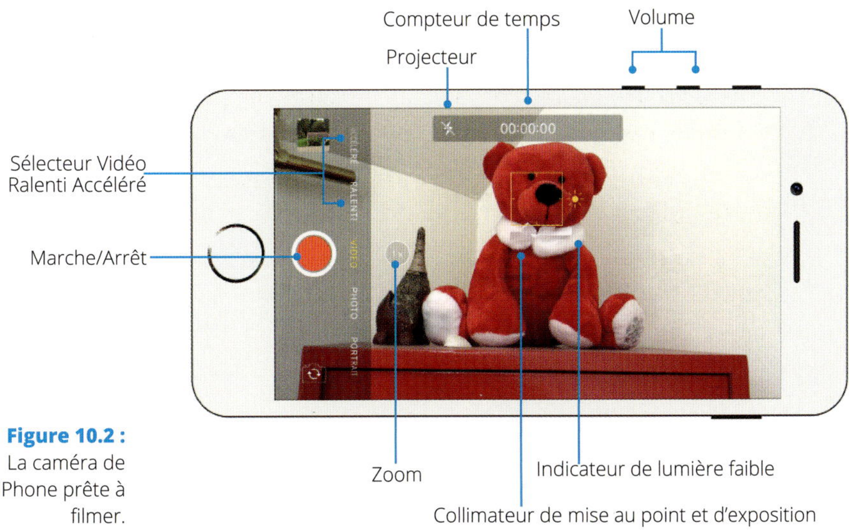

Figure 10.2 : La caméra de l'iPhone prête à filmer.

Le sélecteur de l'iPhone possède également une position Ralenti et une position Accéléré. Quand le mode Ralenti est actif, la scène est filmée à 120 images par seconde (ips). Mais comme elle sera visionnée à 30 ips, comme toutes les autres vidéos, tout mouvement de l'iPhone ou du sujet se produira quatre fois plus lentement. Un sélecteur, en haut à droite, permet de filmer à 240 images par seconde. Dans ce cas, la scène se déroule huit fois plus lentement. La position Accéléré produit l'effet inverse : un mouvement lent se déroule à toute vitesse.

4. **Si la scène est sombre, appuyez sur l'icône du flash et choisissez Auto ou Oui.**

   Lorsque l'icône d'un soleil apparaît à droite du collimateur d'exposition et de mise au point, cela signifie que la lumière est trop faible pour filmer correctement sans un éclairage d'appoint.

   En mode Automatique, l'iPhone allume automatiquement le projecteur – les quatre LED du flash – lorsque la lumière est trop faible. En mode Activé, il reste allumé en permanence pendant le tournage. En mode Désactivé, le projecteur n'est jamais utilisé.

5. **Réglez éventuellement le zoom.**

   Touchez la commande de zoom pour faire apparaître l'arc de réglage du facteur de zoom. Réglez ensuite le zoom à la valeur désirée.

6. **Touchez le bouton rouge d'enregistrement, sur le côté, pour commencer à filmer.**

   Le bouton clignote. Le compteur en haut du cadre indique la durée filmée.

Dans le coin inférieur droit se trouve un second bouton, blanc comme le déclencheur de l'appareil photo. Touchez-le pour prendre une photo tout en filmant.

7. **Pour cesser de filmer, touchez de nouveau le bouton rouge.**

   La vidéo est enregistrée dans l'album Pellicule de l'application Photos. Vous pouvez y accéder directement en touchant la vignette en bas à droite de l'écran.

   Si vous ne voulez voir que les vignettes des vidéos, sans qu'elles soient mêlées à celles des photos, ouvrez l'application Photos, touchez l'icône Albums, puis touchez l'album Vidéos.

En mode Vidéo, l'iPhone filme de la vidéo au standard HD 1080p (haute définition à balayage progressif 1920 x 1080 pixels), au format QuickTime (l'extension du fichier d'image est `.mov`), avec un son monophonique de qualité CD (44,1 kHz). La cadence de prise de vue est très exactement de 29,97 images par seconde. Comme nous l'avons mentionné au début de cette section, un mode 60 ips peut-être sélectionné à partir des réglages. De plus, l'iPhone bénéficie d'une stabilisation vidéo – également pour les photos – qui compense les secousses, ainsi que d'une fonction de réduction du bruit temporel permettant de filmer des vidéos de bonne qualité même quand la lumière est faible.

Monter les séquences vidéo

Nous supposerons que vous venez de filmer quelques belles séquences qu'il ne reste plus qu'à monter. Ce n'est pas un problème, car l'iPhone permet de réaliser des montages simples :

1. **Sur l'écran d'accueil, touchez l'application Photos.**
2. **En bas de l'écran, touchez Albums.**

   Les vidéos sont stockées dans l'album Ajouts récents, où elles sont mêlées avec les photos, et dans l'album Vidéos, qui lui ne contient que des films.

3. **Touchez une vidéo afin de l'ouvrir.**

   Une barre de temps faite de vignette se trouve en haut de l'écran.

4. **Tirez l'une des extrémités de la barre de temps, en haut de l'écran, ou les deux extrémités, afin de délimiter la partie de la vidéo à conserver, ainsi que le montre la Figure 10.3.**

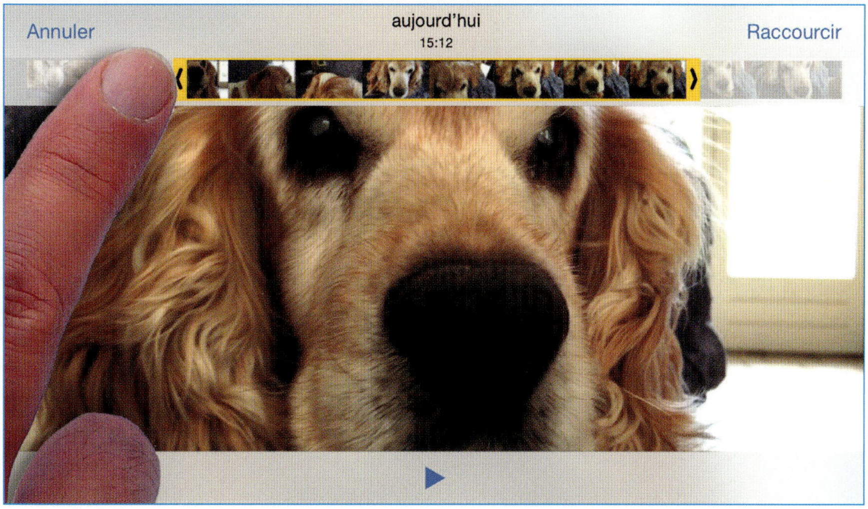

Figure 10.3 : Découpage des parties superflues d'une vidéo : délimitez la partie à conserver en positionnant les bords gauche et droit du cadre jaune.

Touchez le bouton Lecture pour voir un aperçu des modifications.

5. **Touchez l'option Raccourcir afin d'éliminer tout ce qui se trouve en dehors de la partie délimitée.**

6. **Un panneau apparaît. Il contient deux options :**

   - **Raccourcir l'original :** les parties coupées de la vidéo sont définitivement perdues. Choisissez cette option si vous êtes sûr de vos coupes et si vous désirez économiser de la place dans la mémoire de votre iPhone.
   - **Nouvel extrait :** la vidéo originale est conservée. La vidéo coupée est enregistrée à part.

Envoyer des vidéos

Contrairement aux autres vidéos, les vôtres peuvent être visionnées en hauteur ou en largeur, mais dans ce dernier cas, l'image est de petite taille. Et si la vidéo est bonne – pourquoi ne le serait-elle pas ? –, vous aurez envie de la montrer autour de vous. Pour cela, affichez les commandes de la vidéo en touchant l'écran, puis touchez l'icône en bas à gauche. Vous aurez ainsi le choix entre autres, parmi les options suivantes :

» **Message :** la vidéo est envoyée par MMS ou par un iMessage. Par MMS, seules des vidéos extrêmement courtes peuvent être envoyées. Attention aux surcoûts de ce type d'envoi. Des séquences plus longues peuvent être acheminées avec un iMessage, qui offre de plus l'avantage d'être gratuit, car il est envoyé par le Wi-Fi.

- **Mail :** le fichier de la séquence ne doit pas être trop volumineux, car votre fournisseur d'accès Internet refuserait de l'acheminer. Renseignez-vous sur son site Internet sur la taille maximale des pièces jointes.
- **YouTube :** envoie la vidéo sur ce réseau social (vous devez y être inscrit).
- **Diaporama :** lit toutes les vidéos de l'album, les unes après les autres.

Regarder la télévision

Les opérateurs français proposent tous la télévision illimitée dans leur forfait. Des applications comme TV d'Orange – ou l'équivalent pour les autres opérateurs – permettent de regarder les chaînes gratuites de la TNT.

Des abonnements permettent d'accéder à d'autres chaînes de télévision. Vous pouvez ainsi regarder des dizaines de programmes gratuits ou payants sur votre iPhone.

4

L'iPhone internet

- Dans cette partie, nous étudierons les composants Internet de votre téléphone, en commençant par un chapitre consacré au meilleur navigateur Internet jamais développé pour un appareil mobile : Safari. Puis nous verrons comment tirer parti des liens, des signets et des onglets, et comment ouvrir plusieurs pages Internet en même temps. Nous verrons aussi comment lancer une recherche sur Internet à partir de l'iPhone. Et nous parlerons aussi de EDGE, de la 3G, de la 4G et du Wi-Fi, les réseaux sans fil compatibles avec l'appareil.

- Puis nous étudierons l'application Mail. Vous découvrirez combien il est facile de définir des comptes de messagerie, de recevoir et d'envoyer du courrier avec ou sans pièces jointes.

- Pour finir, nous examinerons quelques applications pratiques et utiles : Plans et Boussole, qui faciliteront vos déplacements et vous indiqueront même où vous êtes dans une ville qui vous est inconnue ; Météo, qui vous indiquera le temps qu'il fait là où vous êtes ou là où vous comptez aller, et Bourse, qui vous tiendra informé des fluctuations de vos investissements.

Chapitre 11

Le Safari mobile

DANS CE CHAPITRE :

- **Surfer sur Internet.**
- **Ouvrir et afficher des pages Internet.**
- **Utiliser un réseau sans fil.**
- **Liens, signets et historiques.**
- **Sécuriser Safari.**

« L'Internet dans votre poche. » Ce qui était une innovation s'est aujourd'hui banalisé. Mais dans ce domaine, l'iPhone occupe toujours une place dominante grâce à son remarquable navigateur Internet et à une gestion du courrier plutôt bien pensée.

Le surf vraiment Net

Développé pour le Mac, puis pour Windows, Safari est l'un des meilleurs navigateurs Internet. Et à notre avis, il n'a aucun concurrent parmi les autres smartphones.

Un coup d'œil sur le navigateur

Démarrons notre cyber-expédition par un rapide tour du navigateur Safari (voir Figure 11.1). Toutes les commandes existant sur la version Mac ou Windows sont présentes. C'est pourquoi Safari n'est guère dépaysant. Ces diverses commandes seront décrites dans ce chapitre.

Figure 11.1 : Le navigateur Safari de l'iPhone.

Mais avant d'entrer dans le vif du sujet, nous ferons un petit détour : lisez l'encadré « Wi-Fi, EDGE, 3G et 4G » pour en savoir plus sur les réseaux sans fil qui vous permettent de surfer sur Internet.

Une visite sur Internet

Nous vous avons alléché en affirmant combien les pages Internet sont belles sur un iPhone. Le moment est venu de voir cela.

Dès que vous touchez le champ d'adresse, le clavier virtuel apparaît. Remarquez, sur ce clavier, qu'appuyer continûment sur la touche « point » fait apparaître les suffixes `.net`, `.eu`, `.edu`, `.org`, `.com` et `.fr`, fort commodes pour taper rapidement l'adresse d'un site.

Rappelons que pour un site dont l'adresse est, par exemple, `http://www.efirst.com`, il suffit de saisir `efirst.com` et appuyer sur la touche Accéder.

Dès que vous tapez une adresse Internet, vous voyez apparaître une liste de suggestions correspondant à la saisie, comme le montre la Figure 11.2. Par exemple, si vous tapez « `saf` », une liste de mots commençant par ces lettres est affichée, ainsi que des sites suggérés. Touchez l'un d'eux pour masquer le clavier virtuel et accéder à l'ensemble des adresses trouvées par le moteur de recherche.

WI-FI, EDGE, 3G ET 4G

Les iPhone sont notamment compatibles avec les réseaux Wi-Fi, 4G, 3G et EDGE. Ils sont aussi compatibles avec la technologie sans fil Bluetooth, décrite au Chapitre 14, dont l'usage est différent.

L'iPhone se connecte automatiquement au réseau disponible le plus rapide, qui est presque systématiquement un réseau Wi-Fi, lorsqu'il s'en trouve un à portée. Wi-Fi est la marque déposée par la Wi-Fi Alliance, un consortium d'entreprises chargé de normaliser les produits basés sur le standard de communication sans fil IEEE 802.11 (suivi d'une lettre, *a, b, g* ou *n* selon les spécifications et les performances).

L'iPhone est conforme aux standards 802.11a, b, g et n, ce qui signifie qu'il est capable de fonctionner avec toutes les box, tous les routeurs grand public et se connecter ainsi à la plupart des points d'accès – ou *hotspot* – privés ou publics qui se trouvent dans les hôtels, les gares, les aéroports, les cybercafés et ailleurs. Si un nom d'utilisateur et un mot de passe sont demandés pour se connecter à un point d'accès Wi-Fi, vous les saisirez avec le clavier virtuel.

Quelques chiffres vous permettront de vous faire une idée précise des capacités de ces réseaux de données :

» **4G :** c'est actuellement le réseau de téléphonie mobile le plus rapide, avec un débit théorique de 100 mégabits par seconde.

» **3G+ :** c'est l'appellation commerciale de la technologie HSDPA (*High Speed Downlink Package Access,* « accès par paquets en liaison descendante à haut débit »), une évolution de la technologie 3G. Son débit maximal est de 3,6 Mbit/s en réception, mais seulement 384 Kbits/s en émission.

» **3G :** la quasi-totalité de la France métropolitaine et une partie des DOM-TOM sont couverts. Le débit est de 384 Kbit/s en réception et 128 Kbit/s en émission.

» **EDGE :** Ce réseau qui bouche les trous de la 3G couvre 99 % de la France métropolitaine et une bonne partie des DOM-TOM. Le débit est de seulement 214 kilobits/seconde (Kbit/s) maximum en réception.

En France métropolitaine, les zones où aucun réseau n'est détectable sont relativement rares. La couverture des régions varie selon l'opérateur.

Figure 11.2 : Des suggestions de mots lors de la saisie en cours.

L'iPhone dispose de deux moyens pour déterminer les sites à afficher lorsque vous saisissez une adresse.

L'un consiste à rechercher ceux figurant parmi les signets ou les favoris que vous avez créés dans l'ordinateur avec Safari ou Internet Explorer, et que vous avez ensuite synchronisés avec l'iPhone.

L'autre est la liste des sites de l'Historique contenant vos visites récentes. Nous reviendrons sur les signets et l'Historique plus loin dans ce chapitre.

Ouvrons notre première page Internet :

1. **Touchez l'icône Safari, dans le dock en bas de l'écran d'accueil.**

   Il fait partie de la « bande des quatre », les autres étant Messages, Téléphone et Musique.

2. **Touchez le champ de saisie tout en haut de l'écran.**

   Cette barre sert à la fois à saisir une adresse Internet et à saisir les critères de recherche sur Internet.

3. **Commencez à taper l'adresse Internet.**

   Elle est aussi appelée URL (*Uniform Resource Locator*, « adresse de ressource unifiée ») dans la littérature technique.

4. **Tapez la touche Accéder.**

   Safari charge la page d'accueil du site et l'affiche.

Internet, c'est Net

Ouvrir une page Internet c'est bien, mais la consulter confortablement, c'est mieux. Voyons comment zoomer dans une page afin d'en lire le contenu sans recourir à une loupe.

Essayez ces petites manips sympas :

» **Double-touchez l'écran afin que la partie effleurée emplisse tout l'écran :** il ne faut pas plus d'une seconde au contenu pour devenir net. La Figure 11.3 montre une même page du journal *Le Monde* juste après son chargement, et après avoir zoomé en double-touchant. Observez comment la colonne de texte est cadrée au mieux, sans jamais être tronquée. Mieux : pour gagner de la place, les bandeaux d'interface en haut et en bas de l'écran sont masqués. Pour revenir à l'affichage d'origine, double-touchez de nouveau l'écran.

Certains sites affichent une icône Lecture Zen dans la marge de gauche. Touchez-la pour ne voir que le texte de l'article, sans la colonne de publicité.

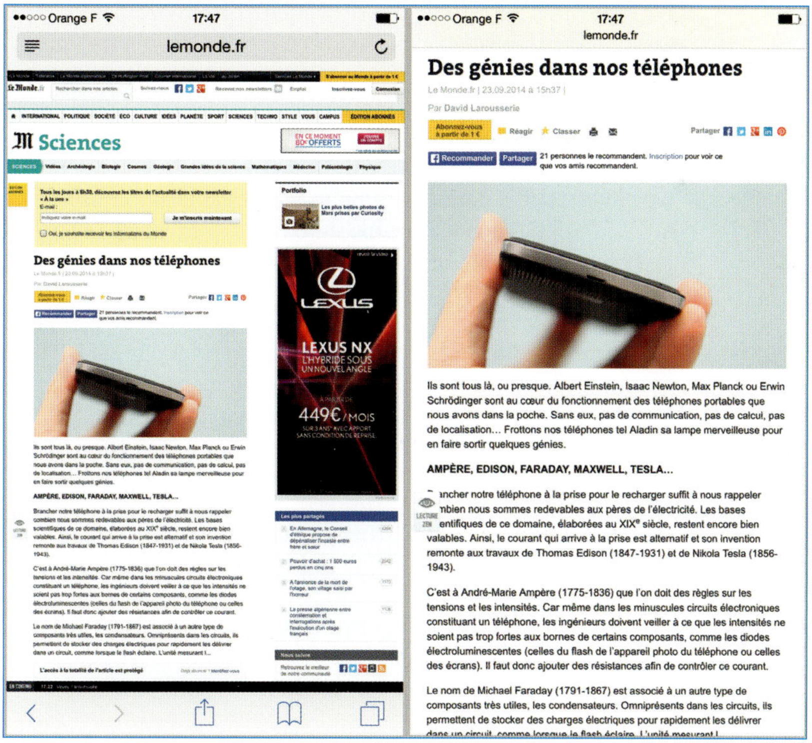

Figure 11.3 : Une page chargée (à gauche) puis agrandie (à droite).

- **Pincez la page :** rapprochez deux doigts, faites-les toucher l'écran et écartez-les. La page grossit. Rapprochez les doigts et la page rétrécit. Là encore, patientez une seconde, le temps que le contenu, flou pendant le zoom, redevienne net.
- **Déplacez la page du bout du doigt :** de droite à gauche, de haut en bas, et inversement et en tous sens. C'est la course du lièvre à travers les champs.
- **Pivotez l'iPhone en largeur :** inclinez l'iPhone. Vous bénéficiez non seulement d'une vue en panoramique, mais la barre d'adresse disparaît afin de libérer de la place. Et lorsque vous devez saisir du texte, les touches du clavier virtuel sont un peu plus larges, donc un peu plus confortables.
- Pour revenir tout en haut de la page, touchez le bord supérieur de l'écran.
- Pour réafficher le bandeau de navigation en bas de la page, touchez le bandeau supérieur.

Ouvrir plusieurs pages à la fois

Lorsque vous surfez sur Internet à partir d'un ordinateur de bureau ou portable, vous ne vous en tenez pas à une seule page. En réalité, vous en ouvrez plusieurs à la fois, soit par choix personnel, soit parce qu'un lien hypertexte s'est ouvert dans une nouvelle page sans fermer la précédente. Sans parler des indésirables fenêtres surgissantes et autres pollutions publicitaires.

Le navigateur Safari de l'iPhone est capable de conserver plusieurs pages en même temps. Touchez l'icône en bas à droite, dans la barre de navigation, puis en bas au milieu, touchez le signe [+]. Saisissez ensuite l'adresse Internet de la page à ouvrir.

Pour accéder aux pages conservées en mémoire par Safari, feuilletez-les en tirant du doigt vers la droite ou vers la gauche, comme à la Figure 11.4. Pour voir des vignettes de ces pages, basculez l'iPhone sur le côté.

Pour afficher une page en plein écran, touchez-la.

Pour fermer une page Internet, touchez le bouton rouge en haut à gauche de la page.

Appuyer sur la petite croix ouvre une page vierge sans fermer celles qui sont déjà ouvertes. Saisissez ensuite l'adresse du site que vous désirez visiter.

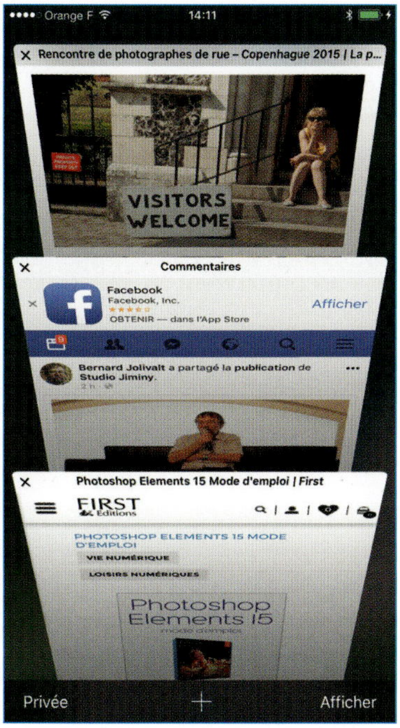

Figure 11.4 : Faites défiler les pages Internet en les effleurant horizontalement.

Les liens (affectifs)

Surfer sur Internet serait une galère s'il fallait saisir une adresse chaque fois que vous voudriez passer d'une page à une autre. C'est pourquoi les signets sont si appréciés, mais aussi et surtout les liens. Comme le navigateur Safari de l'iPhone fonctionne exactement comme celui du Mac ou du PC, les liens réagissent de la même manière.

Les liens textuels pointant vers un autre site ou une autre page sont généralement bleus et soulignés. Touchez un lien pour aller directement vers la page vers laquelle il pointe.

D'autres liens peuvent se comporter différemment et :

- Ouvrir un plan. Toucher un plan démarre l'application Plans étudiée au Chapitre 13.
- Préparer un courrier électronique. Saisissez une adresse électronique et l'iPhone démarre l'application Mail présentée au prochain chapitre. Il place automatiquement l'adresse dans le champ À et déploie le clavier virtuel afin que vous puissiez ajouter d'autres destinataires, indiquer l'objet et composer le message.

» Appeler au téléphone. Touchez un numéro de téléphone figurant dans une page Internet, et l'iPhone le mémorise aussitôt. Touchez ensuite le bouton Appeler, et l'iPhone compose le numéro.

Pour voir l'adresse Internet vers laquelle pointe un lien, immobilisez le doigt sur le lien pendant un instant. C'est aussi un moyen pour vérifier si une image contient un lien.

Tous les liens hypertextes ne s'accommodent guère de l'iPhone. On sait que l'iPhone snobe quelques standards Internet en voie d'obsolescence comme la vidéo Flash et Java au profit de l'HTML. Quand un élément d'une page n'est pas reconnu par iOS, il ne se passe rien. Ou alors, un message demande de télécharger un module complémentaire, ou *plug-in.*

Créer un signet

Pour en avoir sans doute utilisé sur votre ordinateur et les avoir synchronisés avec l'iPhone, vous savez d'ores et déjà combien les signets sont utiles. Il n'est pas plus difficile d'en créer directement dans l'iPhone :

1. **La page à marquer d'un signet étant ouverte, touchez le bouton de partage au milieu dans la barre de navigation, en bas de l'écran.**

   Un panneau contenant de nombreuses options apparaît, notamment celles-ci :

   - **AirDrop :** envoie la page Internet vers un appareil fonctionnant sous iOS, et compatible AirDrop, présent sur le même réseau Wi-Fi ou connecté par Bluetooth, se trouvant à proximité.
   - **Message :** insère dans un nouveau SMS ou dans un nouvel iMessage un lien pointant vers l'adresse Internet de la page.
   - **Mail :** insère l'adresse Internet de la page sous la forme d'un lien dans un nouveau message. Le destinataire pourra visiter cette page en touchant le lien ou en cliquant dessus.
   - **Ajouter à Notes :** Insère l'adresse Internet de la page actuellement visitée dans une nouvelle note, ou dans une note existante. C'est un excellent moyen pour établir une liste de liens sur un sujet donné.
   - **Enreg. le PDF dans iBooks :** si la page Internet est au format PDF, cette icône en fait un document stocké dans la bibliothèque de l'application iBooks.
   - **Ajouter à la liste de lecture :** utilisez cette option pour les pages que vous n'avez pas le temps de lire, mais que voudrez consulter plus tard. Pour accéder au site, touchez ensuite l'icône Signets, dans la barre de

navigation, puis l'option Liste de lecture. Les pages sont classées en Tous (la liste complète) ou Non lu (les sites que vous n'avez pas consultés depuis leur mémorisation).

- **Ajouter un signet :** c'est l'option que nous sélectionnons dans le cadre de cet exercice.
- **Ajouter aux favoris :** touchez cette icône puis touchez Enregistrer. Le site est aussitôt ajouté aux favoris de Safari.
- **Copier :** permet de coller l'adresse de la page Internet dans Notes, Mail, ou dans n'importe quelle autre application capable de recevoir du texte.
- **Imprimer :** imprime la page à condition que l'imprimante soit compatible AirPrint.
- **Rechercher dans la page :** permet de trouver les occurrences d'un mot dans une page de texte.
- **Version pour bureau du site :** au lieu d'afficher la page Internet dans la version optimisée pour les appareils mobiles (smartphones, tablettes...), cette icône affiche la page de la même manière que sur un ordinateur.

La Figure 11.5 montre la page Nouveau signet qui apparaît lorsque vous touchez l'option Ajouter un signet. Ce dernier comporte un nom et un emplacement par défaut.

Figure 11.5 : La création d'un nouveau signet.

2. **Effectuez l'une de ces opérations :**

   a) Pour accepter le nom et l'emplacement proposés dans le formulaire, touchez Enregistrer.

   b) Pour modifier le nom du signet, touchez le bouton rond gris avec un X dedans, puis saisissez le nouveau nom à l'aide du clavier virtuel. Touchez ensuite Enregistrer.

3. **Pour choisir un autre emplacement de stockage pour le signet, touchez le chevron à droite du mot Emplacement.**

   Par défaut, un signet est placé dans le dossier Favoris. C'est l'emplacement qui est affiché quand vous touchez la première icône en bas à droite, au cours de vos pérégrinations sur l'Internet. Mais vous pouvez aussi choisir l'option Signets. Dans ce cas, le signet est placé dans une liste de signets accessible en touchant l'icône Signets, comme expliqué au prochain paragraphe.

Pour accéder à un site Internet grâce à son signet, appuyez fermement sur l'icône Safari puis, dans le menu qui apparaît, choisissez Afficher les signets. Ou alors, touchez l'icône Signets, dans la barre de navigation en bas de Safari (c'est la deuxième à partir de la droite), puis touchez le signet approprié.

Si le signet se trouve dans un dossier, touchez d'abord le nom du dossier, puis le signet.

Si vous avez touché l'icône Sur l'écran d'accueil plutôt que Signet, à l'Étape 1, une icône de signet est placée dans l'écran d'accueil, permettant ainsi d'accéder rapidement au site. Si vous avez touché l'option Envoyer par courrier, le programme Mail s'ouvre avec, dans le message, le lien pointant vers la page ainsi que le nom du site dans le champ Objet.

Modifier ou supprimer des signets

Si un signet n'est plus utile ou si l'adresse Internet a changé, vous pouvez l'effacer ou le modifier :

- Pour supprimer un signet ou un dossier dans une liste, effleurez-le de droite à gauche puis touchez le bouton Supprimer qui vient d'apparaître.
- Pour créer un nouveau dossier pour vos signets, touchez Modifier, en bas à droite, puis Nouv. dossier. Nommez-le et choisissez son emplacement.
- Pour déplacer un signet dans la liste, touchez Modifier puis repositionnez-le en le tirant par la barre à trois traits, à droite de son nom.

» Pour supprimer un signet présent sur un écran d'accueil, touchez-le jusqu'à ce que les icônes frémissent, puis touchez le bouton gris avec une croix, en haut à gauche du signet à éliminer.

Un signet placé dans un écran d'accueil ne peut être que supprimé. Il est impossible de le modifier.

L'historique de vos visites

Il vous arrivera parfois de vouloir retourner sur un site que vous n'aviez pas marqué d'un signet, et dont vous ne vous souvenez pas de l'adresse ou comment vous vous y êtes rendu. Safari conserve heureusement un historique de vos escapades sur Internet.

L'adresse des pages visitées est mémorisée pendant plusieurs jours. Pour y accéder, touchez l'icône Signets, touchez Historique, puis touchez le nom du site que vous désirez revoir.

Pour effacer l'historique afin que personne ne puisse savoir quels sites vous avez visités – on n'est pas de bois, mais quand même... –, touchez Effacer, en bas à droite dans l'écran. Ou alors, sur l'écran d'accueil, touchez Réglages, puis Safari, puis Effacer l'historique. Dans les deux cas, vous devrez confirmer vos intentions.

Démarrer une recherche sur Internet

La plupart des internautes recourent intensivement aux moteurs de recherche. Les plus utilisés sont Google et Yahoo! ; il en va de même sur l'iPhone.

Par défaut, l'iPhone propose de procéder à une recherche avec Google. Voici comment :

1. **Dans Safari, touchez le champ de saisie.**

   C'est la même barre que celle utilisée pour saisir une adresse Internet.

2. **Saisissez le ou les termes de votre recherche.**

   Des suggestions de termes vous sont proposées.

3. **Si le critère désiré se trouve parmi ces suggestions, touchez-le. Sinon, terminez la saisie puis, en bas à droite du clavier, touchez le bouton Rechercher.**

   Google affiche aussitôt le résultat de ses recherches (Figure 11.6). Parcourez-les pour trouver celui qui correspond le mieux à vos désirs.

Figure 11.6 : Google vient d'afficher le résultat de ses recherches. Faites défiler la page pour voir tous les autres résultats.

Pour définir le moteur de recherche par défaut, touchez Réglages > Safari > Moteur de recherche. Touchez celui que vous désirez utiliser : Google, Yahoo!, Bing – le moteur de recherche développé par Microsoft – ou DuckDuckGo, un moteur de recherche qui préserve la confidentialité des recherches en empêchant la mémorisation des critères.

Trouver un mot dans une page

Quand vous vous documentez sur un sujet précis, vous gagnez énormément de temps en allant directement au mot qui vous intéresse, surtout si la page est très longue et les occurrences du mot rares, ce qui oblige à parcourir attentivement des dizaines, voire des centaines de lignes de texte, ou nombreuses, ce qui augmente le risque d'en laisser passer et manquer une information importante.

Voici comment procéder :

1. **Visitez un site Internet contenant du texte.**

   Nous rechercherons pour cet exemple le mot « Photo » dans un article particulièrement long.

2. **En bas au milieu de l'écran, touchez l'icône de partage.**

3. **À droite de la ligne d'icônes inférieure, touchez l'icône Rechercher dans la page.**

   Le clavier apparaît, surmonté d'un champ de saisie.

4. **Saisissez le mot à rechercher.**

   Au fur et à mesure de la saisie, les occurrences sont surlignées en jaune, comme le montre la figure 11.7.

Figure 11.7 : Safari détecte les occurrences du critère de recherche.

5. **Parcourez les occurrences en touchant l'un des deux chevrons à gauche du champ de saisie.**

   Pour connaître le nombre d'occurrences trouvées, touchez la page (ne touchez surtout pas le bouton OK). Le clavier disparaît mais le champ de recherche et les chevrons restent visibles en bas de l'écran (Figure 11.8). Le nombre d'occurrences est indiqué à droite.

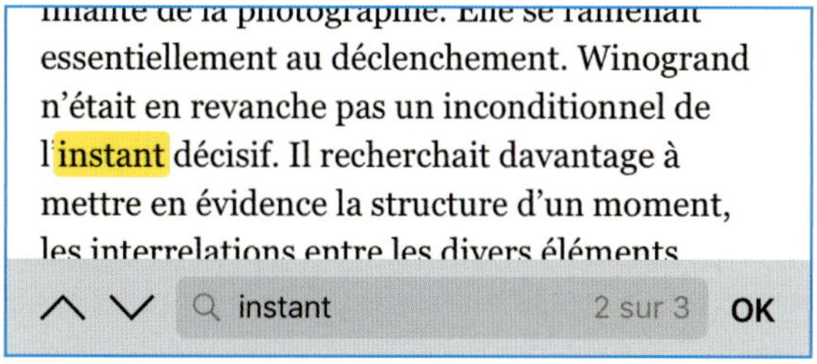

Figure 11.8 : Parcourez les occurrences du mot recherché.

6. **Lorsque vous avez terminé de parcourir les occurrences, touchez OK.**

   Le surlignage jaune disparaît, de même que le champ de recherche et les chevrons servant à parcourir les occurrences.

Notez que Safari ne différencie pas les majuscules et les minuscules. De plus, une recherche peut porter sur plusieurs mots (exemple : **Éditions First**). La recherche ne sera effectuée que sur cet ensemble de mots. Le mot « Éditions » seul ou le mot « First » seul ne sera pas trouvé.

Les paramètres intelligents de Safari

Internet regorge certes de richesses en tout genre, mais c'est aussi un lieu parfois mal fréquenté. Vous devrez protéger votre vie privée et votre sécurité.

Retournons dans les paramètres de l'iPhone en touchant sur l'écran d'accueil, Réglages > Safari.

Nous venons d'apprendre comment choisir le moteur de recherche par défaut et effacer l'historique. D'autres actions sont envisageables :

- **Remplissage automatique :** lorsque cette fonctionnalité est active, Safari remplit automatiquement les formulaires sur Internet en utilisant vos informations de contact personnelles, vos noms d'utilisateur et vos mots de passe, et aussi d'autres informations provenant de vos contacts.
- **Ouvrir les liens :** vous pouvez choisir si un lien doit être ouvert dans une nouvelle page ou en arrière-plan.
- **Bloquer les pop-up :** les pop-up sont des fenêtres publicitaires qui apparaissent inopportunément sur la page que vous êtes en train de lire. Par défaut, cette option est active et c'est une bonne chose.
- **Bloquer tous les cookies :** les *cookies* sont des petits fichiers qu'un site Internet place dans l'iPhone – ou dans un ordinateur, une tablette... – afin de vous reconnaître lorsque vous le revisitez. Ils sont inoffensifs, mais si ce flicage bénin vous incommode, il vous reste quelques ressources.

  Lorsque les cookies sont bloqués, Safari n'en accepte plus aucun, mais cela peut vous empêcher d'accéder à des sites utiles, comme celui de votre banque qui a besoin de placer des cookies. Si l'iPhone les refuse, vous ne pourrez pas consulter vos comptes ni faire d'opérations
- **Alerte si site web frauduleux :** si vos pérégrinations sur Internet vous amènent sur un site déjà signalé comme frauduleux, et inscrit comme tel dans une base de données spécialisée, Safari vous préviendra.

- **Effacer historique, données de site :** supprime l'historique auquel vous accédez en touchant l'icône Signet et en touchant ensuite l'option Historique, en haut de la liste des signets. L'historique des mots recherchés est également effacé, de même que tous les cookies stockés dans l'iPhone
- **Avancé :** à moins que vous ne soyez programmeur, cette option ne vous sera d'aucun intérêt. Elle permet d'activer ou désactiver une console de débogage montrant les erreurs, les alertes, les informations, les journalisations, *etc.*

La maîtrise de Safari n'est qu'un aspect de l'usage de l'Internet avec l'iPhone. Dans les chapitres à venir, vous découvrirez comment utiliser le courrier électronique, l'application Plans, et bien d'autres choses.

Chapitre 12

Les bons comptes (de messagerie) font les bons amis

DANS CE CHAPITRE :

- **Configurer les comptes de messagerie.**
- **Envoyer du courrier électronique.**
- **Lire et gérer les messages.**
- **Rechercher dans les messages.**
- **Définir les préférences de courrier.**

Vous avez vu au Chapitre 5 combien il est facile d'envoyer des SMS, MMS et iMessages. Ces messages ne sont toutefois pas l'unique moyen de communication écrite de l'iPhone. L'un de ses aspects les plus plaisants est bien sûr la possibilité de recevoir et d'envoyer du courrier électronique – des e-mails – à l'aide de l'application Mail.

Et ce n'est pas tout : votre iPhone sait ouvrir différents types de pièces jointes, notamment les fichiers PDF, Word et Excel. Et, cerise sur le gâteau, les fonctions de messagerie peuvent se dérouler en tâche de fond, vous permettant de surfer sur l'Internet ou de converser au téléphone pendant que l'iPhone s'occupe efficacement de relever votre courrier en coulisse.

Enfin, l'application Mail est compatible avec les fournisseurs de messagerie les plus connus comme Gmail, Yahoo!, Hotmail et AOL (America OnLine), et aussi avec le service iCloud d'Apple.

Configurer les comptes de messagerie

Commençons par le début : pour pouvoir échanger du courrier électronique, vous avez besoin d'une adresse électronique. Si vous disposez d'un accès à haut débit, elle vous a certainement été communiquée lorsque vous vous êtes abonné. Si vous faites partie de la minorité de lecteurs ne disposant pas encore d'une telle adresse, vous pourrez en obtenir une gratuitement en allant sur le site de Yahoo! (`http://fr.yahoo.com/`), Google (`http://mail.google.com/`), Hotmail (`www.hotmail.fr`) et de bien d'autres fournisseurs de services.

Beaucoup, pour ne pas dire tous les fournisseurs de messagerie gratuite, placent de la publicité à la fin des messages que vous envoyez. Si cela vous gêne, utilisez le compte proposé par votre fournisseur d'accès Internet (du type *votrenom*@free.fr, *votrenom*@orange.fr). Ou alors, ils vous font payer pour qu'il n'y ait pas de pub (NdT : les publicitaires apprécieront. Voilà que sur l'Internet et même ailleurs, leurs créations sont considérées comme des nuisances dont on peut se débarrasser moyennant finances).

Configurer un compte (facilement)

Vous vous souvenez peut-être qu'au Chapitre 3 il vous a été proposé de synchroniser automatiquement les comptes de messagerie présents dans l'ordinateur et de les transférer ainsi dans l'iPhone. Si vous avez accepté de le faire, ou si vous l'avez fait dès la configuration de l'iPhone, quand il était tout neuf, vos comptes doivent d'ores et déjà s'y trouver. Vous pouvez passer directement à la section « T'as du courrier ! ».

Configurer un compte (moins facilement)

Si vous ne désirez pas synchroniser les comptes de messagerie de l'ordinateur, vous pourrez le configurer manuellement. Ce n'est pas aussi facile que de cocher une case et de synchroniser, mais il n'est pas nécessaire d'avoir inventé l'eau tiède pour y parvenir.

Si aucun compte de messagerie n'a été défini dans l'iPhone, vous serez invité à en configurer un la première fois que vous démarrerez l'application Mail. Si un ou plusieurs comptes ont déjà été définis dans l'iPhone et que vous désirez en ajouter un manuellement, vous devrez commencer par toucher Réglages > Comptes et mots de passe > Ajouter un compte.

Dans les deux cas, vous voyez apparaître l'écran Ajouter un compte que montre la Figure 12.1.

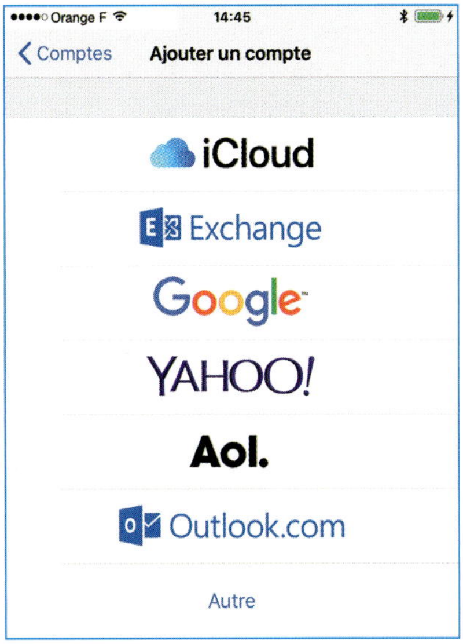

Figure 12.1 : Choisissez l'une de ces options.

Configurer un compte Yahoo!, Gmail, AOL ou Hotmail

Si vous possédez déjà un compte de messagerie Yahoo!, Google, Hotmail ou AOL, touchez le bouton approprié sur l'écran Ajouter un compte. Si votre fournisseur de services n'est pas l'un de ces quatre opérateurs, touchez l'option Autre.

Entrez vos prénoms et nom puis, dans le deuxième champ, votre adresse électronique puis, dessous, votre mot de passe de messagerie, comme à la Figure 12.2. Dans le champ Description, indiquez sous quel nom ce compte sera mentionné dans l'iPhone (votre prénom convient parfaitement).

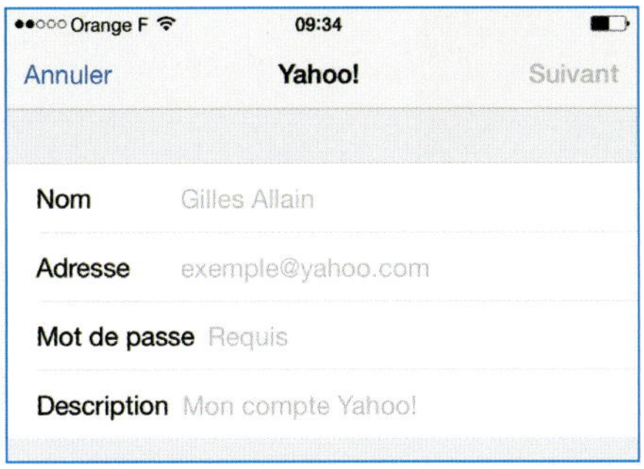

Figure 12.2 : Remplissez les champs et touchez le bouton Suivant. Après vérification par l'iPhone, vous voilà prêt à communiquer par la messagerie.

L'iPhone se connecte au serveur de votre fournisseur d'accès. Il vérifie vos identifiants – adresse électronique et mot de passe – et, si ces informations sont correctes, des coches vertes apparaissent à droite des informations que vous avez saisies.

Touchez le bouton Enregistrer, en haut à droite de l'écran. C'est tout. Le compte de messagerie est maintenant opérationnel.

Configurer un compte d'un autre fournisseur

Si votre compte de messagerie est de type Autre – c'est-à-dire Orange, SFR, *etc.* –, le configurer sera un peu plus long.

Vous aurez besoin de plusieurs informations présentes dans la documentation que votre opérateur vous a remise ou envoyée par la poste. Certaines d'entre elles, qui sont purement techniques et ne sont pas nominatives, se trouvent peut-être sur le site Internet du fournisseur.

Si le compte que vous désirez configurer est celui de l'entreprise dans laquelle vous travaillez, adressez-vous au responsable informatique.

Voici comment configurer manuellement un compte :

1. **Dans l'écran Ajouter un compte, touchez Autre.**

   Vous accédez au panneau que montre la Figure 12.3.

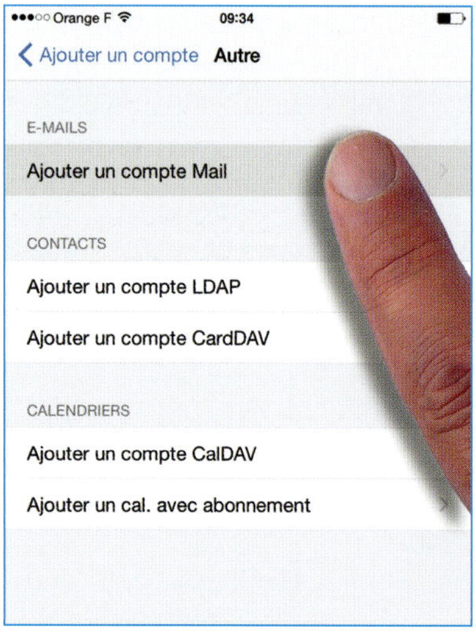

Figure 12.3 : Si vous n'utilisez pas de compte Yahoo!, Gmail, Hotmail ou AOL, vous transitez par ce panneau.

Parmi les autres options du panneau Autre, le compte LDAP (*Lightweight Directory Access Protocol*) est un protocole de service d'annuaire. Le compte CardDAV, quant à lui, est un protocole de partage de carnets d'adresses.

2. **Si votre compte de messagerie a été souscrit auprès d'un opérateur, touchez Ajouter un compte Mail.**
3. **Saisissez vos prénoms et nom, adresse de messagerie, mot de passe et description dans les champs appropriés, puis cliquez sur Suivant.**

Avec un peu de chance, vous n'avez rien de plus à faire, sauf attendre que l'iPhone ait vérifié vos informations auprès de votre fournisseur d'accès Internet et validé votre compte.

Configurer un compte d'entreprise

L'iPhone a été rendu plus facile à utiliser dans un contexte professionnel, notamment en recourant aux serveurs Microsoft Exchange, largement utilisés dans les grandes entreprises.

Qui plus est, si votre société supporte la technologie ActiveSync de Microsoft, l'iPhone peut bénéficier de la messagerie *push* permettant aux messages d'arriver directement dans l'iPhone tout comme dans les ordinateurs. Afin de conserver une cohérence globale, l'iPhone supporte aussi les calendriers *push* et les contacts *push*. La société, elle, doit être équipée de Microsoft ActiveSync Exchange Server 2003 (avec le Service Pack 2), 2007 (Service Pack 1) ou 2010. Renseignez-vous auprès du responsable informatique.

Configurer le courrier Exchange n'est pas très compliqué, même si vous devrez sans doute faire appel au responsable informatique de votre entreprise pour certains réglages. Commencez par toucher l'icône Microsoft Exchange, dans l'écran Ajouter un compte. Remplissez ce que vous pouvez : votre adresse électronique, votre nom d'utilisateur (généralement du type *domaine/utilisateur*) et le mot de passe. Là encore, houspillez le responsable informatique pour obtenir les informations requises.

Au prochain écran (voir Figure 12.4), entrez l'adresse du serveur, si le service Autodiscovery de Microsoft ne l'a pas déjà trouvé. Elle commence généralement par *exchange.societe.com*.

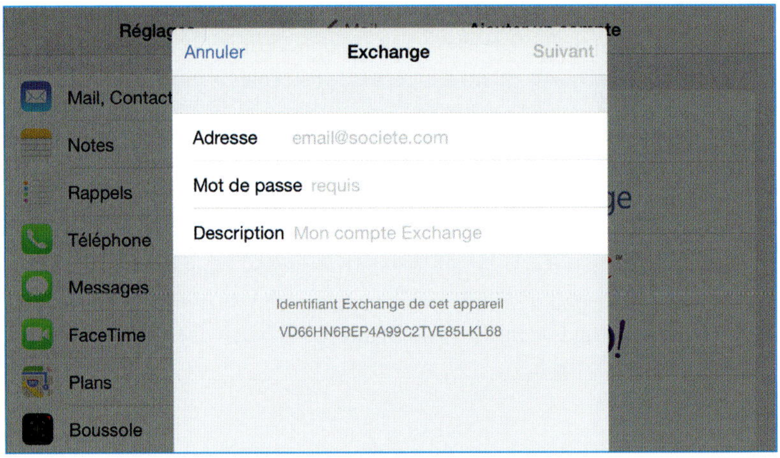

Figure 12.4 : Vous allez configurer un compte de messagerie d'entreprise.

L'entreprise pour laquelle vous travaillez ne tient pas à ce que n'importe qui puisse accéder à vos courriers électroniques, si jamais vous perdiez votre iPhone ou s'il était volé. C'est pourquoi le responsable informatique peut insister pour que vous modifiiez le mot de passe de verrouillage, dans les réglages de l'iPhone (ce mot de passe est un autre que celui de votre compte). La création et la modification d'un mot de passe sont expliquées au Chapitre 2. De la sorte, si votre iPhone tombait en de mauvaises mains, votre entreprise pourrait le vider à distance de tout son contenu.

Après avoir rempli tous les champs pour configurer votre compte, vous devrez choisir les types d'informations – Mail, Contacts et/ou Calendrier – à synchroniser avec Exchange. Sélectionnez chacun de ceux à configurer en tirant leur commutateur vers la gauche afin qu'il apparaisse en bleu.

Un seul compte Exchange ActiveSync peut être configuré sur un iPhone.

T'as du courrier !

Maintenant que le ou les comptes de messagerie ont été configurés, voyons comment utiliser l'application Mail de l'iPhone.

Rédiger un message

Il existe plusieurs espèces de message : texte brut, texte avec une photo, message en cours de rédaction à enregistrer pour le terminer plus tard (un brouillon, en fait), réponse à un message reçu, transfert d'un message, *etc.* Examinons toutes ces variantes.

Envoyer un courrier électronique

Touchez l'icône Mail, sur l'écran d'accueil. Vous accédez à l'écran que montre la Figure 12.5. Il contient plusieurs boîtes aux lettres comme iCloud, la boîte à votre prénom, VIP... Les chiffres à droite indiquent le nombre de messages qui n'ont pas encore été lus.

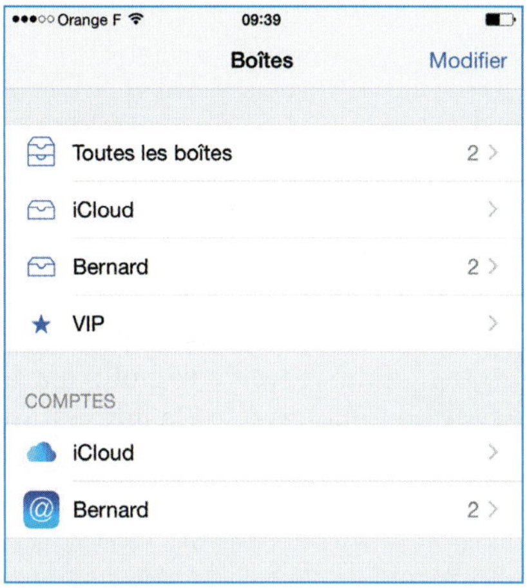

Figure 12.5 : L'écran des boîtes aux lettres.

Pour créer un nouveau message :

1. **Touchez l'icône en bas à droite de l'écran.**

   Un écran semblable à celui de la Figure 12.6 apparaît.

2. **Tapez le nom ou l'adresse électronique des destinataires dans les champs À, ou alors, touchez le bouton [+], à droite, pour ajouter un ou plusieurs contacts provenant du carnet d'adresses de l'iPhone.**

   Si un destinataire ne figure pas parmi vos contacts, vous pouvez aussi saisir son adresse de messagerie manuellement.

3. **(Facultatif) Touchez le champ Cc/Cci/De.**

   Cette action divise le champ en question en trois champs Cc, Cci et De. Les termes Cc et Cci signifient respectivement Copie carbone et Copie carbone invisible. Une copie carbone contient un ou plusieurs noms de destinataires qui recevront une copie du message. Chacun verra le nom des autres personnes qui ont eu l'insigne privilège de recevoir votre prose. Si les noms des destinataires se trouvent dans le champ Cci, aucun d'eux ne saura à qui d'autre vous avez envoyé votre littérature compromettante. Touchez le signe « Plus », à côté de ces champs, pour ajouter des contacts.

Figure 12.6 : Un nouveau message vierge, prêt à recevoir vos mots doux.

Si vous avez choisi De, vous pourrez choisir un autre nom d'expéditeur dans la liste, si plusieurs comptes de courrier ont été créés dans l'iPhone.

Quand vous commencez à saisir une adresse électronique, celles qui correspondent à la partie de la frappe en cours apparaissent dans une liste sous les champs À et Cc. Si l'une d'elles est celle que vous vous apprêtiez à taper, touchez-la pour l'insérer.

4. **Indiquez le sujet du courrier dans le champ Objet.**

   Cette information est facultative, mais la mentionner permet au destinataire de connaître la teneur du message et ainsi de mieux le classer et le retrouver.

5. **Saisissez le message dans la partie inférieure de l'application.**

   La zone de saisie du message se trouve juste sous le champ Objet.

L'insistant texte `Envoyé de mon iPhone` (on le saura, que vous vous en êtes offert un), tout en bas du message, est une signature. Vous découvrirez plus loin dans ce chapitre comment la modifier ou la supprimer.

6. **Touchez Envoyer, en haut à droite de l'écran.**

Le message est envoyé à qui de droit. Si l'iPhone n'est pas à portée d'un point d'accès Wi-Fi ou s'il n'est pas dans une zone couverte par un réseau de téléphonie mobile, le message sera envoyé dès que vous serez dans un lieu desservi.

Mettre le courrier en forme

Le texte d'un message peut être mis en gras, en italique ou souligné en procédant comme suit :

1. **Sélectionner le mot ou les mots à enrichir.**

   Double-touchez un mot puis tirez-en les poignées de manière à délimiter la partie à mettre en forme (Figure 12.7).

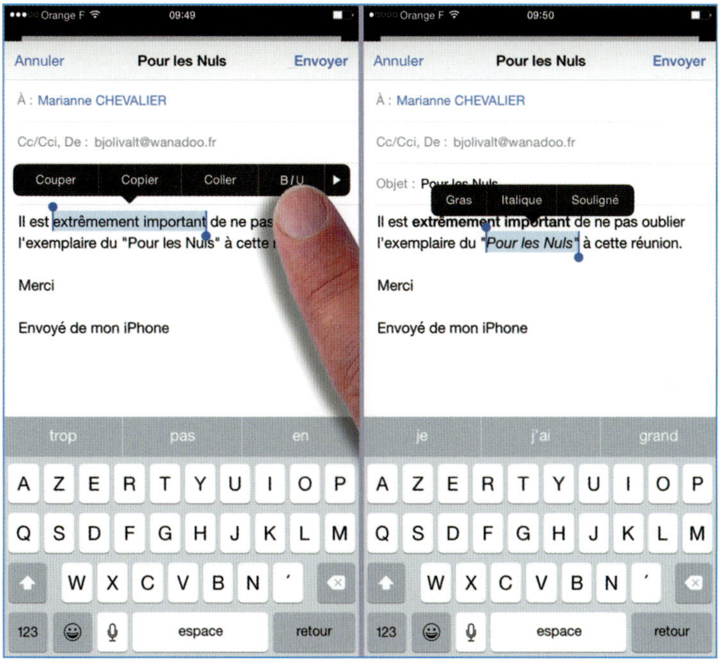

Figure 12.7 : À gauche, la sélection du texte à mettre en gras. À droite, le texte sur la première ligne a été mis en gras. C'est à présent le texte sur la seconde ligne qui a été sélectionné et mis en italique.

   Une barre de commande noire apparaît. Si l'iPhone est tenu à la verticale, seule une partie des commandes est visible. S'il est tenu à l'horizontale, toutes les commandes sont affichées ; passez à l'Étape 3.

2. **Touchez le bouton fléché à droite de la barre de commande.**

   D'autres commandes apparaissent.

3. **Touchez le bouton BIU.**

BIU ? Quel étrange nom… Il faut lire : B comme *bold,* gras, puis I comme *italic,* italique et enfin U comme *Underlined,* souligné. Ces trois lettres sont affichées avec leur mise en forme.

4. **Touchez le bouton correspondant à la mise en forme désirée : Gras, Italique ou Souligné.**

   Les mises en forme peuvent être cumulées en touchant successivement les boutons désirés. Vous pouvez ainsi obtenir du gras italique, de l'italique gras souligné, *etc.* Toucher une seconde fois un enrichissement annule son effet.

Parmi les commandes de la barre, Remplacer sert à substituer un mot à toutes les occurrences d'un autre, Définition affiche la définition du dictionnaire de ce mot. Si l'iPhone ne la trouve pas, touchez Gérer, en bas à gauche, puis sélectionnez un dictionnaire. Toujours dans la barre de commandes, Indentation permet de mettre en retrait vers la gauche (option Diminuer) ou vers la droite (option Augmenter). D'inesthétiques barres verticales « | » apparaissent hélas à chaque retrait. Chez le destinataire, elles apparaissent, soit telles quelles sous iOS ou Mac OS, soit sous la forme d'un chevron > (Windows).

Envoyer un message accompagné d'une photo

Il existe plusieurs manières de placer une photo dans un message. Commençons par la plus classique :

1. **Touchez l'icône Photos, sur l'écran d'accueil.**
2. **Localisez la photo que vous désirez envoyer.**

   Pour envoyer plusieurs photos – jusqu'à cinq –, touchez Sélectionner, en haut à droite, puis touchez chacune des photos à joindre. Passez ensuite à l'Étape 4.

3. **Touchez la photo pour l'afficher en plein écran.**
4. **Touchez l'icône de partage en bas à gauche de l'écran.**
5. **Touchez le bouton Envoyer par courrier.**

   Un nouveau message vide est créé, dans le corps duquel la photo est d'ores et déjà insérée. Indiquez le destinataire puis ajoutez du texte

6. **Touchez le bouton Envoyer.**

L'autre technique est réalisée directement à partir du message en cours de rédaction :

1. **Dans la zone de texte du message, donnez une tape sur l'écran afin que la barre de commande noire apparaisse.**

2. **Touchez le bouton fléché à droite de la barre contenant des commandes de sélection.**

   Deux autres commandes apparaissent : Indentation et Insérer photo ou vidéo.

3. **Touchez le bouton Insérer photo ou vidéo.**

   Cette action ouvre l'application Photos.

4. **Accédez à la photo à joindre puis touchez-la.**
5. **En bas à droite de l'écran, touchez Choisir.**

   La photo est insérée dans le corps du texte. Terminez votre message puis envoyez-le.

Enregistrer un brouillon du message pour un envoi différé

Si vous n'avez pas le temps de finir le message que vous étiez en train de rédiger, enregistrez-le comme brouillon et terminez-le plus tard.

Voici comment : commencez à rédiger un courrier électronique comme nous l'avons expliqué précédemment. Le moment venu de l'enregistrer comme brouillon, touchez le bouton Annuler, en haut à gauche de l'écran. Touchez ensuite le bouton Enregistrer si vous désirez faire du message un brouillon que vous reprendrez par la suite. Toucher le bouton Annuler met fin à la procédure d'annulation et réaffiche le message, dont vous pouvez dès lors reprendre la rédaction.

Si vous touchez le bouton Ne pas enregistrer, le message disparaît aussitôt et définitivement, sans aucune chance de le récupérer.

Pour rouvrir le message mis de côté, touchez la boîte aux lettres Brouillons, puis touchez le message à reprendre. Par la suite, vous pourrez l'envoyer ou le réenregistrer comme brouillon.

Le nombre de brouillons est mentionné à droite du dossier Brouillons, de la même manière que le nombre de messages non lus à droite d'un dossier, comme Réception ou un autre.

Répondre ou transférer un message

Pour répondre à un message, ouvrez-le puis touchez l'icône Répondre/Transférer, en bas de l'écran. Elle ressemble à une flèche incurvée. Touchez ensuite le bouton Répondre ou Transférer (voir Figure 12.8).

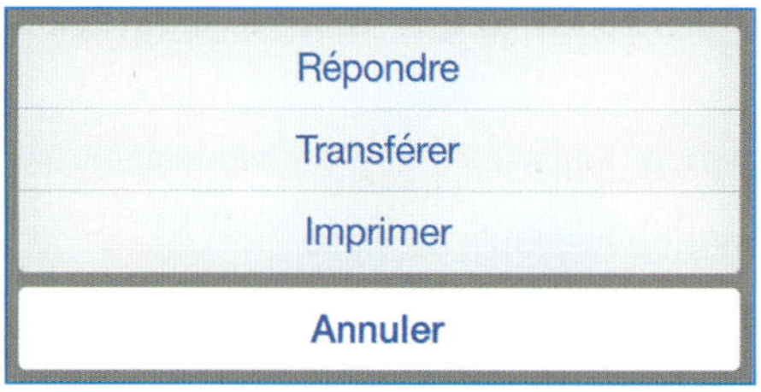

Figure 12.8 : Répondez au message ou transférez-le à quelqu'un d'autre.

Le bouton Répondre crée un message vierge préadressé à l'expéditeur du message original. Si le message d'origine a été envoyé à plusieurs personnes, le bouton Répondre à tous permet de répondre simultanément à chacune d'elles. L'objet du message est précédé du mot `Re :` (*reply*, « répondre »). Par exemple, si l'objet du message d'origine était `Des nouvelles`, l'objet de la réponse sera `Re : Des nouvelles`.

Toucher le bouton Transférer produit une copie du message original, mais sans destinataire. Ajouter-en un ou plusieurs, puis touchez le bouton Envoyer. Cette fois, l'objet du message est précédé du mot `Fwd :` (*forward*, « faire suivre »). Par exemple, si l'objet du message d'origine était `Une info`, l'objet de la réponse sera `Fwd : Une info`.

Le champ Objet ou le contenu du message auquel il est répondu ou qui est transféré sont modifiables de la même manière que n'importe quel texte. Il est généralement considéré comme poli de laisser le préfixe `Re :` ou `Fwd :` dans l'objet, mais rien ne vous empêche de le supprimer si vous le jugez utile.

Pour envoyer la réponse ou pour transférer le message, touchez le bouton Envoyer.

Une autre manière de répondre ou de transférer un message consiste à l'effleurer de droite à gauche, dans la liste. Touchez ensuite l'étiquette grise Plus (elle jouxte une étiquette rouge Corbeille). Dans le menu qui apparaît, choisissez Répondre ou Transférer. Procéder ainsi permet de réagir à un message sans même l'avoir ouvert, ce qui n'est pas forcément d'une grande utilité.

Les options d'envoi

Quatre options d'envoi de courrier électronique sont paramétrables dans divers réglages de l'iPhone. Les voici :

- **Entendre un son lorsque l'envoi du message a réussi** : sur l'écran d'accueil, touchez l'icône Réglages > Sons > E-mail envoyé. Choisissez ensuite le bruitage. Pour modifier d'autres paramètres, touchez le bouton Réglages, en haut à gauche. Les réglages terminés, appuyez sur le bouton principal, sous l'écran.

Le paragraphe ci-dessus est valable pour tous les réglages dont il est question dans cette section et dans celles qui suivent. Nous n'y reviendrons donc pas. Pour résumer, si vous voulez continuer à régler d'autres paramètres, touchez le bouton en haut à gauche de l'écran (il est parfois nommé Réglages, Courrier, Réception ou autre). Retenez surtout que ce bouton vous ramène à l'écran précédent où vous pouvez modifier d'autres paramètres. Appuyer sur le bouton principal, sous l'écran, a toujours le même effet : les modifications que vous venez d'effectuer sont prises en compte et l'écran d'accueil est affiché.

- **Ajouter une signature à tous les messages que vous envoyez** : touchez Réglages > Mail et à la rubrique Rédaction, touchez Signature. La signature par défaut est `Envoyé de mon iPhone` (on le saura…). Remplacez ce texte par un autre, par exemple vos noms et prénom suivis de vos coordonnées postales et téléphoniques. Cette signature sera systématiquement ajoutée à tous vos messages.
- **Envoyer vers votre serveur de messagerie une copie de tous les messages émis :** touchez Réglages > Mail et à la rubrique Rédaction, activez l'option M'ajouter en Cci (Copie carbone invisible).
- **Définir le compte de messagerie par défaut pour les envois de courrier à partir des applications Photos ou Plans :** si plusieurs comptes de messagerie ont été définis, touchez Réglages > Mail > Compte par défaut. Touchez ensuite le compte à utiliser. Cette option est utile lorsque plusieurs comptes de messagerie ont été définis. Par exemple, si vous avez défini un compte pour vous et un autre pour votre conjoint, et si votre conjoint veut envoyer un message sous son nom à lui, vous le sélectionnerez à cet emplacement.

Vous savez tout sur l'envoi de courriers électroniques.

Recevoir des messages des VIP

Les VIP sont des *Very Important Persons*, des personnes très importantes. Les courriers électroniques qu'elles vous envoient ne doivent pas être omis parce qu'ils sont noyés dans une masse de messages sans importances et de courriers plus ou moins sollicités.

Pour ne manquer aucun de ces courriers dont dépend votre carrière professionnelle ou votre vie sentimentale, Mail propose d'en afficher une copie dans un dossier spécial nommé VIP. Voici comment créer un VIP :

1. **Ouvrez l'application Mail.**
2. **Dans le panneau Boîtes, touchez l'option VIP.**

   Un panneau Liste VIP apparaît.

3. **Touchez l'option Ajouter un VIP.**

   La liste des contacts apparaît.

   Notez dès à présent que par la suite, quand vous voudrez ajouter d'autres VIP, vous devrez toucher un bouton bleu, à droite dans l'option, pour accéder à la liste des contacts.

4. **Touchez un contact.**

   Le nom du contact apparaît dans le panneau Liste VIP.

5. **Si d'autres contacts doivent être ajoutés à la liste des VIP, touchez l'option Ajouter un VIP, dans le panneau Liste VIP.**

   Répétez cette étape pour tous les VIP à ajouter à la liste. La Figure 12.9 montre une liste de VIP.

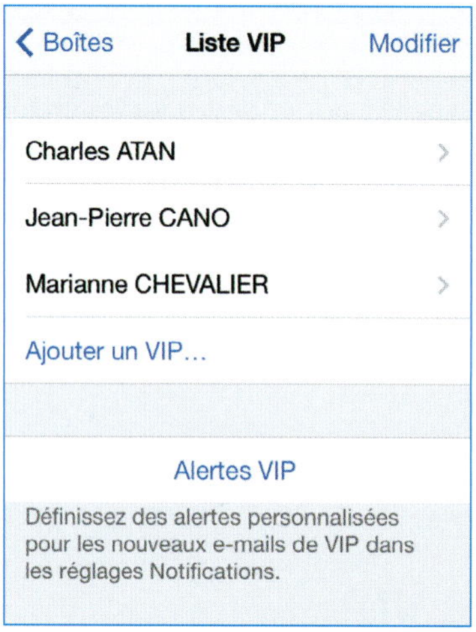

Figure 12.9 : Des contacts associés à la boîte aux lettres VIP.

Désormais, lorsqu'un courrier électronique d'un VIP est reçu, vous êtes aussitôt prévenu par une notification sur l'écran d'accueil. Une copie du message du VIP est placée dans la boîte aux lettres VIP. Dans les boîtes aux lettres, les messages des VIP sont marqués d'une étoile (12.10).

Figure 12.10 : Un courrier d'un VIP est signalé par une étoile.

Quand un courrier est supprimé dans une boîte aux lettres VIP, il l'est aussi dans la boîte de réception, et inversement.

Un VIP peut aussi être créé à partir d'un courrier reçu : ouvrez-le puis touchez le nom de l'expéditeur. Ceci crée automatiquement une fiche de contact partiellement remplie. Dans cette fiche, touchez l'option Ajouter aux VIP (cette option n'est toutefois pas proposée sur une fiche de contact déjà existante).

Trouver, lire, classer, supprimer : la gestion des messages

L'autre facette de la messagerie est la réception et la lecture du courrier. Le plus gros du travail a heureusement déjà été fait en configurant le ou les comptes de messagerie. Relever et lire le courrier, c'est vraiment du gâteau.

Vous savez que des messages non lus se trouvent dans la boîte de réception en regardant l'icône Mail, en bas de l'écran principal.

Lire les messages

Pour lire vos messages, touchez l'icône Mail, sur l'écran d'accueil. La liste des boîtes aux lettres apparaît. À droite de chacune d'elles, un chiffre indique le nombre de messages non lus.

Si plusieurs comptes ont été configurés, vous devrez toucher le compte approprié, dans le panneau Boîtes (boîte aux lettres).

Pour accéder à la liste des messages non lus, touchez Réception, dans la liste des boîtes aux lettres, puis touchez le message que vous désirez lire. Quand un message est affiché, les boutons de gestion apparaissent dans la barre de navigation, tout en bas.

Gérer les messages

Quand un message est ouvert, vous pouvez effectuer les opérations suivantes :

- Passer au message suivant en touchant le bouton fléché pointé vers le bas, en haut à droite de l'écran.
- Passer au message précédent en touchant le bouton fléché pointé vers le haut, en haut à droite de l'écran.
- Vérifier si du courrier est arrivé en touchant le bouton Relever, en bas à gauche, ou en tirant la liste de messages vers le bas.
- Déplacer le message courant dans un autre dossier en touchant le bouton Classer le message. Dans la liste des dossiers, touchez celui dans lequel vous désirez placer le message.
- Supprimer le message en touchant l'icône en forme de poubelle, en bas au milieu.
- Répondre ou transférer le message en touchant le bouton Répondre/Répondre à tous/Transférer.
- Créer un nouveau message en touchant le bouton en bas à droite.

Il existe plusieurs moyens de supprimer un message sans même l'ouvrir :

- Effleurez-le vers la gauche, puis touchez Corbeille.
- Touchez le bouton Modifier, en haut à droite, puis touchez le cercle rouge à barre blanche du message à éliminer. Cette action place une coche blanche dans le cercle rouge et met le bouton Supprimer en rouge. Touchez-le pour supprimer tous les messages cochés.

Des messages peuvent être déplacés ou supprimés par lot. Touchez le bouton Modifier, puis le cercle à gauche de chaque message à supprimer comme le montre la Figure 12.11. Touchez le bouton Déplacer ou Corbeille, en bas de l'écran. Si vous avez choisi de déplacer la sélection, touchez le dossier de destination.

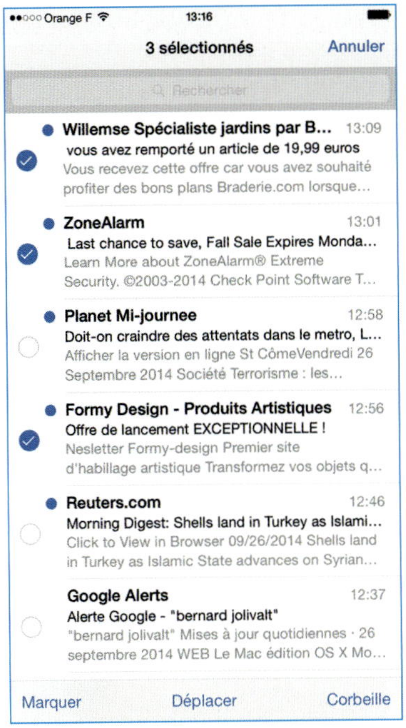

Figure 12.11 : Les messages marqués d'une pastille bleue peuvent être envoyés dans la corbeille ou supprimés.

Rechercher dans le courrier

L'application Mail est dotée d'un champ Recherche. Faites défiler la liste des messages afin de commencer par tout en haut. Saisissez ensuite un terme qui servira de critère de recherche. Tous les messages correspondants seront affichés. Toucher le champ de recherche affiche des onglets permettant de limiter la recherche aux champs De, À ou Objet. Il est cependant dommage qu'il soit impossible de lancer une recherche sur un mot se trouvant dans le corps du message.

Une recherche dans des messages peut aussi être effectuée en effleurant l'écran d'accueil du milieu vers le bas afin d'accéder à la fonction Spotlight. Saisissez le critère de recherche, tapez la touche Rechercher. Consultez ensuite les résultats dans la rubrique E-mail.

Les comptes de messagerie Exchange, iCloud et certains comptes IMAP permettent de rechercher des messages stockés hors de l'iPhone, sur le serveur. Si vous bénéficiez de cette possibilité, touchez le bouton Rechercher sur un serveur.

MES COURRIERS DISPARAISSENT !

De temps en temps, tous vos courriers disparaissent de l'iPhone. Par quel mystère ?

Comme nous l'avons déjà mentionné, l'application Mail efface les messages au bout d'une semaine, pour modifier ce délai ou ne jamais effacer les messages, touchez Réglages > Comptes et mots de passe. Touchez votre nom de compte, touchez Compte, puis touchez Avancé. Dans la rubrique Messages supprimés, touchez Effacer. Choisissez ensuite Jamais, ou après un jour, une semaine ou un mois.

Sachez aussi que si votre iPhone est synchronisé avec un ordinateur, le courrier dans l'iPhone est automatiquement effacé chaque fois que vous relevez le courrier avec l'application de messagerie de l'ordinateur.

Les pièces jointes

Les pièces jointes aux formats suivants (nom et extension) sont lisibles :

- **Acrobat Reader :** .pdf
- **Aperçu :** .pdf
- **Carte de visite virtuelle :** .vcf
- **Contact :** .vcf
- **Excel :** .xls, .xlsx
- **Images :** .jpg, .tiff, .gif
- **Keynote (iWork) :** .key
- **Numbers (iWork) :** .numbers
- **Pages Web :** .htm, .html
- **Pages (iWork) :** .pages
- **PowerPoint :** .ppt, .pptx
- **Texte enrichi :** .rtf
- **Texte brut :** .txt
- **Word :** .doc, .docx

Lorsque le format d'une pièce jointe n'est pas reconnu par l'iPhone – un fichier Photoshop `.psd` par exemple –, le nom du fichier est visible, mais il est impossible de l'ouvrir dans votre iPhone.

Voici comment lire une pièce jointe :

1. **Ouvrez le message contenant la pièce jointe.**
2. **Touchez la pièce jointe (comme elle est en bas du message, vous devrez sans doute le faire défiler).**

   La pièce jointe téléchargée avec le message s'ouvre aussitôt, comme le montre la Figure 12.12.

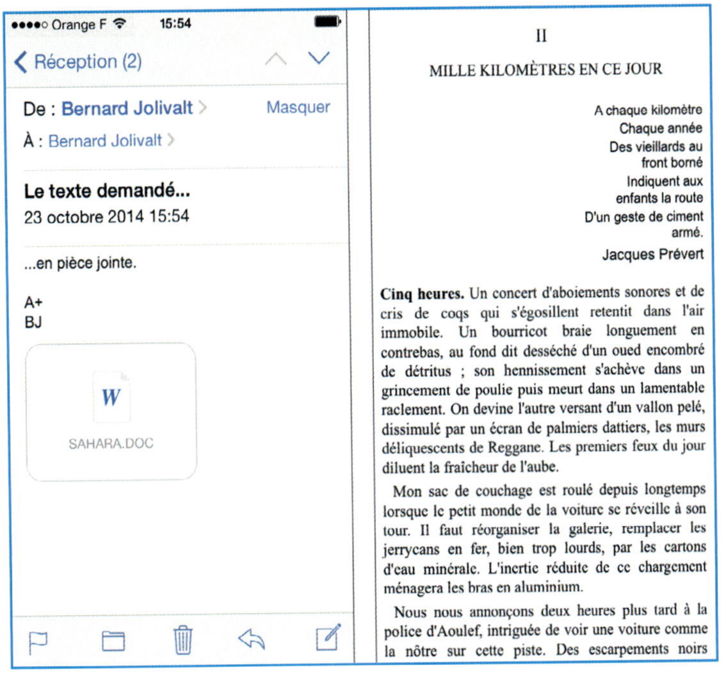

Figure 12.12 : À gauche, une pièce jointe au format Word. À droite, la lecture du fichier Word (un texte de plus de 40 pages).

3. **Lisez la pièce jointe.**
4. **Touchez le bouton Message, en haut à gauche, pour revenir au texte du message.**

D'autres fonctionnalités de la messagerie

D'autres actions peuvent être effectuées concernant les messages reçus :

» Pour voir tous les destinataires d'un message, touchez le mot Détails, affiché en bleu à droite du nom de l'expéditeur.

Quand le mot Détails a été touché et que tous les destinataires sont affichés, il est remplacé par le mot Masqué. Touchez-le pour masquer tous les noms sauf celui de l'expéditeur.

- Pour ajouter le nom d'un expéditeur ou d'un destinataire à votre carnet d'adresses, touchez le nom puis, dans l'écran qui apparaît, touchez Créer un nouveau contact ou Ajouter à un contact existant.
- Pour zoomer, double-touchez l'emplacement à grossir. Recommencez pour zoomer en arrière.

  Pour plus de précision en zoomant, touchez en pinçant ou en écartant les doigts.
- Pour marquer un message comme non lu, touchez les mots Signaler comme non lu. Ils apparaissent en haut du corps du message, après avoir touché Détails. En procédant ainsi, le message est dans le même état que s'il venait d'arriver. Il est de nouveau pris en compte par le compteur de l'icône Mail, dans l'écran d'accueil, et signalé par un point bleu dans la boîte aux lettres.
- Pour suivre un lien présent dans un message, touchez-le. Un lien est classiquement souligné et affiché en bleu. Si ce lien est une adresse Internet (ou URL), Safari démarre et affiche la page Internet. Si le lien est un numéro de téléphone, l'application Téléphone démarre et propose de composer le numéro. Si le lien est une carte, l'application Plans démarre et affiche l'emplacement géographique. Et pour finir, si le lien est une adresse électronique, un message vierge préadressé est créé.

  Si le lien ouvre l'application Safari, Téléphone ou Plans, et que vous désirez retourner à vos messages, appuyez sur le bouton principal, sous l'écran, puis touchez l'icône Mail.

De nombreuses options sont accessibles en effleurant un message de la droite vers la gauche et en touchant ensuite la vignette grise Options, comme le montre la Figure 12.13. Nous avons déjà vu les options Répondre et Transférer. Voici un bref descriptif des autres options :

- **Marquer :** touchez cette option propose plusieurs choix :
  - **Marquer d'un drapeau :** signale le message par une pastille orangée. Si vous préférez qu'un véritable petit drapeau attire votre attention sur le message, touchez Réglages > Mail > Style de drapeau. Touchez ensuite l'option Forme.
  - **Marquer comme lu** ou **Marquer comme non lu :** place une pastille bleue à gauche de l'objet d'un message pour le marquer comme non lu, ou ôte la pastille si elle existe déjà. Pour ce marquage, il est plus rapide d'effleurer le message de gauche à droite puis toucher la vignette bleue Marquer comme non lu (ou lu).
  - **Placer dans Indésirables :** si vous recevez régulièrement un courrier non sollicité du même expéditeur, touchez l'option Placer dans Indésirables. Le message et tous ceux qui suivront seront placés dans un dossier Indésirables. Ce dernier est un sous-dossier accessible depuis la rubrique Comptes du panneau Boîtes.

- **M'alerter :** envoie une notification lorsque le correspondant réagit à ce courrier auquel vous avez répondu.
- **Déplacer le message :** sert à déplacer le message dans une autre boîte aux lettres.

Parmi les vignettes affichées en effleurant l'écran de la droite vers la gauche figure une option Corbeille.

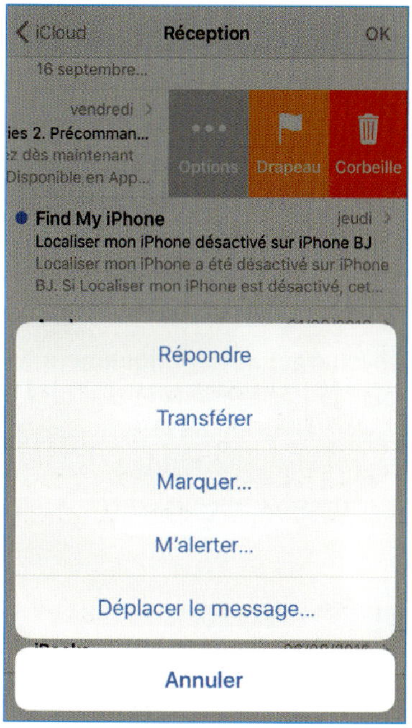

Figure 12.13 : Les options d'un courrier électronique.

Les paramètres de messages et de comptes

Notre dernière leçon sur Mail porte sur d'autres paramètres qui régissent cette fois la manière de consulter et relever le courrier, et concernent plus précisément les comptes eux-mêmes.

Relever et consulter le courrier

Sept réglages régissent la relève et la consultation du courrier. Vous les modifierez selon vos préférences :

- **Entendre une alerte sonore lors de la réception d'un nouveau message :** touchez l'icône Réglages > Sons et vibration, et activez Nouvel e-mail.
- **Définir le nombre de lignes de chaque message, dans la liste des aperçus :** touchez l'icône Réglages > Mail > Aperçu. Vous avez le choix entre Aucune ou l'affichage de 1 à 5 lignes. Plus le nombre de lignes est élevé, moins vous verrez de messages à la fois, ce qui vous obligera parfois à les faire défiler.
- **Affichage ou non des champs À et Cc dans la liste des messages :** touchez Réglages > Mail, puis désactivez l'option Vignettes À/Cc.
- **Activation ou désactivation de la confirmation de suppression** : touchez Réglages > Mail puis actionnez l'option Confirmer la suppression. Lorsque cette option est active et que vous mettez un élément dans la poubelle, vous devez ensuite toucher un bouton rouge Supprimer. Lorsque l'option est désactivée, la suppression est immédiate dès que vous avez placé un élément dans la poubelle.
- **Spécifier si l'iPhone doit télécharger automatiquement les images illustrant les messages :** touchez Réglages > Mail, puis touchez Charger les images pour activer ou désactiver cette option et ainsi autoriser ou interdire le téléchargement et l'affichage des images. Si l'option est désactivée, le téléchargement est cependant possible manuellement, au coup par coup.

Modifier les paramètres de comptes

Le dernier groupe de paramètres que nous aborderons concerne les comptes de messagerie. La plupart des utilisateurs se garderont bien d'y toucher, ce qui n'empêche pas de les mentionner brièvement. Les voici :

- **Suspendre un compte de messagerie :** touchez Réglages > Comptes et mots de passe > *Nom du compte* > puis désactivez le commutateur Mail.

  Ce réglage ne supprime pas le compte. Il désactive seulement la réception et l'envoi de courrier. Le compte est toujours présent, mais sous son nom figure la mention Désactiver. Pour réactiver le compte, touchez de nouveau le commutateur Compte.

- **Supprimer un compte de messagerie :** touchez Réglages > Comptes et mots de passe > *Nom du compte* > puis touchez le bouton rouge Supprimer le compte. Vous devrez confirmer cette action.

Les quatre derniers réglages sont quelque peu techniques et sont tous accessibles de la même manière : touchez Réglages > Comptes et mots de passe > *Nom du compte* Compte puis choisissez l'une des actions suivantes :

- **Définir le délai avant que les messages supprimés le soient définitivement :** touchez Avancé, puis Effacer, et choisissez entre Jamais, Après un jour, Après une semaine, Après un mois.
- **Faire que les brouillons, les messages envoyés et les messages supprimés soient stockés dans l'iPhone ou sur le serveur de messagerie :** touchez Avancé > Messages supprimés > Supprimer du serveur. Choisissez ensuite l'option Jamais, Sept jours ou Une fois supprimé de la boîte... Si vous choisissez de les stocker sur le serveur, vous ne pourrez plus y accéder tant que vous ne disposerez pas d'une connexion Wi-Fi ou par le réseau de téléphonie mobile. Si vous stockez les messages dans l'iPhone, ils seront accessibles que vous soyez ou non connecté à Internet.

  Nous vous recommandons vivement de ne pas modifier les deux derniers paramètres, à moins que vous le fassiez en toute connaissance de cause. Si vous rencontrez des problèmes avec la messagerie, commencez par vous renseigner auprès de votre fournisseur d'accès Internet, de votre fournisseur d'adresse de courrier électronique ou auprès du responsable informatique si votre iPhone est celui d'une grande société. Ne changez les réglages qui suivent que si cela vous est expressément demandé.
- **Reconfigurer les paramètres des serveurs de messagerie** : modifiez les champs Nom d'hôte, Nom d'utilisateur et Mot de passe du compte sélectionné.
- **SSL entrant et sortant, authentification et port du serveur :** touchez Avancé, touchez l'un de ces trois paramètres, puis procédez aux modifications requises.

Et voilà ! La configuration des comptes ainsi que la réception et l'envoi de courrier électronique n'ont plus de secrets pour vous. Enfin, presque plus...

Chapitre 13
Plans, Boussole, Bourse et Météo

DANS CE CHAPITRE :

- **Préparer un itinéraire avec Plans.**
- **Boussole, niveau et inclinaison.**
- **Suivre les cours avec Bourse.**
- **Connaître le temps qu'il fera avec Météo.**

Dans ce chapitre, nous examinerons quatre applications typiquement Internet : Plans, Boussole, Bourse et Météo. Elles affichent en effet des informations collectées pendant que vous êtes connecté à un réseau.

Le bon plan de l'iPhone

Commençons par une tâche extrêmement simple, mais ô combien utile : savoir où vous êtes. Il suffit de toucher l'application Plans puis le bouton fléché en bas à gauche.

Touchez l'icône en haut à droite de Plans pour savoir où vous vous trouvez dans le vaste monde. Lorsque la localisation est effectuée par le GPS de l'iPhone, une boule bleue indique votre emplacement sur la carte comme le montre la Figure 13.1. Si la localisation est effectuée par triangulation d'après les zones Wi-Fi et les antennes de téléphonie mobile du voisinage, un cercle indique votre emplacement approximatif. Dans les deux cas, l'iPhone procède à une mise à jour permanente de votre localisation. Quand vous vous déplacez, le marqueur reste centré.

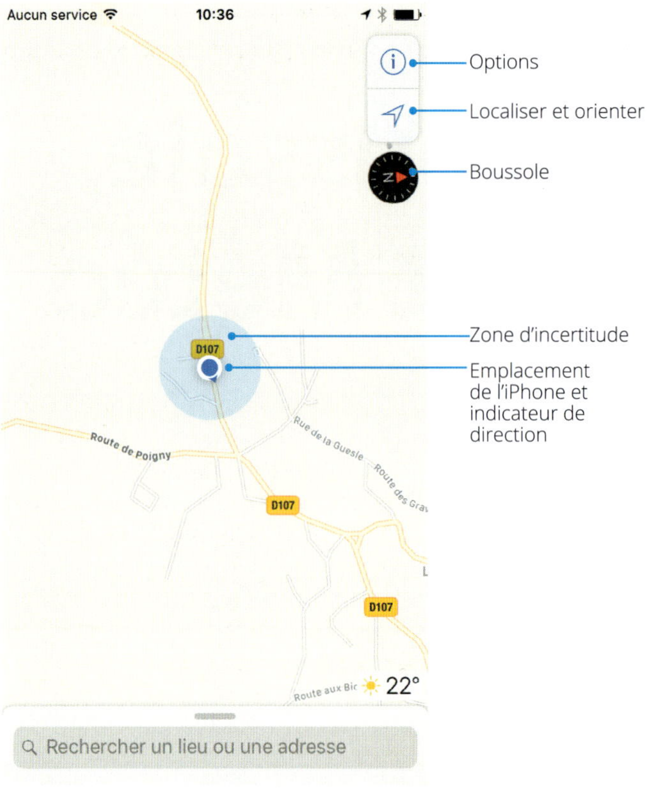

Figure 13.1 : L'application Plans vous oriente.

La boussole en haut à droite de l'écran indique l'orientation de la carte. Elle n'est visible que si la carte a été pivotée. Touchez la boussole pour réorienter la carte avec le nord vers le haut.

Le mode d'orientation automatique de la carte est extrêmement utile pour savoir dans quelle direction vous allez. Touchez deux fois la flèche en bas à gauche, jusqu'à ce qu'elle ressemble à l'icône représentée dans la marge. Dès lors, la carte pivote en même temps que vous tournez sur vous-même. Lorsque vous quittez ce mode, un petit triangle bleu, sur le pourtour de la pastille, continue d'indiquer l'orientation de l'iPhone par rapport à l'environnement.

Une échelle de distance est affichée dans le coin supérieur gauche lorsque vous zoomez dans la carte.

La flèche noire à gauche de la jauge de la batterie indique que le service de localisation de l'iPhone est actif. Elle est affichée chaque fois qu'une application utilise votre position géographique (Météo, Rappels et d'autres encore).

Si vous faites glisser la carte, l'iPhone continuera à montrer où vous êtes, mais sans recentrer l'indicateur de lieu (qui peut donc se trouver hors de l'écran).

MAIS COMMENT FAIT-ELLE ?

L'application Plans utilise le GPS de l'iPhone pour déterminer votre emplacement. S'il n'est pas utilisable, elle se basera sur une approximation effectuée par triangulation d'après les réseaux Wi-Fi et les antennes de téléphonie mobile du voisinage. La boule pulsante, qui indique que le GPS est actif, est alors remplacée par une boule centrée sur un cercle de diamètre plus ou moins étendu selon la précision obtenue.

Si vous n'utilisez pas le service de localisation, le désactiver économisera la batterie. Pour ce faire, touchez Réglages > Confidentialité > Service de localisation, et touchez le commutateur Service de localisation.

Ne vous souciez pas de savoir si le service de localisation sera actif lorsque vous en aurez besoin. Si ce n'est pas le cas, l'iPhone vous proposera de l'activer. Enfin, sachez que le service de localisation n'est pas accessible partout à tous moments.

Tout localiser sur Plans

Pour trouver un commerce dans les environs, touchez le champ Rechercher un lieu ou une adresse, en bas du plan. Un panneau est aussitôt affiché. Il contient cinq icônes :

- **Restaurants et bars :** touchez l'icône pour obtenir une liste d'établissements établie par TripAdvisor. Des icônes Restaurants, Cafés et Bars permettent d'affiner le choix (Figure 13.2). Touchez une adresse pour accéder aux informations (téléphone, adresse, itinéraire, avis des clients). Touchez le numéro de téléphone pour réserver.
- **Shopping :** cette option contient des icônes Centre commerciaux, Mode et Supermarchés. Le choix d'un établissement s'effectue selon le même principe que les restaurants et bars.
- **Loisirs :** contient des icônes Parcs et jeux, Cinéma et Vie nocturne.
- **Voyager :** contient les icônes Monuments, Hôtels et Stations-service.

Si vous cherchez un médecin, par exemple, saisissez **Médecin** dans le champ Rechercher un lieu ou une adresse. Un panneau contenant une liste de médecins est affiché. Pour obtenir les adresses des cabinets les plus proches, touchez la première occurrence, nommée À proximité.

Figure 13.2 : Une recherche de restaurants.

Pour mémoriser une adresse affichée dans la liste, faites défiler le panneau jusqu'en bas puis touchez l'option Ajouter aux favoris. Par la suite, quand vous touchez le champ Rechercher un lieu ou une adresse, touchez l'icône Favoris pour retrouver cette adresse.

Une recherche peut être effectuée par lieu, code postal, intersections, agglomérations, etc.

Une autre manière de procéder consiste à toucher l'écran jusqu'à ce qu'un repère se place à cet endroit. Effectuez ensuite une recherche ; les résultats seront localisés autour du repère.

Affichages, zoom et défilement

Commençons par les différents affichages. Ils sont au nombre de trois. Pour y accéder, touchez l'icône d'information en haut à droite de l'écran afin d'accéder au menu de la Figure 13.3. Touchez ensuite le type de vue désiré. Voici les affichages proposés :

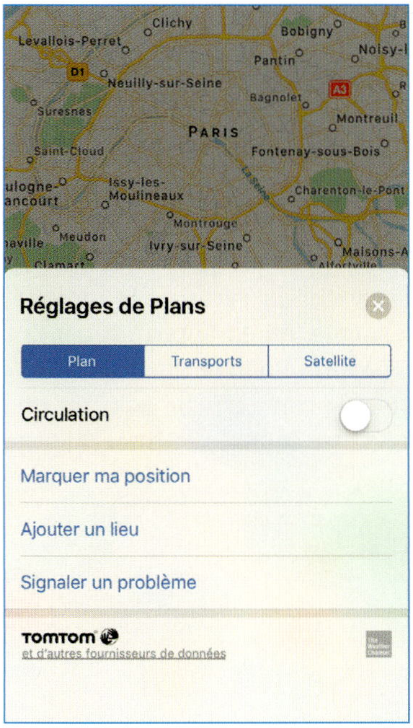

Figure 13.3 : Les commandes de l'application Plans.

- **Plan :** affiche une carte avec les noms des voies, ainsi que les emplacements de nombreux services et commerces.
- **Transports :** affiche, en France, le réseau ferré local autour de Paris (métro, RER et Transilien). Toucher une gare affiche les prochains départs, et éventuels changements ou perturbations. Dans d'autres pays, le réseau représenté est beaucoup plus vaste.
- **Satellite :** affiche une photo satellitaire avec le nom des voies, ainsi que les commerces et services. Ces informations peuvent être masquées en touchant, dans le panneau, l'option Masquer les étiquettes.

En vue Plan, Transport ou Satellite, la vue est réglable de la manière suivante, avec vos doigts, c'est-à-dire d'une façon 100 % digitale :

- **Déplacer la carte ou la photo satellitaire :** tirez-la du bout du doigt. Elle peut être déplacée dans n'importe quelle direction, même en travers.
- **Agrandir la carte** : placez deux doigts sur l'écran puis écartez-les. Ou alors, double-touchez d'un seul doigt.
- **Pivoter la carte :** placez deux doigts sur l'écran puis faites-les tourner.
- **Réduire la carte :** placez deux doigts sur l'écran puis rapprochez-les. Ou double-touchez avec les deux doigts en même temps.

Le pincement ou l'écartement des doigts peut aussi se faire avec un doigt de chaque main. (NdT : Et même avec un doigt et un orteil. J'ai essayé, ça marche : l'iPhone, c'est vraiment le pied !)

Plans et contacts

Lorsqu'une épingle a été placée sur la carte pour indiquer un emplacement trouvé avec la fonction de recherche, ou en appuyant continûment sur la carte, une vignette indique la durée approximative du trajet en voiture pour vous y rendre. Touchez cette vignette et la carte affiche aussitôt un ou plusieurs itinéraires. Touchez-en un pour connaître la durée estimée du trajet et le kilométrage. (Figure 13.4)

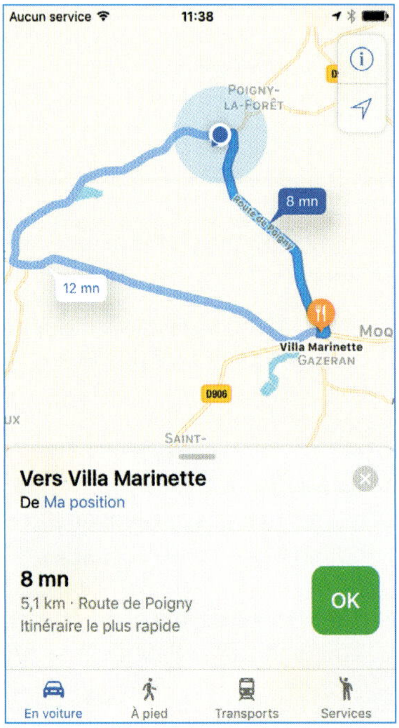

Figure 13.4 : L'application Plans vient de calculer l'itinéraire vers un restaurant.

Cliquez ensuite sur le bouton OK pour démarrer le guidage par GPS jusqu'à la destination (Figure 13.5).

Figure 13.5 : Le GPS vous amènera à destination.

Survoler un lieu

Dans l'application Plans, le mode Flyover permet de survoler des villes comme si vous étiez à bord d'un hélicoptère. Pour vérifier si ce mode est disponible, affichez le mode Plan zoomez large de manière à avoir une vue de l'ensemble de la région. Si une pastille marquée 3D se trouve au centre d'une ville, cela signifie qu'elle a été modélisée en mode Flyover.

Pour visiter la ville en mode Flyover, zoomez dans la vue jusqu'au ras des immeubles. (Figure 13.6). Basculez ensuite la vue en effleurant vers le haut avec deux doigts. Effleurez horizontalement avec un doigt pour déplacer le point de vue. Effleurez avec deux doigts pour pivoter le point de vue.

Pour effectuer une visite guidée au cours de laquelle vous n'avez rien d'autre à faire qu'à regarder le paysage, affichez le mode Plan puis touchez la pastille marquée 3D. Une option Tour Flyover apparaît. Touchez-la pour commencer le survol. Le nom des principaux monuments est mentionné au cours de la visite.

Figure 13.6 : Le Centre Beaubourg à Paris, en mode Flyover.

Tracer un itinéraire

Un itinéraire est facile à tracer depuis le lieu où se trouve l'iPhone jusqu'à une adresse ou un repère placé sur le plan en appuyant continûment dessus. Mais comment faire pour obtenir un itinéraire entre deux lieux distants ?

Supposons que vous désirez aller à pied depuis le parc Montsouris, à Paris, jusqu'à la Bibliothèque Nationale de France. Dans le champ Rechercher un lieu ou une adresse, saisissez l'adresse du lieu de départ (Parc Montsouris, par exemple), puis touchez le bouton Itinéraire, il n'est visible que si l'iPhone est tenu à la verticale). L'itinéraire est calculé depuis la position de l'iPhone. Sous l'adresse de départ, touchez Ma position.

Le panneau Changer d'itinéraire apparaît. Pour le moment, l'itinéraire est à l'envers, mais nous le rétablirons dans le bon sens. Dans le champ À, saisissez le lieu d'arrivée, la Bibliothèque Nationale de France pour notre exemple (Figure 13.7).

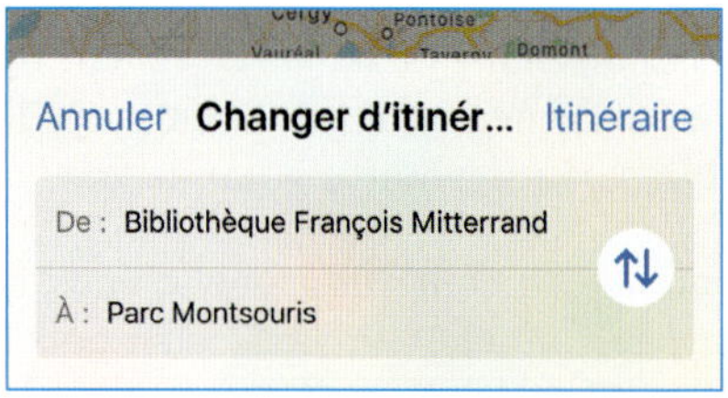

Figure 13.7 : Définissez un itinéraire entre deux lieux autre que celui où vous trouvez.

L'application calcule l'itinéraire en automobile. En bas de l'écran, touchez l'icône À pieds. L'application recalcule l'itinéraire sans tenir compte des sens interdits, des passerelles ou des voies et zones interdites aux voitures et démarre le GPS (Figure 13.8). Effleurez horizontalement la partie supérieure de l'écran pour parcourir les segments du trajet.

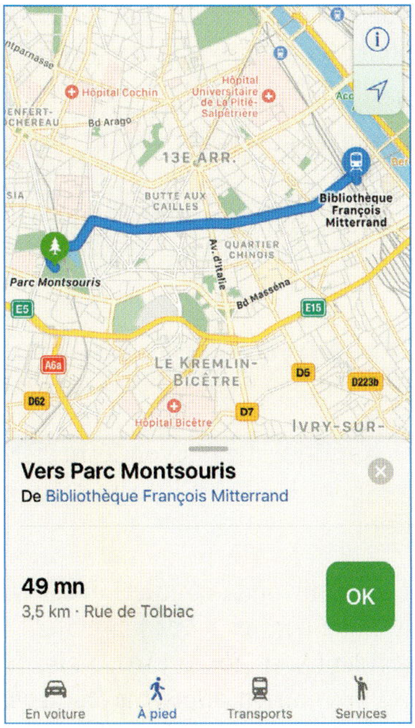

Figure 13.8 : Le GPS vous guide tout au long de l'itinéraire piétonnier.

Touchez l'option Vers [votre destination] pour accéder à la feuille de route (Figure 13.9).

Figure 13.9 : La feuille de route d'un itinéraire.

Si Plans est en mode GPS, touchez le bouton Itinéraire, en haut à droite de l'écran, puis touchez le bouton OK pour commencer la navigation guidée.

Si des encombrements sont signalés sur la route (travaux, bouchons…), Plans vous orientera vers un itinéraire plus favorable.

Pour quitter la feuille de route et retourner au plan, touchez l'écran puis touchez Fin, en haut à droite.

Obtenir l'état du trafic en temps réel

Des informations concernant l'état du trafic peuvent être affichées sur les cartes auxquelles vous accédez en touchant l'icône d'information, en haut à droite de l'écran, puis le bouton Circulation.

Des traits rouges signalent les endroits où la circulation est difficile, et des traits orange signalent une circulation dense. Des icônes signalent également les travaux, véhicules en panne ou accidentés (Figure 13.10), ou les fermetures de voies. Touchez-en une pour accéder à des informations supplémentaires.

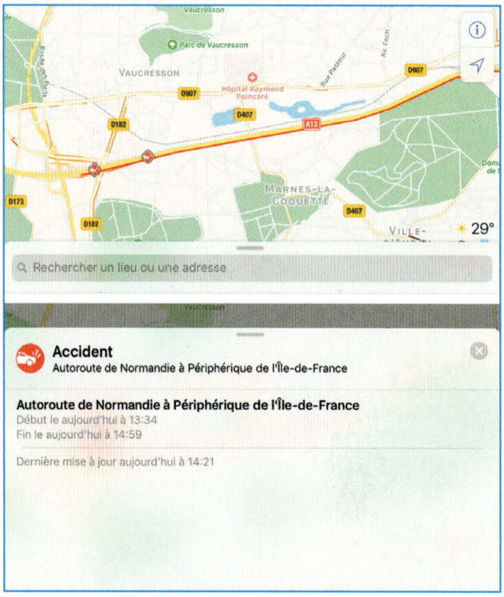

Figure 13.10 : Le trafic dense sur l'autoroute de Normandie, est compliqué par deux accidents. En bas, les informations sur l'un des accidents.

Les informations concernant le trafic ne sont pas disponibles partout. Le seul moyen de connaître les zones couvertes est d'essayer.

Indiquer où vous êtes

Vous voulez faire savoir à quelqu'un où vous vous trouvez actuellement ? Rien de plus simple. Appuyez fermement sur l'icône Plans, sur l'écran d'accueil. Dans le menu qui apparaît, touchez l'option Envoyer ma position.

Dans le panneau Envoyer position de [prénom, nom], touchez l'icône Message ou Envoyer par mail. Un message illustré d'un plan ou un lien sera envoyé. Choisissez le ou les destinataires, ajoutez un petit mot, puis envoyez le message ou le courrier électronique.

Boussole, niveau à bulle et inclinomètre

Pour accéder à la boussole, effleurez l'écran d'accueil vers la gauche puis, dans l'écran supplémentaire, touchez le dossier Autres. Touchez ensuite Boussole pour afficher sur l'iPhone la belle boussole que montre la Figure 13.11. Elle exploite les données GPS de l'iPhone et montre la direction vers laquelle pointe l'axe médian le plus long (en clair, la direction dans laquelle vous pointez le haut de votre iPhone).

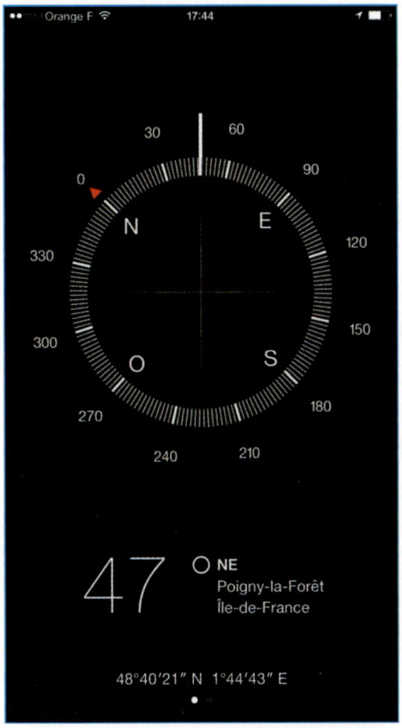

Figure 13.11 : La boussole de l'iPhone.

Pour que l'orientation soit fiable, l'iPhone doit être parfaitement à plat. Pour vous en assurer, veillez à ce que le petit réticule soit exactement superposé sur le grand réticule, comme le montre la Figure 13.12.

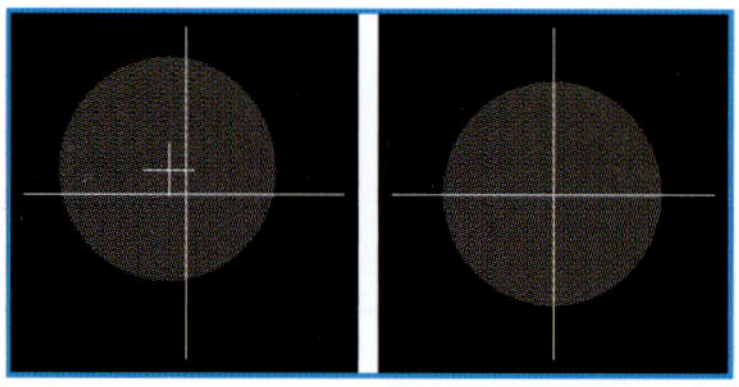

Figure 13.12 : À gauche, l'iPhone n'est pas à plat. À droite, les deux réticules sont superposés.

La boussole indique le cap, le lieu où vous vous trouvez ainsi que sa longitude et la latitude. Par défaut, le repère rouge indique le nord magnétique. Mais si vous préférez qu'il pointe vers le nord géographique, affichez l'écran d'accueil, touchez Réglages > Boussole. Activez ensuite le commutateur Utiliser le nord géographique.

L'application Boussole contient deux outils qui intéresseront les randonneurs, mais aussi les bricoleurs. L'un est un niveau à bulle, l'autre un inclinomètre.

Le niveau à bulle

Pour accéder au niveau à bulle, effleurez l'application Boussole de la droite vers la gauche. Vous accédez ainsi à l'interface extrêmement simple que montre la Figure 13.13.

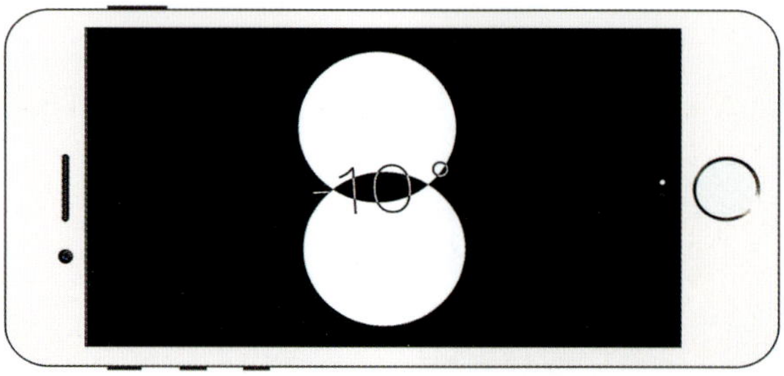

Figure 13.13 : L'iPhone contient un niveau à bulle.

Lorsque l'iPhone est parfaitement à plat, les deux cercles sont superposés. Le principe est le même que celui des deux réticules de la boussole. Lorsque l'iPhone penche d'un côté, les cercles se décalent et la valeur de l'inclinaison est affichée.

L'inclinomètre

Pour utiliser l'inclinomètre, effleurez l'application Boussole de la droite vers la gauche puis placez l'iPhone sur la tranche. Une droite matérialise la position horizontale.

Figure 13.14 : L'iPhone est capable de mesurer une inclinaison.

L'inclinaison est révélée en degrés sur deux axes : en roulis et en tangage. La valeur est positive lorsque l'iPhone est incliné vers le côté droit, négative lorsqu'il est incliné vers le côté gauche. L'iPhone est tenu droit lorsque l'horizon est une diagonale. S'il ne va pas d'un coin à un autre, cela signifie que l'iPhone penche en avant ou en arrière (tangage).

Lorsque vous mesurez une inclinaison, tenez compte des boutons, sur les côtés de l'iPhone, dont la saillie peut fausser la mesure.

Suivre les cours de la Bourse

L'application Bourse est une autre fonctionnalité Internet. Chaque fois que vous la démarrez en touchant son icône sur l'écran d'accueil, elle affiche les dernières cotations (Figure 13.15). Touchez l'une des étiquettes vertes ou rouges pour lire les capitalisations. Touchez-la de nouveau pour obtenir les fluctuations en pourcentage. Sachez cependant que :

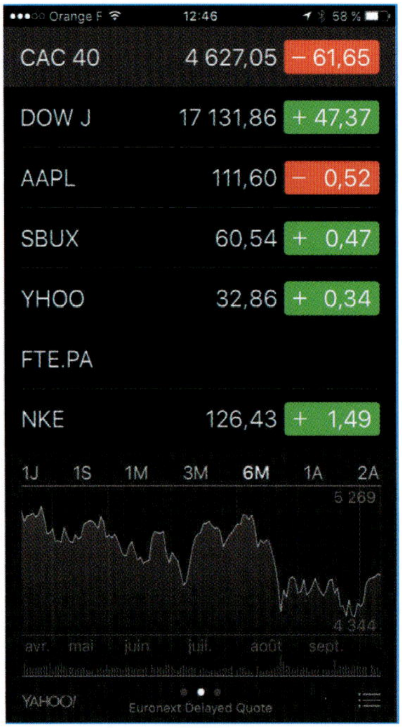

Figure 13.15 : Tenez-vous au courant des fluctuations boursières.

- » Certains cours sont en temps réel, d'autres peuvent être décalés de 20 minutes.
- » Les cours ne sont mis à jour que si l'iPhone est connecté à Internet.

Voici comment ajouter un titre boursier, un fond ou un indice :

1. **Touchez le bouton en bas à droite de l'écran.**
2. **Dans l'écran Bourse, touchez le signe [+], en haut à gauche.**
3. **Saisissez un titre (symbole, nom de société, indice ou fond).**
4. **Tapez la touche Rechercher.**

   L'application Bourse recherche la ou les sociétés correspondant au critère.
5. **Touchez le titre à ajouter.**
6. **Répétez les Étapes 4 et 5 jusqu'à ce que vous ayez ajouté tous les symboles, fonds ou indices à suivre.**
7. **Touchez Terminer, en haut à droite.**

Voici maintenant comment supprimer un titre :

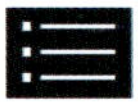

1. **Touchez le bouton en bas à droite de l'écran.**

2. **Touchez le bouton rouge à barre blanche à gauche du titre à supprimer.**
3. **Touchez le bouton rouge Supprimer qui apparaît à droite du titre.**
4. **Répétez les Étapes 2 et 3 jusqu'à ce que tous les titres à effacer aient été supprimés.**
5. **Touchez le bouton OK.**

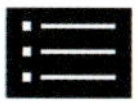

Pour modifier l'ordre de la liste, touchez le bouton *i* puis déplacez le titre en le tirant par l'icône à trois barres horizontales.

Quelques précisions

Touchez les indicateurs de cours, à gauche, pour cycler entre l'affichage des points, des pourcentages et des valeurs.

Pour obtenir des précisions concernant un élément, touchez son nom pour le sélectionner et l'écran proposera des informations complémentaires. Remarquez les trois points sous le graphique. Chacun donne accès à l'un des trois panneaux d'informations que montre la Figure 13.16. Pour passer de l'un à l'autre, effleurez l'écran vers la droite ou vers la gauche (notez que seul le graphique peut être consulté en mode Paysage).

Figure 13.16 : Les trois écrans boursiers.

Pour voir d'autres informations boursières sur Yahoo.com, touchez d'abord le nom du titre afin de le sélectionner, puis touchez le bouton Y! en bas à gauche.

Obtenir le graphique d'un cours

Dans le graphique affiché en mode Paysage, la rangée supérieure porte les mentions `1j`, `1s`, `1m`, `3m`, `6m`, `1a` et `2a`. Les lettres sont les initiales de jour, semaine, mois et années. Touchez l'une de ces mentions et le graphique affiche la période sélectionnée.

C'est bien, mais l'iPhone fait encore mieux : pivotez l'iPhone à 90 degrés, en largeur, et le graphique apparaît en plein écran, avec en plus le graphique pour les cinq et dix dernières années. Vous pouvez à présent :

- Toucher continûment le graphique pour connaître la valeur à ce moment-là.
- Toucher le graphique avec deux doigts puis les écarter pour obtenir la variation entre ces deux jours.
- Effleurer vers la droite ou vers la gauche pour afficher le graphique d'un autre titre.

Il est possible d'afficher les valeurs en pourcentage, en touchant une des valeurs en regard de chaque icône. La toucher une seconde fois réaffiche les valeurs monétaires.

Vous pouvez aussi toucher le bouton d'information *i* en bas à droite de l'écran initial des valeurs boursières. Touchez ensuite le bouton %, Prix ou Cap. bours. Les valeurs sont alors affichées selon votre choix. Touchez le bouton Terminé, en haut à droite.

Les tendances boursières sont également affichées sur le Centre de notification, ce volet qui recouvre l'écran en tirant de haut en bas du bout du doigt quel que soit l'écran ou l'application affichée.

Connaître la météo

L'application Météo affiche les prévisions météorologiques pour la ou les villes de votre choix. Par défaut, elles portent sur six jours, comme le montre la Figure 13.17.

Lorsqu'une prévision d'une ville est sur fond bleu, cela signifie qu'il fait jour là-bas (entre 6 et 18 heures). Si elle est sur fond sombre, il y fait nuit (entre 18 et 6 heures). Petit détail sympa : les nuages sont animés selon la force du vent.

Pour ajouter une ville, touchez le bouton en bas à droite. Touchez le signe [+] en haut à gauche, puis tapez le nom d'une ville ou son code postal. Tapez la touche Rechercher, en bas à droite. Touchez le nom de la ville qui a été trouvé. Vous pouvez ajouter de cette manière autant de lieux que vous le désirez.

Touchez les grands chiffres de la température pour accéder à des informations supplémentaires : l'hygrométrie, le risque de pluie, la vitesse du vent et la température ressentie.

Effleurez le ruban central de l'écran pour parcourir les heures du jour et obtenir ainsi des prévisions détaillées pour toute la journée.

Figure 13.17 : La grenouille de l'iPhone prévoit une dégradation du temps.

Si plusieurs villes ont été définies dans l'application Météo, vous pouvez passer de l'une à l'autre en effleurant l'écran de droite à gauche puis inversement, ou en touchant l'un des points blancs, en bas de l'écran.

Touchez le logo Yahoo!, en bas à gauche de l'écran, pour obtenir des informations touristiques et commerciales sur le lieu.

Pour supprimer un lieu, touchez le bouton en bas à droite. Touchez le cercle rouge à barre blanche, à gauche d'un nom de ville, puis touchez le bouton Supprimer qui apparaît à droite. Le panneau permet aussi de choisir entre l'affichage en degrés Fahrenheit ou Celsius.

La météo du moment

Pour connaître l'état du ciel, la température actuelle ainsi que le minima et le maxima, appuyez fermement sur l'icône Météo, sur l'écran. Ces informations apparaissent aussitôt.

À partir de ce panneau, vous pouvez aussi accéder à la météo de vos lieux favoris.

5

L'iPhone secret

- Ce modèle possède une fonction particulièrement utile : un simulateur de friture sur la ligne pour écourter une conversation qui s'éternise.

- Cette partie révèle ce qu'il y a sous le capot de l'iPhone et comment le configurer à votre convenance. Vous découvrirez aussi comment mater un iPhone récalcitrant.

- Vous découvrirez au Chapitre 14 tous les réglages qui n'ont pas été abordés en profondeur jusqu'ici. L'iPhone contient en effet des dizaines de préférences et de réglages permettant de le personnaliser.

- Au Chapitre 15, vous ferez quelques emplettes dans l'App Store de l'iPhone, un bazar dans lequel vous dénicherez plein de petits programmes sympas et d'applications utiles. Et surtout, contrairement aux vraies boutiques, beaucoup d'articles sont gratuits.

- L'iPhone est une brave bête, sauf quand il commence à faire des siennes. Et là, il devient vraiment horrible, baveux, teigneux, l'écran injecté de sang. Il ne vous restera alors plus qu'à vous réfugier au Chapitre 16 où vous trouverez de judicieux conseils pour dépanner ce merveilleux appareil, notamment des instructions étape par étape ainsi qu'une foule d'astuces et de techniques que vous pourrez mettre en œuvre lorsque rien ne va plus. Vous n'aurez peut-être jamais à les utiliser, et c'est ce que nous vous souhaitons.

Chapitre 14

Les réglages, c'est réglé

DANS CE CHAPITRE :

- **Planer avec le mode Avion.**
- **Préparer les réseaux.**
- **Lire les statistiques.**
- **Bruitage et luminosité.**
- **Les options de téléphonie.**
- **Retrouver un iPhone égaré.**

Vous adorez personnaliser et configurer ? Vous êtes du genre à n'aimer que ce qui vous ressemble ? Vous allez être servi.

Tout au long de cet ouvrage, nous avons souvent eu recours à l'application Réglages pour choisir une sonnerie, modifier l'image de fond ou choisir un autre moteur de recherche. Nous avons aussi fait une incursion dans les paramètres de sécurité de Safari et personnalisé l'application Mail à notre goût, entre autres.

Les options de l'application Réglages sont un peu comme les Préférences Système de Mac OS ou le Panneau de configuration de Windows.

Comme nous avons déjà couvert certains réglages par ailleurs, nous n'y reviendrons plus ici. Mais il en reste largement assez à découvrir pour personnaliser votre iPhone.

Réglages de haut vol

Toucher l'icône Réglages affiche la liste défilante de la Figure 14.1. L'option Mode Avion se trouve tout en haut (normal, elle plane au-dessus des autres...) et un chevron (>) tenant lieu de flèche se trouve à droite de chaque option. Il indique que des options supplémentaires sont disponibles. Vous aurez maintes fois l'occasion de toucher des chevrons dans ce chapitre.

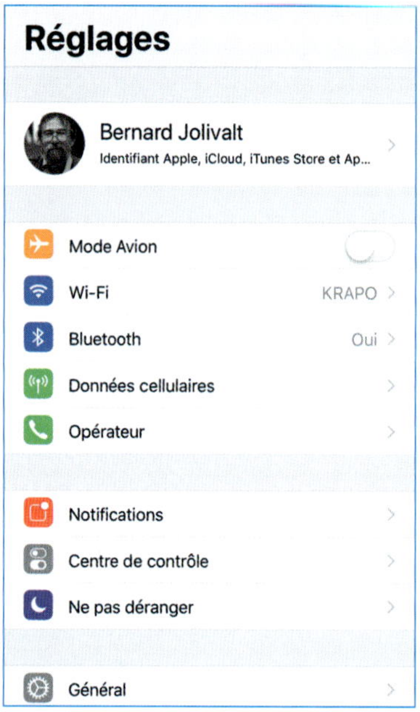

Figure 14.1 : Une partie du panneau des réglages de l'iPhone.

Vous trouverez tout en bas de la liste Réglages les paramètres appartenant aux diverses applications que vous avez téléchargées et installées dans votre iPhone.

Options d'utilisateur

Elles se trouvent en tête des autres réglages. Si vous avez choisi une photo vous représentant dans votre fiche de contact, comme expliqué au Chapitre 4, votre portrait est affiché.

Touchez les options d'utilisateur donne accès à des fonctionnalités iCloud. L'option Mot de passe et sécurité permet de changer le mot de passe Apple permettant entre autres de faire des achats sur l'App Store. C'est là aussi que vous pouvez définir une adresse de messagerie de secours, si jamais l'adresse principale était inutilisable.

Mode Avion

L'usage du téléphone mobile est strictement interdit à bord d'un avion. Mais, une fois qu'il a atteint son altitude de croisière, rien n'interdit d'utiliser l'iPhone pour écouter de la musique, regarder des vidéos ou des photos. Du moins une fois que l'appareil a atteint son altitude de croisière.

Comment profiter des avantages de l'iPod intégré à l'iPhone tout en désactivant temporairement les fonctions de téléphonie, d'Internet et de courrier électronique ? Grâce au mode Avion.

Pour cela, il suffit de toucher l'option Mode Avion, dans l'écran Réglages, afin que le commutateur devienne vert (voir Figure 14.2).

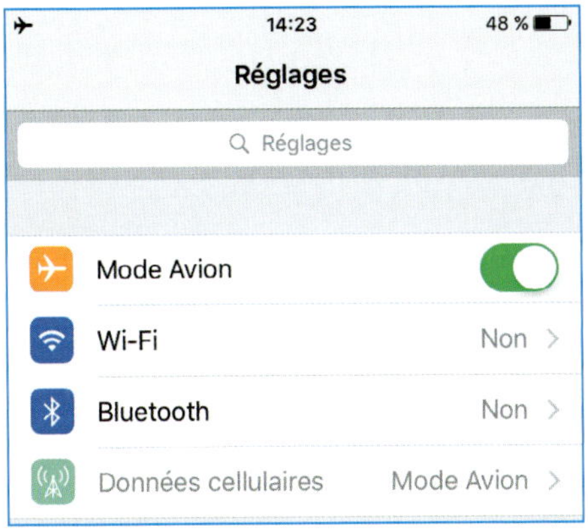

Figure 14.2 : Silence radio grâce au mode Avion. Le Wi-Fi est désactivé et plus bas dans le menu, le téléphone (réseau cellulaire) est également désactivé. Remarquez l'icône du mode Avion en haut à gauche dans la barre d'état.

Cette action désactive toutes les activités hertziennes de l'iPhone : le Wi-Fi, la 4G, la 3G, EDGE et Bluetooth. En mode Avion, il n'est plus possible de recevoir ou d'envoyer des appels téléphoniques, de surfer sur l'Internet ou d'effectuer quoi que ce soit exigeant une connexion à Internet. L'avantage est que la batterie ne s'en portera que mieux, et qu'elle bénéficiera ainsi d'une plus longue autonomie, notamment lors d'un vol long-courrier aux antipodes.

Une petite icône en forme d'avion, en haut à gauche dans la barre d'état, rappelle en permanence que le mode Avion est actif. N'oubliez pas de le désactiver lorsque vous serez de retour sur le plancher des vaches.

Sur les compagnies aériennes qui offrent le Wi-Fi, il est possible d'activer le mode Avion tout en utilisant néanmoins le Wi-Fi.

Wi-Fi

Touchez l'option Wi-Fi et tous les réseaux à portée sont affichés, comme le montre la Figure 14.3.

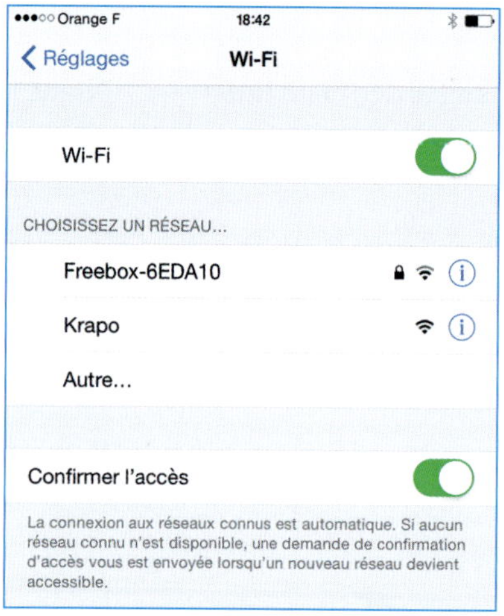

Figure 14.3 : Les réglages du Wi-Fi.

L'indicateur de force du signal (l'icône constituée de plusieurs arcs) peut vous aider à sélectionner le réseau dont le signal est le plus puissant, si vous avez le choix. Touchez le nom du réseau auquel vous désirez vous connecter. Si un réseau est protégé – et donc son accès interdit –, une icône en forme de cadenas est affichée.

L'option Confirmer l'accès peut être activée ou désactivée. L'iPhone se connecte spontanément aux réseaux qu'il connaît déjà. Lorsque cette fonctionnalité est active, l'iPhone vous demande confirmation chaque fois qu'il s'apprête à se connecter à un nouveau réseau. Si elle est désactivée, vous devrez sélectionner manuellement le réseau.

Si vous ne voulez plus que l'iPhone puisse se connecter automatiquement à un réseau qu'il a mémorisé, touchez le nom de ce réseau, puis touchez Oublier ce réseau.

Dans certains cas, vous devrez fournir des informations très techniques concernant le réseau auquel vous désirez vous connecter. Vous serez alors confronté à une tripotée de termes abscons comme DHCP, BootIP, Statique, Adresse IP, Masque de sous-réseau, Routeur, DNS, Domaine de recherche, Identifiant client, HTTP Proxy et bien d'autres. Nombre de ces termes ne vous disent peut-être rien et c'est tout aussi bien ; la plupart d'entre nous n'ont pas besoin de connaître toutes ces subtilités. Si ces paramètres doivent être configurés, un administrateur de réseau ou un ami féru d'informatique vous aidera.

Vous voudrez parfois vous connecter à un réseau verrouillé qui se trouve à portée, mais qui de ce fait ne figure pas dans la liste Wi-Fi. Dans ce cas, touchez l'option Autre puis saisissez le nom du réseau. Touchez ensuite l'option Sécurité et sélectionnez le type de cryptage utilisé par le réseau : WEP, WPA ou WPA2. Là encore, c'est du jargon technique, et vous devrez peut-être vous faire aider.

Si aucun réseau Wi-Fi n'est accessible, vous devrez utiliser le réseau EDGE ou 3G. Si aucun de ces réseaux n'est accessible – ce qui serait bien étonnant à moins d'appeler depuis le tréfonds des Catacombes –, l'iPhone ne pourra pas se connecter à Internet.

Régler l'iPhone

Les prochains réglages concernent entre autres l'apparence de l'iPhone et ses sons.

Ne pas déranger

Quand il est actif, le commutateur Ne pas déranger rend l'iPhone plus discret. La sonnerie du téléphone et le son des notifications sont désactivés. Les appels sont détournés vers la messagerie vocale.

La fonction Ne pas déranger est pratique dans une salle de spectacle ou quand vous effectuez une présentation devant un auditoire, mais ne vous y fiez pas trop, car les alarmes configurées dans l'application Horloge continuent de retentir. Pour se faire remarquer, on ne fait guère mieux que le son Marimba au moment où il est le plus malvenu (pendant les chœurs antiques, ou en plein conseil d'administration).

Pour accéder à la fonction Ne pas déranger, touchez Réglages > Ne pas déranger. Chacune des options est commentée.

Le Centre de notifications

Le Centre de notifications a été décrit au Chapitre 2. En effleurant l'écran du bord supérieur vers le bas, un volet virtuel occulte l'écran habituel et fournit quantité d'informations utiles, des rendez-vous du jour et du lendemain aux appels téléphoniques manqués, en passant par la météo, la Bourse et d'autres informations.

Dans le panneau Réglages, l'option Notifications permet de choisir les informations à afficher dans le Centre de notifications. Après avoir activé les types de notification à afficher, choisissez le style d'alerte : une petite bannière qui apparaît momentanément tout en haut de l'écran, ou un panneau qui reste affiché tant que vous ne l'avez pas touché.

Il est possible de désactiver sélectivement les notifications application par application. Touchez l'une d'elles dans la liste du réglage Notifications, puis activez ou désactivez le commutateur Pastille sur l'icône d'application, ou le commutateur Sons. La Figure 14.4 montre les options de notification de l'application Messages. En fait, ce panneau est quasiment identique pour toutes les applications.

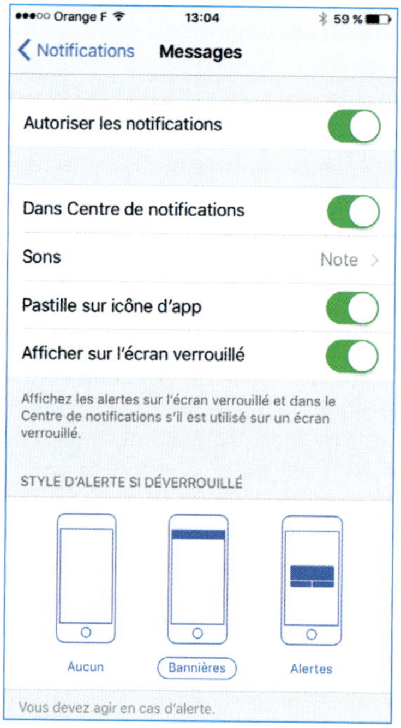

Figure 14.4 : Soyez notifié des SMS, MMS et iMessages qui vous parviennent.

Le Centre de contrôle

Le Centre de contrôle est un volet déployé en effleurant l'écran du bord inférieur vers le haut (Figure 14.5). Il contient des commandes auxquelles il est intéressant d'accéder rapidement, même lorsque l'écran de verrouillage est affiché : le réglage de la luminosité de l'écran, celui du volume sonore, mais aussi des fonctions comme AirDrop pour échanger des fichiers, la torche électrique, le minuteur, la calculette ou l'appareil photo. Le mode Avion, l'activation ou la désactivation du Wi-Fi, de Bluetooth et de l'option Ne pas déranger sont également accessibles, de même que les commandes audio de l'application Musique.

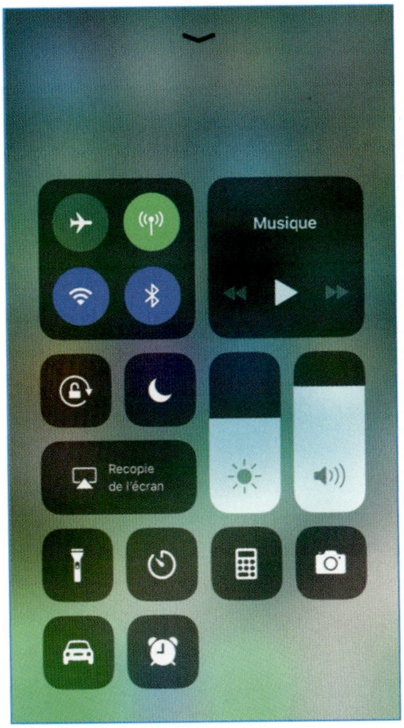

Figure 14.5 : Le Centre de contrôle affiché par-dessus l'écran de verrouillage.

Touchez Réglages > Centre de contrôle pour accéder à deux commutateurs Accès sur écran verrouillé. Actif par défaut, il permet d'afficher le Centre de contrôle même lorsque l'écran de verrouillage est affiché. Vous accédez ainsi très rapidement aux fonctionnalités fort utiles au quotidien.

L'option Personnaliser les commandes permet d'ajouter ou d'ôter des fonctionnalités au centre de contrôle. Par exemple, vous possédez un boîtier Apple TV? Vous pourrez ajouter la fonction Apple TV Remote qui transforme votre iPhone en télécommande.

Le Service de localisation : Où suis-je ? Dans quel état j'erre ?

Grâce à son GPS, l'iPhone sait exactement où vous êtes. Et s'il n'arrive pas à établir la connexion avec les satellites géostationnaires du réseau GPS, ce qui est rare, il peut déterminer approximativement où vous êtes par triangulation à partir des bornes Wi-Fi et des antennes de téléphonie mobile situées dans le voisinage.

Afin de protéger votre vie privée, chaque application susceptible d'utiliser votre position géographique vous demande l'autorisation de le faire (Figure 14.6). Vous pouvez aussi refuser en bloc la géolocalisation en touchant Réglages > Confidentialité. Désactivez ensuite le commutateur Service de localisation. Non seulement vous protégerez votre vie privée, mais vous augmenterez aussi l'autonomie de votre iPhone, car cette fonction est assez gourmande en énergie.

Figure 14.6 : Chaque application utilisant la géolocalisation demande l'autorisation d'utiliser cette fonction.

Quand l'icône visible dans la marge apparaît près de l'icône de la batterie, en haut de l'écran, cela signifie que l'application utilise actuellement la localisation. Si elle est grise, vous savez que l'application a utilisé la localisation au cours des 24 dernières heures.

Tout en bas du panneau Service de localisation, l'option Services système contient une kyrielle de paramètres de localisation relatifs à la circulation routière, aux fuseaux horaires, à l'étalonnage de la boussole, à la recherche du réseau, à la localisation iAds en fonction du lieu (NdT : iAds peut se traduire par « i-publicités ». Il s'agit d'un service de publicité ciblée en fonction du lieu où vous êtes. Passez près d'un commerçant abonné à ce service, et vous serez sollicité par ses pubs, promos, soldes et autres).

Sons et vibrations

L'écran Sons et vibrations est la régie sonore de l'iPhone. C'est là que vous activez ou désactivez les alertes sonores pour de nombreuses fonctions : nouveau message texte, nouveau message vocal, nouveau courrier, courrier envoyé, alertes de calendriers. C'est là aussi que vous choisissez les sonneries.

Citons aussi la possibilité d'entendre un son lors d'un verrouillage ou les clics du clavier lors des saisies. La glissière du volume règle le niveau sonore des bruitages, des alertes et des sonneries.

Une autre solution pour régler le volume consiste à utiliser les boutons réels sur le côté de l'iPhone, à condition que vous ne soyez pas en train de téléphoner ou d'utiliser la fonction iPod pour écouter de la musique ou regarder une vidéo. Enfin, le son peut aussi être réglé à l'aide de la glissière présente sur le Centre de contrôle.

Lumineux comme le jour

Qui ne voudrait pas d'un écran aussi lumineux que possible? Ce légitime désir se heurte – hélas! – à une dure réalité : plus l'écran est lumineux, plus il est gourmand en énergie. À lui seul, il consomme la moitié du courant électrique. Pour régler la luminosité de l'écran, déployez le Centre de contrôle puis effleurez verticalement le bouton marqué d'un soleil.

Ou alors, touchez Réglages > Luminosité et affichage, et réglez la glissière qui s'y trouve.

Nous recommandons vivement d'activer l'option Réglage automatique. La luminosité de l'écran variera selon la lumière ambiante, ce qui fera le plus grand bien à la batterie.

Dans le panneau Luminosité et affichage, l'option Night Shift permet de modifier la température de couleur de l'écran. Actionnez la glissière Moins chaude / Plus chaude pour appliquer une dominante bleutée ou, le soir, une dominante orangée afin de rendre sa lecture plus reposante quand la chambre est modérément éclairée. Des horaires peuvent être programmés.

L'affichage Night Shift peut aussi être activé depuis le Centre de contrôle, en appuyant continûment sur le bouton de réglage de la luminosité. Touchez ensuite le bouton Night Shift.

Fond d'écran

Un beau fond d'écran est le meilleur moyen d'habiller l'iPhone selon votre goût. Vous pouvez choisir l'une des images d'arrière-plan livrées avec l'iPhone en touchant Réglages > Fond d'écran > Choisir un nouveau fond d'écran.

Le panneau Choisir qui apparaît propose trois types de fonds d'écran (Figure 14.7) :

- **Dynamique :** tous les fonds d'écran sont des motifs à disques estompés qui se déplacent lentement.
- **Image :** les fonds d'écran sont un ensemble de 43 photos et motifs graphiques livrés avec l'iPhone, ou des photos prises par vous-même (Figure 14.8).
- **Live :** fonds d'écran animés. Vous pouvez créer les vôtres avec la fonction Live de l'application Appareil photo.

Figure 14.7 : L'accès aux fonds d'écran dynamiques (à gauche) et photographiques (au milieu) et animés (à droite).

Figure 14.8 : Des fonds d'écran photographiques.

Si aucun des fonds d'écran ne vous plait, vous pouvez en choisir un parmi les images stockées dans l'application Photos.

Après avoir choisi le type de fond d'écran, touchez une vignette pour voir un aperçu en grandeur réelle, puis touchez le bouton Définir ou Annuler. Une option propose d'activer ou non l'effet de perspective. Touchez ensuite le bouton Définir, puis l'une des options suivantes :

» **Écran verrouillé :** l'image apparaît sur l'écran affiché lorsque l'iPhone sort de veille après un temps d'inactivité.

- **Écran d'accueil :** l'image apparaît sur l'écran d'accueil ainsi que sur tous les écrans supplémentaires.
- **Les deux :** au lieu d'utiliser deux images distinctes, comme avec les options précédentes, la même image est affichée quel que soit l'écran.

La batterie

La batterie est un élément primordial de l'iPhone car sans elle, il servirait tout juste de presse-papier (de luxe, certes). Elle est utilisée en permanence et de nombreux services fonctionnant en arrière-plan la drainent sans cesse. Pour l'économiser, désactivez Bluetooth (Réglages > Bluetooth) ainsi que les services fonctionnant en arrière-plan dont vous n'avez pas besoin, notamment ceux qui s'actualisent fréquemment (Réglages >Général > Actualisation en arrière-plan). La luminosité de l'écran a aussi une incidence sur la consommation électrique.

Touchez Réglages > Batterie. Ou alors, appuyer fermement sur l'icône Réglages et, dans le menu qui apparaît, touchez Batterie. Ceci fait apparaître le panneau Batterie. Il contient un Mode économie d'énergie qui limite les activités énergivores comme l'actualisation des applications en arrière-plan, les téléchargements automatiques, les effets visuels, ainsi que la récupération des e-mails.

Figure 14.9 : Suivez la consommation application par application.

La partie inférieure de l'écran indique la consommation, application par application, au cours des dernières 24 heures ou des 6 derniers jours, comme le montre la Figure 14.9, ainsi que le nombre d'heures d'utilisation effectives et en veille (touchez l'icône à droite du sélecteur jours/semaines pour obtenir ces détails).

Du Général aux particuliers

Certains réglages sont assez difficiles à caser. Apple a eu l'idée géniale de les fourrer dans une catégorie nommée Général (l'armée napoléonienne avait pâti du « général Hiver » à Moscou, eh bien voilà le « général Divers » de Cupertino).

Informations

Ces informations auxquelles vous accédez en touchant Réglages > Général > Informations concernent tout ce qui a trait à votre iPhone, mais aussi ce qu'il y a dedans. Vous trouverez dans l'écran Informations :

- **Le nom de l'iPhone.** Vous pouvez le modifier si vous le désirez, et nommer votre iPhone Gargamelle, ou n'importe comment.
- **Le nom du fournisseur d'accès au réseau Internet.**
- **Le nom de votre opérateur de téléphonie mobile.**
- **Le nombre de morceaux de musique stockés dans l'iPhone.**
- **Le nombre de clips vidéo.**
- **Le nombre de photos.**
- **Le nombre d'applications téléchargées et installées dans l'iPhone.**
- **La capacité de stockage totale.** En raison du formatage de la mémoire, la capacité réelle est moindre que la capacité nominale annoncée.
- **La capacité de stockage restante.**
- **La version du microprogramme.** C'est la version d'iOS. Les chiffres et lettres entre parenthèses, comme (15A372), indiquent la sous-version, ou *build* en jargon informatique. Ce numéro change chaque fois que l'iPhone est mis à jour.
- **L'opérateur de téléphonie mobile.**
- **Le modèle de l'iPhone.**
- **Le numéro de série de l'iPhone.**

- **L'adresse Wi-Fi.** Appelée aussi « adresse MAC » (*Media Access Control*, « contrôle d'accès au média ») elle identifie le composant Wi-Fi. C'est sous ce numéro que votre iPhone est identifié parmi tous les ordinateurs, téléphones et tablettes figurant dans votre box Internet par exemple.
- **L'adresse MAC du composant Bluetooth.** Ce réseau est décrit un peu plus loin.
- **Les numéros IMEI et ICCID. et MEID.** Les initiales de ces sigles sont celles de *International Mobile Equipment Identity*, identité internationale de l'équipement mobile, *Integrated Circuit Card IDentifier,* identifiant du circuit intégré et *Mobile Equipment IDentifier,* identifiant de l'équipement mobile.

  Il est vivement recommandé de noter le numéro IMEI (sur la page de garde de ce livre, par exemple), car en cas de vol de l'iPhone, vous pourrez le communiquer à votre opérateur de téléphonie afin qu'il neutralise l'appareil, et à la police pour pouvoir l'identifier s'il est retrouvé. Le numéro de série et le numéro IMEI se trouvent aussi sous la boîte de l'iPhone.
- **La version du programme du modem.**
- **Le numéro SEID,** *Support Equipment Item Description,* un numéro d'identification utilisé pour la sécurisation des transactions commerciales.
- **Mention légale :** c'est de la littérature procédurière vétilleuse, des dizaines et des dizaines de pages en anglais – qui voudrait traduire une aussi insipide littérature ? – concoctées par des cohortes de juristes d'Apple.
- **Réglages des certificats :** c'est le numéro de version sous lequel l'iPhone est identifié sur l'Apple Store.

Occupation sur iCloud

Touchez Réglages > *Votre nom d'utilisateur* > iCloud. Touchez ensuite l'option Gérer le stockage pour connaître les statistiques d'occupation sur iCloud (Figure 14.10).

Si vous estimez qu'une application est vraiment trop encombrante sur iCloud pour ce que vous en faites, touchez-la puis, dans le panneau qui apparaît, touchez le bouton Supprimer les données.

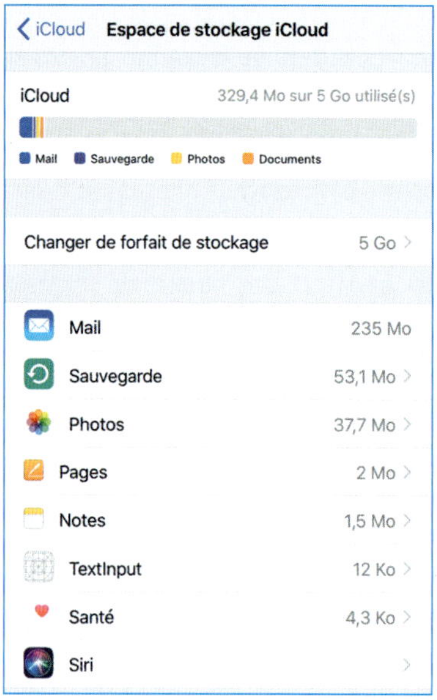

Figure 14.10 : La taille des applications en méga-octets (Mo) et en giga-octets (Go).

Siri

Touchez Réglages > Siri et recherche, pour sélectionner la langue de Siri, et sa voix : masculine ou féminine. Choisissez si Siri doit être automatiquement activé ou non quand vous portez l'iPhone à l'oreille.

Données cellulaires

Dans Réglages, l'option Données cellulaires contient les commandes de sélection pour la 2G (Edge), la 3G, et la 4G si votre forfait comprend l'accès à ce réseau.

Données à l'étranger

Vous risquez sans vous en rendre compte de voir votre facture iPhone atteindre des sommets si vous utilisez Safari, échangez du courrier électronique ou exécutez intensivement d'autres types de tâches à l'étranger. Pour éviter que vos orgies iPhonesques vous coûtent plus cher que vos agapes dans les palaces, désactivez l'option Données à l'étranger.

Partage de connexion

L'option Configurer Partage de connexion permet à d'autres appareils, comme un ordinateur portable ou une tablette, de se connecter à l'Internet en utilisant le modem de l'iPhone. Ce service peut être facturé en plus de votre abonnement par votre opérateur téléphonique.

Bluetooth en scène

De tous les termes techniques propres à l'informatique, *Bluetooth* est l'un de nos préférés. Ce nom provient du surnom (NdT : « Dent bleue », par allusion au goût immodéré de ce roi pour les myrtilles) d'un roi viking du xe siècle, Harald Blatan, qui contribua à l'unification de la Scandinavie. Or, Bluetooth facilite la connexion entre divers périphériques (oreillette, clavier…). La Figure 14.11 montre le jumelage entre un clavier Apple sans fil et l'iPhone. La saisie sera autrement plus confortable qu'avec le clavier virtuel.

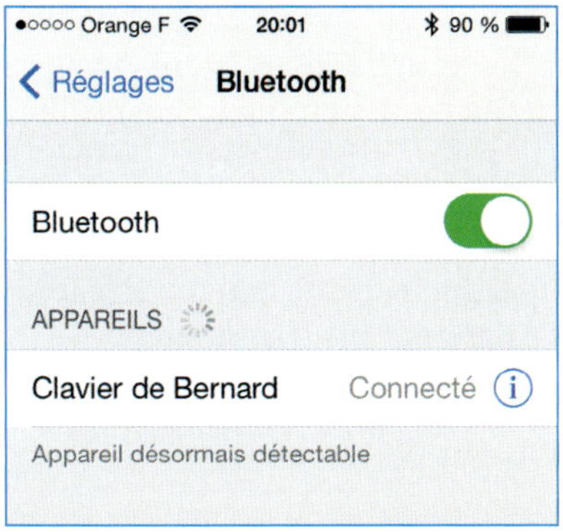

Figure 14.11 : L'iPhone est connecté à un clavier sans fil Bluetooth.

Bluetooth permet à l'iPhone de communiquer par radio avec des oreillettes ou un kit de téléphonie mains libres. Ces équipements sont fabriqués par Apple et par d'autres marques.

Pour que l'iPhone puisse fonctionner avec l'un de ces équipements, ils doivent être couplés, ou jumelés. Les oreillettes optionnelles vendues par Apple sont automatiquement jumelées en plaçant l'iPhone et les oreillettes sur une double station d'accueil fournie avec ces dernières et reliée à l'ordinateur.

Si votre accessoire n'est pas de la marque Apple, suivez les instructions fournies par le manuel afin qu'il soit détecté et jumelé avec l'iPhone. Touchez ensuite Réglages > Bluetooth afin que l'iPhone puisse rechercher les périphériques à proximité. La portée de Bluetooth est d'une dizaine de mètres.

Vous savez que Bluetooth est actif grâce à la petite icône Bluetooth affichée à droite dans la barre d'état. Si le symbole est bleu ou noir, l'iPhone communique avec un périphérique. S'il est gris, Bluetooth est actif, mais aucun périphérique compatible ne se trouve à proximité.

Pour mettre fin au jumelage avec un périphérique, touchez-le dans la liste des périphériques puis touchez Oublier cet appareil.

Les oreillettes et haut-parleurs Bluetooth sont utilisables, de même que les kits mains libres et autres accessoires. Vous pourrez éventuellement utiliser une connexion Bluetooth – plutôt que par le câble USB – pour partager la connexion Internet de l'iPhone et en faire profiter votre ordinateur. Pour établir le partage Internet, touchez Réglages > Général > Réseau cellulaire > Configurer Partage Internet.

L'iPhone peut exploiter Bluetooth de diverses manières. L'une est la connexion de pair-à-pair, qui permet de jouer à un jeu vidéo avec plusieurs personnes en même temps, situées à portée du transmetteur. Ce système peut aussi servir à échanger des cartes de visite virtuelles, des photos et de brèves notes textuelles. Des programmeurs d'applications pour iPhone ont commencé à exploiter les possibilités de la connexion Bluetooth. Avec certaines d'entre elles, il n'est pas même nécessaire d'apparier les périphériques, comme vous devez le faire pour un ensemble écouteurs/microphone ou pour un kit mains libres.

Il est impossible d'échanger des fichiers entre l'iPhone et un ordinateur avec Bluetooth, ni de synchroniser. Vous ne pouvez pas non plus l'utiliser pour imprimer des éléments à l'aide d'une imprimante Bluetooth, car l'iPhone ne supporte aucun des profils Bluetooth exigés par ces transactions.

Verrouillage auto

Dans Réglages > Luminosité et affichage > Verrouillage automatique, définissez le délai après lequel le téléphone est automatiquement verrouillé ou l'écran éteint. Vous avez le choix entre 1 à 5 minutes ou Jamais.

Si vous travaillez pour une entreprise qui vous oblige à définir un mot de passe (voir prochaine section) l'option Jamais n'est pas proposée.

Pendant qu'il est verrouillé, le téléphone reçoit cependant les messages et les SMS, et le volume reste réglable.

Touch ID et code

Toucher Réglages > Touch ID et code permet de désactiver le code d'accès. C'est une option à éviter, car votre iPhone pourrait être utilisé par n'importe qui. À la même rubrique se trouve la commande Changer le code.

Si la protection par un code à six chiffres vous paraît insuffisante, car elle pourrait être découverte en tapant un code plus ou moins au hasard, Apple a prévu une commande Effacer les données. Lorsque ce commutateur est actif, toutes les données présentes dans l'iPhone sont effacées après dix tentatives erronées.

L'option Exiger le code permet d'indiquer si le code est requis immédiatement, ou après 1, 5, 15 minutes ou une heure ou quatre heures d'utilisation. Une durée plus courte est bien sûr plus sûre. À propos de sécurité, sachez que l'iPhone peut être configuré pour effacer toutes les données qu'il contient après dix vaines tentatives de saisie du mot de passe.

Le code ne peut être modifié qu'à condition d'avoir fourni l'actuel code. Si vous l'avez oublié, vous devrez restaurer le logiciel de l'iPhone, comme nous l'expliquons au Chapitre 16.

Le verrouillage par code sert aussi à désactiver ou réactiver la composition vocale d'un numéro de téléphone.

Ajouter une empreinte

Dans le panneau Code et empreinte, l'option Déverrouillage de l'iPhone active ou désactive le lecteur d'empreinte digitale. L'option iTune Store et App Store régit l'accès à ces deux services.

Plus bas, l'option Ajouter une empreinte sert à configurer la reconnaissance biométrique pour plusieurs utilisateurs. Si votre conjoint a l'habitude d'utiliser votre iPhone, définir une seconde empreinte lui permettra d'être reconnu au même titre que vous-même.

Restrictions

Les parents et les directeurs de tous poils adorent le réglage Restrictions, accessible en touchant Réglages > Général > Restrictions. On ne saurait en dire autant des enfants et des employés. Vous pouvez activer ce réglage pour empêcher l'utilisateur de tomber sur du langage explicite (cru, si vous préférez) avec Safari ou iTunes, ou en parcourant YouTube, et aussi d'installer des applications (des « apps »). Des services de localisation et l'appareil photo peuvent aussi être interdits. Quand une restriction a été définie, l'icône de la fonction interdite n'est plus visible sur l'écran.

L'iPhone octroie aux parents un contrôle encore plus étroit, en autorisant de regarder des vidéos ou de podcaster, mais pas n'importe quoi, et en interdisant l'achat de films, séries télévisées, morceaux de musique ou d'applications inappropriés à l'âge ou à la sensibilité de l'enfant.

Date et heure

L'iPhone affiche l'heure sur vingt-quatre heures. Dans Réglages > Général > Date et heure, désactiver le commutateur Affichage 24 h, en haut du panneau, affiche l'heure sur douze heures, avec les suffixes AM (*Ante Meridiem*, matin) et PM (*Post Meridiem*, après-midi).

Lorsqu'il est actif, le commutateur Réglage automatique oblige l'iPhone à régler automatiquement l'heure en se basant sur le réseau de téléphonie mobile, selon le fuseau horaire qui a été défini.

Si ce réglage est désactivé, vous devrez indiquer manuellement le fuseau horaire ainsi que l'heure en procédant comme suit :

1. **Touchez Réglages > Général > Date et heure.**
2. **Touchez le commutateur Réglage automatique afin de désactiver cette option.**

   Deux réglages apparaissent, l'un pour le fuseau horaire, l'autre pour la date et l'heure.
3. **Touchez l'option Fuseau horaire.**

   Un champ de saisie et le clavier virtuel apparaissent.
4. **Commencez à saisir le nom de la ville ou du pays jusqu'à ce qu'il apparaisse dans une liste. Touchez ensuite le nom en question.**

   Le champ de saisie est automatiquement complété.
5. **Touchez ensuite la date et l'heure, au milieu du panneau. Actionnez les rubans pour afficher l'heure correcte.**
6. **Touchez la date. Actionnez ensuite les rubans pour afficher le jour, le mois et l'année.**

Les autres commandes concernent le calendrier. Vous avez le choix entre l'utilisation de l'heure locale ou, si vous êtes en déplacement, celle de l'heure basée sur le fuseau horaire que vous aurez choisi.

Clavier

Toucher Réglages > Général > Clavier permet d'activer la mise en majuscules automatique et de verrouiller la touche des majuscules.

Lorsque le réglage Majuscules auto. est actif – ce qui est le cas par défaut –, la première lettre d'un mot suivant une phrase se terminant par un point, un point d'interrogation ou un point d'exclamation est mise en majuscule.

Quand le réglage Touche Maj verrouillée est actif, la saisie s'effectue en majuscules lorsque vous double-tapez le bouton Majuscules (celui avec la flèche pointant vers le haut).

L'option Claviers permet de choisir parmi les divers claviers français, comme expliqué au Chapitre 2, ou de sélectionner un ou plusieurs claviers internationaux.

Remarquez l'intéressante option Raccourci : saisissez une expression dans le champ supérieur, comme «je vous prie d'agréer mes salutations les plus distinguées», et dans le champ inférieur, saisissez le raccourci «formpol» pour la formule de politesse. Désormais, chaque fois que vous saisirez négligemment **formpol**, l'iPhone entrera la formule complète.

Enfin, si le ruban proposant des suggestions de mots au-dessus du clavier, au cours d'une saisie, ne vous intéresse pas, désactivez l'option Prédiction.

Langue et région

L'iPhone est par nature international. Il a été conçu pour fonctionner n'importe où dans le monde. Les options sous Réglages > Général > Langue et région, permettent de sélectionner la langue dans laquelle vous saisissez du texte avec le clavier virtuel, la langue de l'iPhone lui-même et des messages qu'il affiche, et la langue utilisée par la fonction Contrôle vocal (fonctionnalité toujours présente, utilisable lorsque Siri n'est pas actif).

L'option Calendrier contient les calendriers grégorien, japonais et bouddhiste. Mais les voyageurs désireux de marcher dans les pas d'Albert Londres, d'Arthur Rimbaud, d'Henri de Monfreid et de Joseph Kessel regretteront l'absence du calendrier julien encore en vigueur en Éthiopie.

Accessibilité

Les fonctions d'accessibilité de l'iPhone, sous Réglages > Général > Accessibilité, s'adressent aux handicapés :

- **VoiceOver :** le contenu de l'écran – courriers électroniques, pages Internet… – est lu à haute voix.
- **Zoom :** une loupe grossit le contenu de l'écran. Double-touchez l'écran avec trois doigts pour zoomer en avant. Tirez avec trois doigts pour faire défiler l'écran.
- **Inverser les couleurs :** les couleurs sont inversées afin de produire une image fortement contrastée à l'intention des malvoyants.
- **Nuances de gris :** met l'écran en noir et blanc.
- **Parole :** cette option contient trois fonctionnalités :
  - **Énoncer la sélection :** l'iPhone dit les textes sélectionnés. Le débit de voix, assez rapide par défaut, est réglable. Pour utiliser ensuite cette fonction, sélectionnez du texte puis touchez le bouton Prononcer (à droite des boutons Copier et Tout sélectionner).
  - **Énoncer le contenu de l'écran :** dit le texte affiché sur l'écran en balayant ce dernier de haut en bas avec deux doigts.
  - **Énonciation automatique :** l'iPhone indique vocalement les corrections automatiques et la mise en majuscules.
- **Police plus grande :** propose un choix de tailles de polices de 20 points (taille par défaut), à 24, 32, 40, 48 ou 56 points, plus faciles à lire par les malvoyants.
- **Texte en gras :** met les caractères des menus en gras afin de faciliter leur lecture.
- **Formes de bouton :** remplace les chevrons de retour aux écrans précédents, en haut à gauche, par des flèches plus visibles.
- **Augmenter le contraste :** renforce le contraste des arrière-plans pour mieux faire ressortir les textes.
- **Suppr. le bruit lors d'appels :** réduit les sons ambiants lorsque l'iPhone est collé contre l'oreille. Une glissière permet de doser les sons stéréo entre les deux haut-parleurs.
- **Sous-titres et sous-titrages codés :** place des titres et des sous-titres dans les vidéos. Pour choisir parmi les sous-titres et les sous-titres codés, touchez le bouton Autre piste lorsque vous regardez une vidéo dans Vidéos.
- **Description vidéo :** lit les descriptions lorsqu'elles sont disponibles.
- **Accès guidé :** permet de désactiver l'accès à certaines applications, ou à certaines zones de l'écran, commandes et/ou boutons afin que des gestes inopinés, mal contrôlés, ne déclenchent pas certaines commandes.
- **Contrôle de sélection :** sert à utiliser l'iPhone avec un accessoire adaptatif.

- **AssistiveTouch :** permet d'utiliser l'iPhone avec un équipement spécial, comme une manette, au lieu de devoir toucher l'écran.
- **Vitesse du clic :** règle la rapidité du double-clic. En plus de la rapidité par défaut, elle peut être lente ou très lente.
- **Accès facile :** un double clic avec le bouton principal fait remonter en haut de l'écran.

Réinitialiser

La dernière option du panneau accessible en touchant Réglages > Général a pour nom Réinitialiser.

La réinitialisation consiste à remettre tout ou partie de l'iPhone dans le même état qu'au moment où vous l'avez acheté. Cette opération doit cependant être faite en toute connaissance de cause, et pour de bonnes raisons. Ces dernières sont multiples ; nous y reviendrons au Chapitre 16, consacré au dépannage.

Voici les paramètres de l'option Réinitialiser :

- **Réinitialiser tous les réglages :** toucher cette option réinitialise tous les réglages, mais aucune donnée ni fichier multimédia n'est supprimé.

  Effacer contenu et réglages : tous les réglages sont réinitialisés, tous les comptes, données et fichiers multimédias (photos, vidéos, musiques...) disparaissent. L'iPhone est exactement comme il était avant que vous le sortiez de sa boîte.

  Utilisez cette option d'effacement complet lorsque vous cédez ou vendez votre iPhone.
- **Réinitialiser les réglages réseau :** tous les paramètres de réseau sont effacés et restaurés à leurs valeurs par défaut (valeurs d'usine).
- **Réinitialiser le dictionnaire clavier :** comme nous l'avons mentionné précédemment, le clavier virtuel de l'iPhone est intelligent et sait apprendre. Par exemple, quand vous rejetez un mot qu'il suggère, il en déduit que le mot que vous avez tapé et que vous imposez doit être ajouté au dictionnaire. L'option Réinitialiser le dictionnaire clavier efface du dictionnaire tous les mots qui y ont été ajoutés.
- Réinitialiser l'écran d'accueil : les icônes de l'écran d'accueil sont repositionnées à leur emplacement d'origine.
- **Réin. localisations et confidentialité :** les informations de localisation sont effacées, les options de confidentialité sont rétablies telles qu'elles étaient à l'origine.

Régler le téléphone

Les réglages des fonctionnalités Musique (image et son), Safari et Mail ayant été couverts dans les chapitres précédents, il n'y pas lieu d'y revenir.

iCloud

Dans Réglages > *Votre nom d'utilisateur* > iCloud, vous indiquez les éléments dont les données doivent ou non être transférées dans le nuage informatique.

Réfléchissez-y à deux fois, et même plus, avant de supprimer votre compte iCloud. Tous les flux de photos, documents et données seraient en effet effacés de votre iPhone.

Trier et afficher les contacts

Pour vous, les auteurs de cet ouvrage sont-ils Ed et Bob ou bien Baig et Levitus ? Selon la réponse à cette question, vous trierez vos contacts par prénoms d'abord ou par noms d'abord.

Touchez Réglages > Contacts > Ordre de tri et choisissez Prénom Nom ou Nom Prénom.

Vous pouvez aussi choisir d'afficher les contacts dans l'ordre Prénom Nom ou Nom Prénom. Touchez l'option Ordre d'affichage puis le bouton Téléphone pour revenir à l'écran Téléphone.

Appels à la pelle

Il y a longtemps, du fin fond des pages passées de ce livre, nous avions laissé entendre que nous aurions comme qui dirait quelques petites infos et astuces supplémentaires à glisser, à propos du réglage Téléphone.

Eh bien, touchez Réglages et faites défiler l'écran pour atteindre l'option Téléphone. Touchez-la. Elle donne accès aux quelques options qui suivent.

Mon numéro

Le numéro de téléphone est affiché avec le préfixe du pays (c'est le côté mondialiste d'Apple).

Répondre par message

Choisissez l'une des formules prédéfinies comme « Je te réponds plus tard », « J'arrive »... Ou remplacez-les par des formules de votre cru définies en touchant l'option Personnalisé.

Lorsque vous recevrez un appel téléphonique, mais que vous n'avez pas le temps de converser, touchez l'icône Message. Choisissez ensuite le message à envoyer à votre correspondant sous la forme d'un SMS afin de le faire patienter (Figure 14.12).

Figure 14.12 : Pas le temps de répondre ? Envoyez un SMS prédéfini.

Renvoi d'appel

Si vous estimez que vous résiderez assez longtemps dans une zone mal ou pas du tout couverte par votre opérateur de téléphonie mobile, vous pouvez renvoyer temporairement les appels vers une ligne de téléphone fixe ou vers un mobile fonctionnant mieux. La procédure est très simple :

1. **Dans l'écran Réglages, touchez l'option Téléphone puis Renvoi d'appel.**
2. **Touchez le commutateur Renvoi d'appel afin d'activer ce service.**
3. **À l'aide du clavier virtuel, saisissez le numéro vers lequel l'appel doit être redirigé.**
4. **Touchez Retour, en haut à gauche, pour revenir à l'écran du même nom.**

N'oubliez pas de désactiver la fonction Renvoi d'appel afin de recevoir de nouveau les appels directement sur l'iPhone.

Vous devez vous trouver dans une zone couverte par votre opérateur de téléphonie mobile pour pouvoir activer et définir le renvoi d'appel.

Signal d'appel

Cette option est active par défaut. Si vous la désactivez et que quelqu'un essaie de vous joindre alors que vous êtes en train de téléphoner, son appel est automatiquement dérouté vers la messagerie vocale.

Afficher mon numéro

Vous ne voulez pas que votre nom ou votre numéro de téléphone apparaisse sur le téléphone du correspondant que vous appelez ? Désactivez l'option Afficher mon numéro.

Numéros bloqués

Pour ne plus recevoir d'appels téléphoniques, de SMS, MMS et iMesssages, ni de communications FaceTime, de la part d'un correspondant envahissant ou harceleur, touchez Réglages > Téléphone > N° bloqués. Touchez ensuite l'option Ajouter. Cette action affiche la liste de vos contacts. Touchez le contact à mettre au ban de votre société.

Le malfaisant personnage ne figure pas parmi vos contacts ? Dans ce cas, touchez Téléphone, sur l'écran d'accueil, puis touchez l'icône Appels, en bas de l'écran. Touchez ensuite l'icône d'information à droite du numéro d'appel à bloquer puis, dans le panneau qui apparaît, touchez Bloquer ce correspondant.

Code secret de messagerie

Toujours dans Réglages > Téléphone, cette option permet de configurer un code à quatre chiffres protégeant l'accès à votre messagerie vocale. Ainsi, personne ne pourra écouter les messages laissés par vos correspondants.

PIN carte SIM

La carte nano-SIM à l'intérieur de l'iPhone contient votre numéro de téléphone ainsi que d'autres importantes informations. Touchez PIN carte SIM > Activer le code PIN. Touchez ensuite Modifier le code PIN, saisissez l'ancien code (0000 par défaut) puis tapez un nouveau code secret. Saisissez-le de nouveau dans le champ en dessous. De cette manière, si quelqu'un s'approprie votre carte, il ne pourra pas l'utiliser avec un autre téléphone, sauf s'il connaît le code.

Sachez toutefois qu'en assignant un code PIN à la carte nano-SIM, vous devrez saisir le code PIN chaque fois que vous éteignez puis rallumez l'iPhone. Retenez bien votre code, car trois essais seulement sont autorisés.

Applications SIM

Cette option contient des services téléphoniques proposés par votre opérateur.

Services [votre opérateur]

Cette rubrique ne concerne plus Apple, mais votre opérateur de téléphonie. Les différents services sont en réalité des numéros de téléphone auxquels l'iPhone se connecte automatiquement. Par exemple, les numéros de téléphone d'Orange sont les suivants :

- **Suivi Conso :** #123#
- **Service client :** 700
- **Messagerie vocale :** 888
- **Orange Wi-Fi :** #125#
- **Dicto SMS :** 767

Sous ces numéros, un bouton Orange accède directement au portail Internet de cet opérateur. Les deux autres opérateurs, Bouygues et SFR, offrent des services similaires.

Tous les réglages que nous venons d'évoquer devraient vous permettre d'exploiter pleinement votre iPhone. Mais s'il renâclait à la tâche, si la bête était rétive, nous vous recommanderions vivement de lire le Chapitre 16.

App Store et iTunes Store

Touchez cette option, dans Réglages, pour accéder à vos informations de compte sur l'Apple Store (votre mot de passe vous sera demandé) : Identifiant Apple, carte bancaire enregistrée (seuls les quatre derniers chiffres sont indiqués) et adresse postale.

Localiser mon iPhone

Espérons que vous ne devrez jamais rechercher votre iPhone parce que vous l'avez égaré chez vous (dans ce cas, c'est facile, appelez-le à son numéro) chez des amis ou pire, parce qu'il a été volé. Voici comment procéder pour le retrouver :

1. **Démarrez le navigateur Internet.**

   Utilisez Safari sur un iPhone, un iPad ou un Mac, et le navigateur Internet Explorer sous Windows, ou n'importe quel autre navigateur Internet de votre choix. Vous aurez besoin de l'identifiant Apple et de son mot de passe associés à l'iPhone à localiser.

2. **Dans la barre d'adresse du navigateur Internet, saisissez :** `www.icloud.com` **; appuyez ensuite sur la touche Retour (Mac) ou Entrée (PC).**

3. **Dans la page Internet, cliquez sur bouton Se connecter.**

4. **Saisissez votre identifiant iCloud ainsi que le mot de passe de l'iPhone, puis cliquez sur le bouton fléché.**

5. **Cliquez sur la grande icône Localiser.**

6. **Dans le panneau Localiser mon iPhone qui apparaît, saisissez de nouveau le mot de passe de l'iPhone, puis cliquez sur le bouton Se connecter.**

   Un plan est affiché. Une pastille verte, au milieu du plan, indique l'emplacement de l'iPhone (Figure 14.13).

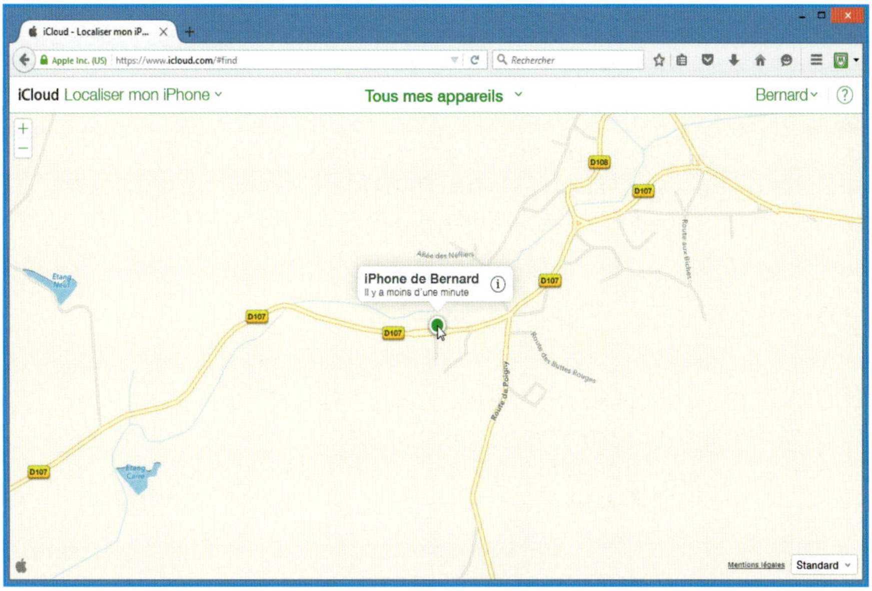

Figure 14.13 : Votre iPhone se trouve là.

7. **Si vous possédez plusieurs équipements mobiles Apple, cliquez sur Tous les appareils, en haut de la carte, puis sur le nom de l'iPhone à localiser.**

8. **En haut à droite du plan de localisation, touchez l'un des trois boutons suivants :**

   - **Émettre un son :** un message est affiché sur l'écran de déverrouillage de l'iPhone puis sur l'écran d'accueil, et un carillon retentit. Au même moment, un courrier électronique est envoyé vers la messagerie de son propriétaire, avec la mention « Une alerte a sonné sur *nom de l'iPhone* ».

   - **Mode Perdu :** l'accès à l'iPhone est verrouillé afin d'en garantir la confidentialité. Un code d'accès à six chiffres est fourni. Notez-le, car il sera nécessaire pour pouvoir déverrouiller l'iPhone quand vous l'aurez récupéré.

   - **Effacer l'iPhone :** saisissez un code d'accès à six chiffres et retenez-le. Il sera nécessaire pour pouvoir utiliser de nouveau l'iPhone. Autrement toutes les données sont effacées.

9. **Vous pouvez quitter la carte et/ou le navigateur Internet.**

Pour que votre iPhone soit localisable, il ne doit pas être éteint (mais il peut être en veille).

Chapitre 15

Apps'olument génial !

DANS CE CHAPITRE :

- **Trouver des applications sympas.**
- **Installer des applications dans l'iPhone.**
- **Organiser et supprimer des applications.**

Ce qui est appréciable avec l'iPhone c'est la possibilité de télécharger et d'installer des applications supplémentaires. Il existe actuellement des centaines d'applications, des « applis » appelées « apps » en jargon d'iPhone, ce qui tombe bien, « app » étant à la fois le diminutif d'« application », mais aussi de « Apple ». Certaines sont gratuites, d'autres sont payantes. Certaines sont utiles, d'autres nulles. Et enfin, certaines fonctionnent sans problème, d'autres non.

Des applications peuvent être obtenues et installées de plusieurs manières :

- Directement vers l'iPhone.
- Avec la fonction Téléchargements automatiques, en touchant Réglages, puis l'option iTunes Store et App Store. À la rubrique Téléchargement automatique, activez les commutateurs Musique, Apps, Livres et Mises à jour. Toutes les applications achetées à partir de votre ordinateur, ou à partir d'un autre appareil sous iOS, comme un iPad, seront ainsi automatiquement copiées dans l'iPhone.
- En les faisant transiter par l'ordinateur. Cette option n'est pas très commode.

Pour accéder à l'App Store – la boutique des applications, bien sûr – *via* l'iPhone, ce dernier doit évidemment être connecté à l'Internet. Et si vous téléchargez des apps sur votre ordinateur, elles ne seront pas disponibles pour votre iPhone tant que ces deux appareils n'ont pas été synchronisés.

Mais, avant de pouvoir farfouiller fébrilement dans l'App Store, quel que soit le moyen par lequel vous y avez accédé, vous devez ouvrir un compte sur iTunes Store.

Que ce soit dit une fois pour toutes : sans un compte ouvert sur l'iTunes Store – en fournissant de surcroît le numéro de la carte bancaire –, impossible d'installer la moindre application dans l'iPhone, même gratuite.

Télécharger des apps

Trouver des applications à partir de l'iPhone n'est pas compliqué. La seule exigence est qu'il soit connecté par le Wi-Fi ou par l'un des réseaux de téléphonie mobile. Si seul le réseau Edge est accessible, il est préférable de s'abstenir de télécharger des applications, car son débit est terriblement lent.

Pour commencer, touchez l'icône App Store, sur l'écran d'accueil de l'iPhone.

Cinq icônes apparaissent en bas de l'écran (voir Figure 15.1), qui sont autant de moyens d'interagir avec l'App Store : Aujourd'hui, Jeux, Apps, Mises à jour, Rechercher.

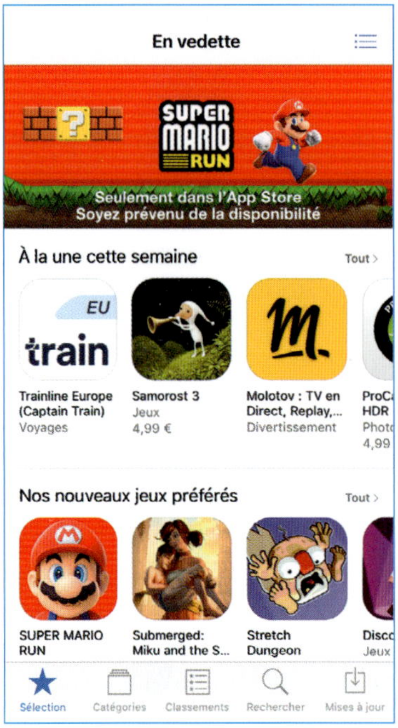

Figure 15.1 : Les icônes en bas de l'écran donnent accès aux diverses parties ou fonctionnalités de l'App Store.

Rechercher des apps avec l'iPhone

Si vous savez exactement ce que vous voulez, touchez l'icône Rechercher, en bas de l'écran, puis saisissez un mot ou une phrase.

Sinon, touchez l'icône Aujourd'hui, Jeux ou Apps, et parcourez les nombreuses applications.

En savoir plus sur une application

Si une application vous tente, ne cédez pas à l'impulsion d'achat en touchant immédiatement son prix, mais tâchez d'en savoir plus sur elle.

Touchez-la pour accéder à sa fiche (veillez à ne pas toucher le prix).

Afficher les détails

Faites défiler la fiche de l'application afin d'atteindre la rubrique Description. Seules quelques lignes sont affichées (Figure 15.2). Touchez Suite, en bas à droite des lignes, pour afficher la totalité du descriptif.

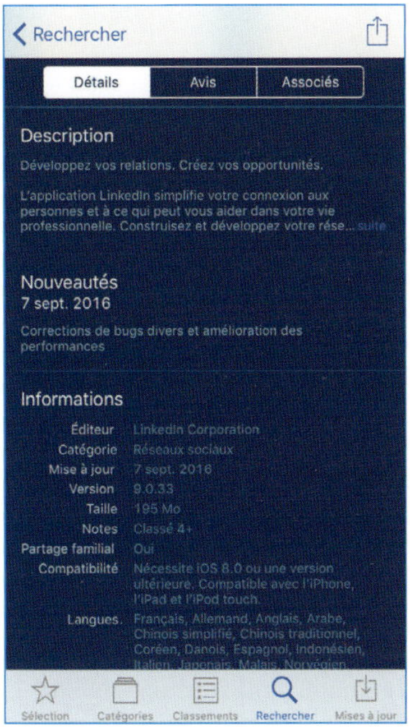

Figure 15.2 : Renseignement sur l'application. Ici, celle du réseau social LinkedIn.

Lisez aussi attentivement la rubrique Informations, notamment la compatibilité (une application spécifiquement développée pour l'iPad ne convient pas forcément à un iPhone, sauf mention contraire) et la langue de l'application, bien que généralement, si le texte de présentation est en français, elle est sans doute dans cette langue.

La description vise évidemment à mettre le produit en valeur. Ne manquez pas de lire les avis des utilisateurs.

Les avis des utilisateurs

Pour y accéder, touchez le bouton Avis, en haut de l'écran. La moyenne des avis ainsi que leur nombre sont affichés sur un bouton sous l'illustration. Touchez-le pour accéder à la page contenant toutes les appréciations. Après avoir téléchargé l'application, vous pourrez à votre tour dire ce que vous en pensez en touchant le bouton Rédiger un avis.

Chercher encore

Si vous voulez voir d'autres applications du même éditeur, touchez le bouton Associés, tout en haut de l'écran. Une liste d'autres produits apparentés ou concurrents sera affichée. Vous aurez aussi droit à l'inévitable rubrique D'autres ont aussi acheté (mais est-ce une raison suffisante pour en faire autant ?).

Télécharger une application

Pour télécharger une application directement dans l'iPhone, touchez le bouton en haut à droite (il porte la mention Télécharger, ou Gratuit ou le prix d'achat). Le bouton est remplacé par un autre, Installer. Touchez-le aussi.

Si l'application a déjà été téléchargée par un autre de vos appareils, un iPad par exemple, l'icône d'iCloud est affichée. Touchez-la pour télécharger l'application.

Il est fort probable que l'iPhone vous demande de taper votre mot de passe iTunes Store avant que l'App Store disparaisse et soit remplacé par la page supplémentaire contenant l'icône de la nouvelle application.

Le téléchargement peut être suivi, soit depuis l'App Store, soit sur l'écran d'accueil. En attendant que la connexion soit établie, la mention Attente apparaît sous l'icône assombrie. Le plus souvent, le téléchargement démarre aussitôt comme l'indique le mot Chargement tandis qu'un secteur, sur l'icône, montre la progression du téléchargement. Le mot Chargement est ensuite remplacé par

Installation, puis l'icône apparaît dans toute sa splendeur. La Figure 15.3 montre les phases d'un téléchargement.

Figure 15.3 : Les phases du téléchargement et d'installation d'une application sur l'écran d'accueil.

L'application est maintenant dans votre iPhone, mais elle ne sera copiée dans votre ordinateur qu'à l'occasion de la prochaine synchronisation. Si la mémoire de l'iPhone est soudainement vidée – il y a peu de chances que cela se produise – ou si vous avez effacé l'application de l'iPhone avant la synchronisation, elle sera à tout jamais perdue.

Après avoir téléchargé une application dans l'iPhone, elle sera transférée dans la bibliothèque Applications d'iTunes lors de la prochaine synchronisation.

Au fait, la boîte de dialogue fait allusion à un « élément acheté » même s'il est gratuit.

Mettre une application à jour

Comme nous l'avons déjà mentionné précédemment dans ce chapitre, les programmeurs des applications iPhone procèdent à des mises à jour. Pour vérifier s'il en existe pour vos applications, touchez le bouton Mises à jour, en bas à droite de l'écran.

Si une application nécessite une mise à jour, son icône apparaît, accompagnée d'un bouton Mise à jour, comme à la Figure 15.4. Touchez le mot Nouveautés pour avoir des détails sur une mise à jour. Touchez le bouton Mise à jour pour exécuter l'opération. Si plusieurs applications ne sont plus à jour, touchez le bouton Tout mettre à jour, en haut à droite de l'écran.

Figure 15.4 : Trois mises à jour sont disponibles.

Quand vous tentez de mettre à jour une application achetée à l'aide d'un autre compte iTunes Store que le vôtre, vous devrez entrer son identifiant et son mot de passe. Si vous ne pouvez pas les fournir, vous ne pourrez pas procéder à la mise à jour.

Critiquer une application

Parfois, vous êtes à ce point emballé par une application, à moins que vous en veniez à la détester, que le monde entier se doit de le savoir. Au lieu de beugler votre bonheur au soleil ou de hululer votre infortune sous la lune, il vaut mieux écrire une critique qui fera sans doute autant de bruit. Voici comment :

1. **Touchez l'icône App Store afin d'accéder à la boutique des applications.**
2. **Accédez à la page du descriptif de l'application.**
3. **Touchez le bouton Avis, en haut de la page.**
4. **Sous Notes et avis, touchez Rédiger un avis.**

   Votre mot de passe est demandé. Saisissez-le.

5. **Attribuez un nombre d'étoiles.**

   Touchez l'étoile correspondant à la note que vous désirez attribuer, de 1 (pas génial) à 5 (super).

6. **(Facultatif) Dans le champ Titre, donnez un titre à votre critique.**
7. **(Facultatif) Dans le champ Avis, saisissez le texte de votre critique.**
8. **Touchez Envoyer, en haut à droite de l'écran.**

Quelle que soit la manière dont vous envoyez une critique, Apple en prendra connaissance. Si elle n'enfreint pas la loi ni les règles de bonne conduite, elle sera publiée un ou deux jours plus tard sur l'App Store, dans la rubrique des avis de l'application en question.

Gérer les applications

Nous avons vu comment télécharger et installer des applications. Voici à présent comment les organiser sur l'écran de l'iPhone et les supprimer.

Supprimer une application

Rien de plus simple – ou presque – que de supprimer une application :

1. **Touchez une icône – n'importe laquelle – jusqu'à ce que toutes les icônes se mettent à vibrer.**

Touchez sans appuyer. Autrement, iOS propose de partager l'application. Une pastille à croix noire apparaît en haut à droite de toutes les applications susceptibles d'être supprimées (certaines applications natives ne peuvent pas l'être).

2. **Touchez la pastille de suppression de l'application – ou d'un clip web – que vous désirez supprimer**

   iOS demande confirmation de la suppression (Figure 15.5).

Figure 15.5 : La suppression d'une application.

3. **Touchez le bouton Supprimer.**

Si l'iPhone a été synchronisé depuis que vous avez téléchargé l'application et qu'elle a été transférée dans la bibliothèque d'iTunes, la suppression dans l'iPhone n'est pas définitive. Dès la prochaine synchronisation, elle sera en effet réintégrée dans l'iPhone en catimini. Pour l'éliminer pour de bon, vous devrez aussi la supprimer de la bibliothèque iTunes.

Organiser les applications

L'iPhone peut recevoir jusqu'à 11 écrans pour vos applications. Comme la plupart des utilisateurs, vous téléchargerez de nombreuses applications. Un peu de rangement s'avérera rapidement nécessaire.

Pour disposer différemment les applications sur votre iPhone, tenez l'iPhone en hauteur – la manipulation ne fonctionne pas lorsqu'il est tenu en largeur – appuyez continûment sur une application jusqu'à ce qu'elles se mettent toutes à vibrer. La pastille de suppression apparaît sur le coin supérieur droit des applications susceptibles d'être supprimées.

Touchez l'application à supprimer ; son icône s'agrandit légèrement. Faites-la glisser jusqu'à son nouvel emplacement entre deux applications – elles s'écartent pour lui laisser de la place, comme sur la Figure 15.6 –, mais en évitant de déposer l'application sur une autre. Sinon, vous créeriez un dossier, comme expliqué au Chapitre 2.

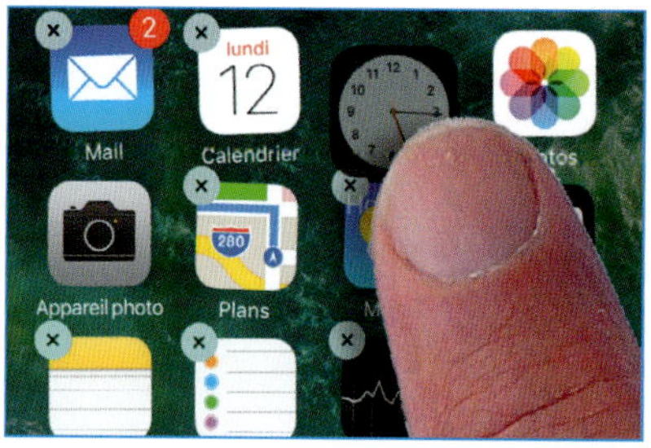

Figure 15.6 : Le déplacement de l'application Horloge. Les autres icônes – Calendrier et Photos – s'écartent pour libérer la place.

La réorganisation des icônes ressemble un peu au jeu du taquin. Mais avec un peu d'habitude et d'astuce, vous apprendrez à anticiper le déplacement des icônes qui se poussent pour laisser de la place à celle que vous déplacez.

Les applications du Dock (Téléphone, Safari, Mail et Musique) peuvent aussi être déplacées.

Pour rétablir la présentation de l'écran d'accueil, cliquez sur Réglages > Général > Réinitialiser. Cliquez ensuite sur Réinitialiser l'écran d'accueil. Les icônes des applications que vous avez installées seront placées après celles d'origine.

Les points au-dessus du Dock correspondent à l'écran d'accueil (à gauche) et aux écrans supplémentaires.

Rappelons que le double-clic avec le bouton principal affiche un ruban contenant les dernières applications utilisées. Pour les détails, reportez-vous à l'étude sur le multitâche, au Chapitre 2.

Littérature électronique

Pendant longtemps, l'application iBooks, indispensable pour lire des livres électroniques, mais aussi des fichiers PDF, n'était pas livrée avec l'iPhone. C'est maintenant chose faite.

Vous pourrez télécharger des livres, certains gratuits, d'autres payants, depuis l'App Store, ou depuis iTunes. Leur installation dans l'application iBooks se fait en toute transparence : vous n'avez rien à faire. Le livre apparaît aussitôt dans les étagères de votre bibliothèque virtuelle (Figure 15.7).

Figure 15.7 : Une collection de livres sur les étagères d'iBooks.

Contrairement aux véritables bibliothèques, dont le nombre d'étagères est limité par la hauteur, les bibliothèques de l'application iBooks sont extensibles à l'infini. Diverses bibliothèques peuvent être définies et nommées. Vous pourrez ainsi en créer pour de la littérature, pour des manuels et des modes d'emploi au format PDF, *etc.*

Dans le coin en haut à droite de la couverture, la mention `Nouv.` signale que vous n'avez pas encore commencé à lire le livre. La mention `Extrait` signale qu'il ne s'agit que de quelques pages du livre (il est possible de télécharger des extraits de presque tous les livres). Un nuage avec une flèche vers le bas signifie que ce livre se trouve dans votre iCloud ; touchez-le pour le télécharger dans l'iPhone.

Les livres numériques téléchargés de l'App Store ne peuvent être lus qu'avec un iPhone, un iPad ou un iPod Touch, pas avec un ordinateur.

Lorsque vous ouvrez un document PDF dans le navigateur Safari, ou si vous ouvrez une pièce jointe au format PDF, l'iPhone vous proposera de l'ouvrir dans iBooks. Acceptez et le document sera rangé sur l'étagère de votre bibliothèque virtuelle.

Chapitre 16

Quand l'iPhone vous fait des iMisères

DANS CE CHAPITRE :

- **Corriger les petits problèmes de l'iPhone.**
- **Les problèmes de réseau et d'appel.**
- **Les problèmes de synchronisation et d'ordinateur.**
- **Chercher de l'aide sur les forums.**
- **S'en remettre à Apple.**

D'après notre expérience, les iPhone sont plutôt fiables. La plupart des utilisateurs que nous avons rencontrés n'ont pas signalé de problèmes majeurs. Notez bien les mots « la plupart », car il arrive qu'un iPhone parfaitement opérationnel vous fasse de temps en temps des petites misères. Dans ce chapitre, nous aborderons les types de problèmes auxquels vous pourriez être confronté, avec leur solution.

Quels sont ces problèmes ? Ce sont notamment ceux concernant :

- Le téléphone.
- L'émission ou la réception d'appels.
- Le réseau sans fil.
- La synchronisation avec l'ordinateur (Mac ou PC) ou avec iTunes.

Quand l'iPhone est rétif

Nos premières catégories de dépannage concernent un iPhone qui ne veut plus fonctionner. La procédure à suivre est celle des six « R », comme dans Grrrrrr ! Que sont ces six « R » ? C'est une bonne question, merci de l'avoir posée. Les six « R » sont, l'R de rien :

- Recharger.
- Redémarrer.
- Réinitialiser.
- Retirer (tout le contenu).
- Rétablir (les réglages et le contenu).
- Restaurer.

Donc, si votre iPhone vous fait des misères – il se bloque, ne quitte pas l'état de veille, refuse d'exécuter une tâche courante, *etc.* –, cette section explique ce que vous devez faire, dans l'ordre recommandé par Apple.

Recharger

Quand l'iPhone ne fonctionne pas correctement, la première action à effectuer est une recharge complète de la batterie.

Ne branchez pas le câble USB au port USB d'un clavier, d'un moniteur ou d'un répartiteur. Branchez-le directement à l'un des ports de l'ordinateur, car son alimentation électrique est plus puissante.

La meilleure solution est d'utiliser l'adaptateur secteur pour recharger l'iPhone directement depuis une prise électrique plutôt qu'à partir d'un ordinateur.

Redémarrer

Si le dysfonctionnement subsiste malgré une batterie rechargée, redémarrez l'iPhone. C'est souvent suffisant pour corriger un petit problème. Un redémarrage fait parfois des merveilles.

Pour cela :

1. **Maintenez le bouton Marche/Veille/Arrêt enfoncé.**
2. **Tirez le curseur rouge Éteindre pour éteindre l'iPhone et attendez quelques secondes.**
3. **Maintenez de nouveau le bouton Marche/Veille/Arrêt enfoncé jusqu'à ce que le logo Apple apparaisse.**
4. **Si l'iPhone se conduit bizarrement ou refuse de démarrer, maintenez le bouton Marche/Veille/Arrêt enfoncé jusqu'à ce que le curseur rouge Éteindre l'iPhone apparaisse. Relâchez le bouton Marche/Veille/Arrêt puis maintenez le bouton principal enfoncé.**

Une autre technique apparentée au redémarrage peut donner un bon résultat :

1. **Maintenez le bouton Marche/Veille/Arrêt enfoncé.**
2. **Le bouton Marche/Veille/Arrêt étant toujours enfoncé, appuyez également sur le bouton principal.**
3. **Maintenez les deux boutons enfoncés pendant 10 secondes.**
4. **Relâchez le bouton principal (mais pas le bouton Marche/Veille/Arrêt).**
5. **Attendez encore 10 secondes.**
6. **Relâchez le bouton Marche/Veille/Arrêt.**

Si cela ne résout pas le problème, passez au troisième « R » (Grrr !) celui de la réinitialisation.

Réinitialiser

Pour réinitialiser l'iPhone, maintenez la touche Marche/Veille/Arrêt enfoncée tout en appuyant sur le bouton principal, sous l'écran. Relâchez ces deux boutons dès l'apparition du logo Apple.

La réinitialisation de l'iPhone est identique à celle d'un ordinateur qui se serait bloqué. Les données ne devraient en rien être affectées par cette opération qui, dans bien des cas, vient à bout de bon nombre de problèmes. N'hésitez pas à réinitialiser chaque fois que le comportement de l'iPhone vous paraît anormal.

Pensez à maintenir la touche Marche/Veille/Arrêt enfoncée *avant* d'avoir appuyé et maintenu le bouton principal. Car si vous appuyez sur les deux en même temps, vous effectuez une capture d'écran – une photo de l'écran, si vous préférez – au lieu de réinitialiser l'iPhone. Nous reparlerons des captures d'écran à la fin du Chapitre 18.

Malheureusement, la réinitialisation ne résout pas toujours un problème. Il faudra alors recourir à des mesures plus drastiques.

Retirer tout le contenu

Aucune des opérations effectuées jusqu'à présent ne devrait prendre plus d'une minute ou deux. Ce n'est hélas pas le cas de la manipulation qui suit, lors de laquelle vous supprimerez tout ou partie des fichiers engrangés dans l'iPhone, pour vérifier si l'un d'eux ne serait pas à l'origine du dysfonctionnement.

Pour cela, vous devrez synchroniser l'iPhone et le reconfigurer afin que tous les fichiers ou certains d'entre eux ne soient pas synchronisés, ce qui les effacera de l'iPhone. Le problème peut résider parmi les contacts, les données de calendrier, les morceaux de musique, les vidéos ou les podcasts. Si vous suspectez un certain type de données – par exemple, des photos parce que l'iPhone se bloque chaque fois que vous touchez l'icône Photos, sur l'écran d'accueil –, commencez par supprimer ce type de données.

Ou alors, si vous n'avez pas la moindre idée quant au type de données incriminé, décochez chaque élément (Infos, Apps, Sons, Musique, Films, Photos...) puis synchronisez. À la fin de l'opération, l'iPhone devrait être presque vide de toute donnée. Nous disons *presque vide,* car les données créées par les applications, comme des documents, feuilles de calcul ou présentations générés par des applications comme le traitement de texte Pages, le tableur Numbers ou le logiciel de présentation Keynote – téléchargeables gratuitement depuis l'App Store, soit dit en passant –, peuvent subsister dans l'iPhone. Si vous tenez vraiment à tout effacer, cliquez sur chacune des applications dans la rubrique Partage de fichiers, dans le panneau Apps d'iTunes, puis effacez tout ce qui apparaît dans la fenêtre Documents.

N'oubliez pas de copier préalablement tous ces documents dans le disque dur de l'ordinateur. Sinon, ils seront perdus à jamais.

Si l'opération a corrigé le problème, restaurez les données type par type. Si le problème se manifeste de nouveau, vous saurez ainsi quel type de fichier est en cause, et vous devrez procéder par élimination pour localiser le fichier fautif.

Si le problème subsiste, passez à la prochaine étape : la réinitialisation des réglages de l'iPhone.

Réinitialiser les réglages et le contenu

Cette étape comporte deux phases : la première – la réinitialisation des réglages – remet tous les paramètres de l'iPhone à leur état par défaut, tels qu'ils étaient à la sortie de l'usine. La réinitialisation de l'iPhone ne supprime aucune donnée ni fichier. Le seul inconvénient est que vous devrez parcourir tous les réglages afin de rétablir votre configuration personnelle. Touchez l'icône Réglages, sur l'écran d'accueil, puis Général, Réinitialiser, Réinitialiser tous les réglages.

Veillez à ne surtout pas toucher l'option Effacer contenu et réglages, du moins pas maintenant. La restauration de l'iPhone serait en effet beaucoup plus longue, car la synchronisation porterait sur l'ensemble des fichiers.

Si la réinitialisation ne ramène toujours pas l'iPhone à de meilleurs sentiments, vous devrez vous résoudre à tout effacer. Touchez l'icône Réglages, sur l'écran d'accueil, puis Général, Réinitialiser, puis Effacer contenu et réglages.

Cela effacera tout dans l'iPhone : toutes vos données, tous vos fichiers multimédias et tous les réglages personnalisés. Comme tous ces éléments se trouvent également dans votre ordinateur – en principe du moins –, vous devriez les récupérer lors de la prochaine synchronisation. Vous perdrez en revanche tous les photos, listes de lecture, contacts, rendez-vous et événements du calendrier créés ou modifiés depuis la dernière synchronisation.

Vérifiez le fonctionnement de l'iPhone après avoir effacé tout le contenu et les réglages. Il fait toujours des siennes ? Il ne reste alors plus qu'à appliquer le « R » final, comme celui dans le mot « dernier » : Restaurer l'iPhone à partir d'iTunes.

Restaurer

Avant de conclure hâtivement que votre iPhone a rendu l'âme, vous pouvez encore essayer une ou deux manips de dernier recours. Connectez-le à l'ordinateur comme si vous alliez le synchroniser. Mais, lorsque l'iPhone apparaît dans le volet de gauche d'iTunes, cliquez sur le bouton, sous l'onglet Résumer. Cela effacera tous vos fichiers et données, et réinitialisera aussi tous les réglages.

Comme tous vos fichiers multimédias et données existent aussi dans l'ordinateur ou sur iCloud – hormis les photos qui n'ont pas été placées dans le flux Photos iCloud, les listes de lecture, contacts, rendez-vous et événements du calendrier créés ou modifiés depuis la dernière synchronisation –, vous ne devriez pas perdre grand-chose lors de la restauration. La prochaine synchronisation sera plus longue que d'habitude, et vous devrez reconfigurer vos réglages personnalisés, mais hormis ces quelques inconvénients, la restauration ne devrait vous causer aucun problème supplémentaire.

Nous avons fait le tour des interventions à votre portée face à un iPhone rétif. Si rien n'a résolu le problème, poursuivez la lecture de ce chapitre, à la recherche d'autres manières d'aborder le problème. Si rien n'est concluant, il faudra sans doute faire réparer l'appareil.

Ne désespérez pas. L'iPhone a beau être mal en point, quelques astuces peuvent encore y remédier. En voici une.

Le mode de récupération

Si les manips en R n'ont rien donné, il vous reste la ressource de dernier recours suivante :

1. **Ôtez l'extrémité du câble USB branché à l'iPhone, mais laissez l'autre extrémité connectée au port USB de l'ordinateur.**
2. **Éteignez l'iPhone en appuyant quelques secondes sur le bouton Marche/Veille/Arrêt jusqu'à ce que la glissière rouge apparaisse. Actionnez-la.**

   Attendez l'extinction de l'iPhone.
3. **Appuyez sur le bouton principal et laissez-le enfoncé tout en rebranchant le câble USB à l'iPhone.**

   Rebrancher le câble USB devrait rallumer l'iPhone.

   Si vous voyez l'icône de la batterie avec, comme charge, une mince bande rouge et une icône en forme de prise de courant murale, une flèche et un éclair, vous devez laisser l'iPhone se charger pendant au moins 10 à 15 minutes. Dès que la jauge de la batterie disparaît ou devient verte, revenez à l'Étape 2 et réessayez.
4. **Continuez à maintenir le bouton principal enfoncé jusqu'à l'apparition de l'écran Se connecter à iTunes, puis relâchez le bouton principal.**

   Si l'écran Se connecter à iTunes n'est toujours pas visible, reprenez depuis l'Étape 1.
5. **Si iTunes n'a pas démarré spontanément, démarrez-le manuellement.**

   Un panneau Mode de récupération vous informe que vous devrez restaurer l'iPhone avant de pouvoir le réutiliser avec iTunes.
6. **Restaurez l'iPhone avec iTunes, comme décrit à la section précédente.**

Bon, nous avons fait le tour de ce que vous pouvez entreprendre quand votre iPhone fait des siennes. Si le dysfonctionnement perdure, lisez le reste du chapitre, mais il est fort probable que la prochaine étape sera chez un réparateur agréé Apple.

Ne déprimez point, honorable lecteur. Si plus rien ne va, lisez la section « Et si plus rien ne va », plus loin dans ce chapitre, et lisez aussi la section consacrée à l'aide. Ce n'est pas parce que votre iPhone est en train de claboter que vous devez somatiser. Quoique...

Problèmes d'appels et de réseau

Si vous avez des problèmes pour envoyer ou recevoir des appels téléphoniques, des SMS ou avec les réseaux de données, cette section vous sera peut-être utile. Les techniques décrites précédemment ici sont brèves et faciles à mettre en œuvre, excepté la dernière, Restauration, car elle exige un effacement total des données personnelles suivi de leur rétablissement.

Voici d'autres étapes simples qui peuvent s'avérer efficaces. Là encore, nous vous suggérons de les appliquer dans l'ordre préconisé par Apple.

1. **Vérifiez l'icône du signal de réception, en haut à gauche de l'écran.**

   Si un ou deux points au moins ne sont pas visibles, les fonctions de téléphonie et de messages (SMS, MMS, iMessage) risquent d'être inutilisables.

2. **Assurez-vous d'avoir désactivé le mode Avion (décrit au Chapitre 14).**

   Lorsque le mode Avion est actif, toutes les fonctions dépendant d'un réseau sont inhibées. Il vous est impossible d'envoyer ou de recevoir des appels téléphoniques ainsi que des SMS, ou d'utiliser les applications exigeant une connexion Wi-Fi ou de réseau, autrement dit Mail, Safari, Plans, Météo et Bourse.

3. **Déplacez-vous un peu.**

   Se déplacer de deux ou trois mètres seulement peut faire la différence entre quatre barres et aucune, ou pouvoir se connecter ou non au réseau. Si vous êtes à l'intérieur d'un local, essayez en extérieur. Si vous êtes dehors, marchez de dix ou vingt pas dans n'importe quelle direction tout en gardant un œil sur le signal de cellule. Arrêtez-vous dès que le nombre de points augmente.

4. **Activez le commutateur Mode Avion en touchant Réglages > Mode Avion. Attendez 15 à 20 secondes puis désactivez-le.**

   Activer et désactiver ainsi le mode Avion réinitialise à la fois les connexions Wi-Fi et celles avec les réseaux EDGE, 3G ou 4G. Si la connexion était déficiente, cette manipulation peut la rétablir.

5. **Redémarrez l'iPhone.**

Si vous avez oublié comment, reportez-vous à la section « Redémarrer », précédemment dans ce chapitre. Comme nous l'avons mentionné, un redémarrage a souvent un effet bénéfique sur l'iPhone.

6. **Assurez-vous que la carte micro-SIM est bien insérée.**

Une carte SIM (*Subscriber Identity Module*, module d'identification de l'abonné) est une carte flash amovible qui identifie un téléphone mobile. Elle permet à son détenteur de changer facilement de téléphone.

Pour extraire la carte nano-SIM de l'iPhone, introduisez l'extrémité de l'élégant petit outil d'éjection chromé fourni avec l'iPhone. Si vous ne l'avez plus, un bon vieux trombone redressé fera l'affaire (Figure 16.1). Enfoncez l'outil ou le trombone doucement dans le petit orifice du tiroir de la carte, sur le côté droit.

Figure 16.1 : Un trombone n'est pas très élégant, mais néanmoins efficace pour éjecter la carte SIM.

Le tiroir étant ouvert, soulevez délicatement la minuscule carte SIM, puis replacez-la en vous assurant qu'elle est fermement maintenue dans son logement. Repoussez ensuite le tiroir.

Si aucune de ces manipulations n'a résolu le problème de votre iPhone, essayez de le restaurer comme nous l'avons expliqué précédemment.

Une restauration efface toutes vos données et tous vos réglages. Les fichiers qui se trouvent aussi dans l'ordinateur sont récupérables. En revanche, tout ce qui est postérieur à la dernière synchronisation sera perdu.

Problèmes de synchronisation, d'ordinateur ou d'iTunes

La dernière catégorie de dépannages concerne les problèmes de synchronisation, d'ordinateur ou ceux liés à iTunes. Essayez les manipulations suivantes si votre ordinateur ne reconnaît pas ou plus votre iPhone.

Là encore, nous vous suggérons d'appliquer ces procédures dans l'ordre présenté ici.

1. **Rechargez l'iPhone.**

   Si vous ne l'avez pas fait auparavant, c'est le moment. Reportez-vous à la section « Quand l'iPhone est rétif », au début de ce chapitre, et relisez ce que nous écrivions à propos du rechargement de la batterie.

2. **Branchez l'iPhone à un autre port USB ou utilisez un autre câble USB, si vous en avez un sous la main.**

   Ce n'est pas fréquent, mais il arrive cependant qu'un port USB ne s'accommode pas d'un câble. Il se produit alors inévitablement des problèmes de connexion et de synchronisation. Commencez toujours par vous demander si un port ou un câble USB n'est pas en cause.

   Rappelez-vous qu'à la section Recharger nous avons recommandé de ne brancher l'iPhone qu'à un port USB directement placé sur l'ordinateur, et non à un port déporté ou à un concentrateur.

3. **Redémarrez l'ordinateur et tentez de nouveau une synchronisation.**

   Le redémarrage est décrit en long, en large et en travers à la section « Redémarrer », précédemment dans ce chapitre.

4. **Réinstallez iTunes dans l'ordinateur.**

   Même si vous avez conservé le fichier d'installation d'iTunes dans l'ordinateur, il est préférable d'aller sur le site d'Apple (`www.apple.com/fr/itunes/download`) et de télécharger la version la plus récente.

De l'aide sur le site d'Apple

Ne renoncez pas si tout ce que vous avez essayé jusqu'à présent s'est avéré vain, car voici quelques emplacements où vous trouverez de l'aide. Visitez ces sites avant de faire de votre iPhone un presse-papiers très design ou une cale à armoire, voire – qui l'eût cru ? – le renvoyer à Apple afin qu'il le répare.

Le site www.apple.com/fr/support/iphone (voir Figure 16.2) est une précieuse ressource en cas d'incident. Les divers éléments susceptibles d'être en panne sont classés par catégories. Vous pouvez aussi effectuer une recherche par mots-clés ou en utilisant l'Assistant de maintenance en ligne, et même localiser un iPhone égaré ou volé.

Figure 16.2 : La page du support technique de l'iPhone contient de nombreuses aides et informations. Faites-la défiler pour accéder à d'autres options et services.

Ne comptez quand même pas trop sur l'assistant de maintenance en ligne du site Apple. Si vous avez essayé tout ce que nous avons préconisé dans les pages précédentes, vous avez sans doute déjà fait tout ce qu'il vous proposera. Mais comme un site Internet est plus facilement mis à jour qu'un livre, l'Assistant de maintenance en ligne propose peut-être aujourd'hui des manipulations qui n'y figuraient pas lors de la rédaction de ce livre…

Apple héberge aussi un groupe de discussion, mais uniquement anglophone, à l'adresse http://discussions.apple.com. Vous y trouverez parfois une réponse à un problème épineux résolu par d'autres utilisateurs de l'iPhone. Voici quelques sites francophones consacrés à l'iPhone :

- http://forum.frenchiphone.com/
- www.forum-iphone.fr/
- www.iphon.fr/
- www.iphonefr.com/

Les forums étant surtout fréquentés par des bidouilleurs – généralement bons techniciens –, ils pourront sans doute vous dépanner.

Et si vraiment plus rien ne va...

Si vous avez essayé toutes les manipulations que suggère ce livre, et que l'iPhone ne fonctionne toujours pas correctement, il va peut-être falloir le confier au service après-vente d'Apple. La réparation est évidemment gratuite si l'appareil est encore sous garantie.

Voici quelques points importants à connaître avant de porter votre iPhone au service après-vente :

- *Le contenu de votre iPhone sera entièrement effacé.* Vous devez donc, si c'est encore possible, sauvegarder l'iPhone avec iTunes – l'option de sauvegarde se trouve dans la page Résumé – avant de le confier à un technicien. Si ce n'est pas possible, et si vous avez entré des données depuis la dernière synchronisation, comme des contacts ou des rendez-vous, vous ne les retrouverez plus au retour de votre iPhone.
- Conservez chez vous les accessoires supplémentaires, comme une coque ou une protection d'écran.
- Retirez la carte SIM de l'iPhone et conservez-la en lieu sûr.

  N'omettez en aucun cas cette formalité, car Apple ne garantit pas que votre carte SIM vous sera retournée après une réparation. Vous seriez alors obligé de contacter votre opérateur de téléphonie pour obtenir une nouvelle carte SIM avec les informations de compte appropriées. Et ça, ce n'est pas facile.

Bien que vous puissiez confier votre iPhone à une boutique de téléphonie ou l'envoyer par courrier, il est préférable de s'adresser directement au revendeur agréé le plus proche pour deux raisons :

- Il connaît parfaitement les produits Apple, et sera peut-être capable de corriger un dysfonctionnement sans même devoir envoyer l'iPhone au service après-vente.
- Ce n'est que dans une boutique Apple Store que l'on vous proposera un téléphone de courtoisie pendant la période de garantie de l'iPhone, moyennant quelques dizaines d'euros.

6
Les dix commandements

- Les « dix commandements » sont une véritable institution dans la collection *Pour les Nuls.* Nous ne dérogerons évidemment pas à cette tradition. Vous trouverez donc dans cette partie une liste de dix applications – et même un peu plus si l'on compte les suggestions et doublons – que nous estimons utiles. Nous aurions pu ajouter les applications destinées à regarder la télévision, mais chaque opérateur de téléphonie propose la sienne.

- Puis vous découvrirez dix applications dignes des Nuls, car parfaitement inutiles, mais non dénuées d'intérêt par l'imagination – ou le manque d'imagination ou de goût – dont elles font parfois preuve.

- Nous conclurons par l'un de nos sujets préférés : les trucs, astuces et raccourcis qui facilitent l'existence avec l'iPhone. Vous découvrirez différents moyens de vérifier la capacité du petit joujou, comment partager des pages Internet et comment mieux utiliser son clavier virtuel.

Chapitre 17

Dix applications utiles

DANS CE CHAPITRE :

- **Zones dangereuses.**
- **Pour les consommateurs.**
- **Bons plans pour piéton virtuel.**
- **Un réseau photo.**
- **Parking sans contact.**
- **Métro, c'est trop.**
- **Y a l'téléphon qui son'.**
- **Tout sur mon iPhone.**
- **Où y a-t-il un vélib libre ?**
- **Vidéos à gogo(s).**

Apple ne tarit pas d'éloges sur l'iPhone. C'est indubitablement un formidable appareil, exceptionnel et innovant. Il est tout simplement fabuleux, car il sait faire plein de choses : téléphoner bien sûr, se connecter à l'Internet, échanger du courrier électronique et des SMS, prendre des notes et des photos, *etc.*

Mais ce sont les applications qui font toute la valeur de l'iPhone, car elles démultiplient ses possibilités à l'infini. Les dix applications qui suivent ont été choisies au *feeling*, selon le coup de cœur du moment. Ce ne sont probablement pas les dix meilleures, ni forcément les dix plus utiles – cela dépend des goûts et des activités de chacun – et des applications apparaissent tous les jours.

C'est pourquoi, après que ces pages vous ont donné un aperçu de la diversité des applications, nous ne saurions trop vous recommander de démarrer iTunes et de visiter la boutique App Store.

Voici donc les applications qui méritent d'être essayées. Une petite confidence en passant : Edward C. Baig et Bob Levitus, les auteurs de ce livre, n'ont commis ni ce chapitre ni surtout le suivant, « Dix applications (pas si) nulles ». Je leur rends la main pour le dernier chapitre. Car il faut quand même que ce *Pour les Nuls* s'achève sur une note sérieuse.

Avertinoo

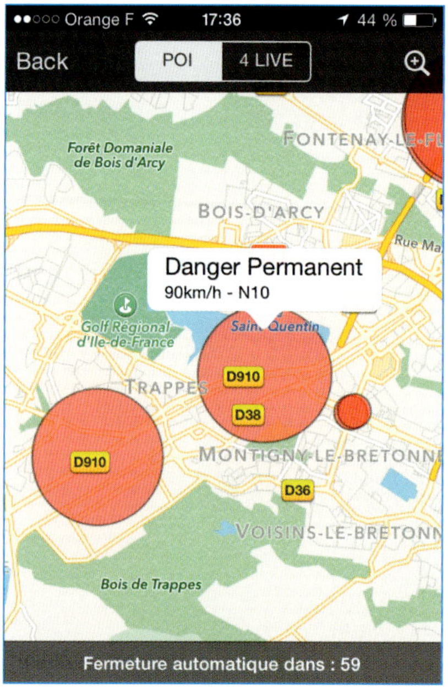

Figure 17.1 : Ce danger permanent est un radar fixe.

- Catégorie : Navigation
- Auteur : Sébastien Poulet-Mathis.
- Langues : Français, Anglais, Espagnol, Néerlandais.
- Prix : 4,99 euros.

Vous faites partie de cette vaste communauté des automobilistes qui perdent des points de permis de conduire à cause de deux ou trois kilomètres/heure de trop ? Rejoignez une autre communauté, celle des Suricates, qui signalent les aléas de la route (radars fixes, radars mobiles, bouchons, travaux...) aux autres conducteurs.

Le principe est le suivant : lorsqu'un membre de la communauté rencontre un radar mobile ou une difficulté, il appuie sur un bouton correspondant au côté de la route où se trouve l'aléa. Le GPS envoie les coordonnées au site afin que l'emplacement apparaisse sur l'iPhone de tous les autres membres se trouvant à 30 km aux alentours. Votre emplacement est indiqué sur la carte, et une alerte sonore vous prévient quand vous arrivez dans une zone dangereuse. La législation française interdit d'indiquer la nature du risque – radar fixe ou mobile, radar de feu... – ou d'indiquer avec précision où il se trouve.

Avertinoo est équipé de deux cartes. L'une intitulée POI (pour *Points of Interest*) indique tous les dangers permanents, c'est-à-dire les zones approximatives où se trouve un radar. L'autre écran, 4 Live, indique les dangers momentanés : perturbation de la circulation, policiers en planque...

L'avantage de l'application Avertinoo est l'absence d'abonnement, contrairement aux autres applications du même genre, comme Coyote. Elle couvre la France, la Belgique, les Pays-Bas, l'Angleterre, l'Allemagne et le Maroc.

Flipboard

Figure 17.2 : Présentez l'iPhone en caisse plutôt que votre carte de fidélité.

- Catégorie : Actualité.
- Éditeur : Flipboard.
- Langues : Français et beaucoup d'autres langues.
- Prix : Gratuit.

Flipboard est une revue de presse personnalisée. Juste après l'installation, vous choisissez les rubriques qui vous intéressent : Actualités, Technologie, Design, Photographie, Sport, Cinéma, etc.

Vous choisissez en effet les journaux que vous désirez consulter – Le Monde, Paris-Match, Rue89, Slate et beaucoup d'autres –, ainsi que les réseaux sociaux dont vous êtes membre. Vous êtes ainsi tenu au courant de tout ce qui se passe dans vos domaines de prédilection.

La navigation s'effectue en touchant l'un des thèmes, puis en tournant des pages par effleurement. Il est ainsi possible de parcourir quantité d'informations, certes de manière très superficielle, mais si un titre vous accroche, arrêtez-vous puis lisez l'article à tête reposée.

Flipboard permet de mémoriser les articles et photos intéressants, de gérer tous les magazines à partir d'un tableau de bord, et même d'envoyer les infos vers une montre Apple Watch, si vous en possédez une.

Google Maps

Figure 17.3 : Du tourisme dans les rues des villes.

- Catégorie : Cartographie.
- Éditeur : Google.
- Langue : Français.
- Prix : Gratuit.

Vous regrettez l'ancienne application Plans basée sur la cartographie Google et sa spectaculaire fonction Street View? Vous retrouverez ces fonctionnalités dans Google Maps, mais vous devrez d'abord créer un compte auprès de Google. Cette formalité est gratuite.

Google est une application de cartographie au même titre que Plans, mais elle est plus efficace. La recherche d'un hôtel ne vous envoie pas chez un garagiste ou un notaire. La fonctionnalité qui a fait le succès de Google Maps est Street View : touchez un emplacement, sur une carte, pour placer un repère. Effleurez ensuite la carte de bas en haut afin de découvrir une photographie de la rue. Touchez-la et vous accédez à Street View.

La rue est affichée en plein écran. Double-touchez un emplacement devant vous pour y aller aussitôt. Effleurez vers la gauche et vers la droite pour effectuer un panoramique et découvrir, par exemple, l'environnement de l'hôtel dans lequel vous comptez faire étape. Il est aussi possible d'orienter le regard vers le haut ou vers le bas, ou de zoomer vers un détail, comme une porte pour connaître le numéro de l'immeuble. Pour quitter Street View, touchez l'écran une seconde. Touchez ensuite la flèche en haut à gauche, puis tirez l'écran vers le bas pour revenir au plan.

Instagram

Figure 17.4 : Les filtres d'effets ont contribué au succès d'Instagram.

- Catégorie : Photographie
- Éditeur : Instagram.
- Langues : Français et huit autres langues.
- Prix : Gratuit.

Instagram est à la fois une application qui ajoute des effets spéciaux aux photographies que vous prenez avec l'iPhone, et il est aussi une application de partage permettant de poster instantanément les photos sur des réseaux sociaux et des sites comme Facebook, Twitter, Flickr, Tumblr, Foursquare et Posterous.

Instagram permet aussi de visiter les galeries photo des autres utilisateurs. Instagram vous informe de l'activité de vos correspondants sur les réseaux sociaux que vous fréquentez. Dès qu'ils postent une photo prise avec Instagram, vous en êtes notifié.

Parking sans contact

Figure 17.5 : Fini le problème de la monnaie pour le parcmètre.

- Catégorie : Voyages.
- Éditeur : PayByPhone Technology.
- Langues : Français, anglais.
- Prix : Gratuit.

Cette application facilite véritablement la vie des citadins qui doivent garer leur voiture. Dans plus d'une centaine de villes en France, PayByPhone permet de payer le stationnement avec l'iPhone.

Des villes ont adopté pour d'autres applications du même genre, comme ParkIndigo, PMobile, Whoosh, Yespark, etc. Pour savoir quelle est celle utilisée dans votre ville, consultez la borne de paiement, sur le trottoir. Plusieurs applications sont parfois reconnues.

Vous êtes pressé ? Notez le numéro à cinq chiffres de l'horodateur, visible de très loin, puis saisissez la durée du stationnement tout en marchant. Vous êtes au restaurant ou en réunion et la limite du stationnement est proche ? L'application vous prévient discrètement et, de là où vous êtes, vous prolongerez la durée.

La réunion a duré moins longtemps que prévu ? Vous pouvez même écourter la durée du stationnement et ne payer que pour le stationnement réellement effectué.

Plusieurs numéros de voitures peuvent être mémorisés. L'application peut être associée à l'Apple Watch. Un historique permet de suivre vos dépenses de parking. Une fonction permet aussi de mémoriser l'endroit où la voiture est garée, lorsque vous visitez un lieu inconnu.

RATP Premium

Figure 17.6 : Métro, RER et autobus dans votre poche.

- Catégorie : Voyage.
- Éditeur : faberNovel.
- Langues : Français, Anglais.
- Prix : 0,79 euro.

C'est l'outil indispensable à l'utilisateur parisien de l'iPhone qui prend le métro. Grâce au GPS, il indique les stations à proximité du lieu où vous êtes, calcule l'itinéraire et estime la durée du déplacement.

Comme RATP Premium est une application officielle de la RATP, elle vous informe à tout moment des perturbations, travaux et incidents, généralement signalés sur les écrans dans les stations.

Il existe une version RATP Lite gratuite, dépourvue de l'interactivité offerte par la version payante. En réalité, RATP Lite n'est qu'une version électronique des plans de métro, RER et autobus.

RATP Premium a des concurrents que vous trouverez facilement en saisissant « métro » dans le champ Recherche de l'iPhone (notez l'astucieuse application Paris-ci la sortie du métro, qui indique dans quel wagon s'installer pour être au plus près d'une sortie ou d'une correspondance). Il existe d'autres applications de métro pour Lyon et Marseille, et pour le tramway de Strasbourg, ainsi que pour toutes les autres villes du monde.

Skype

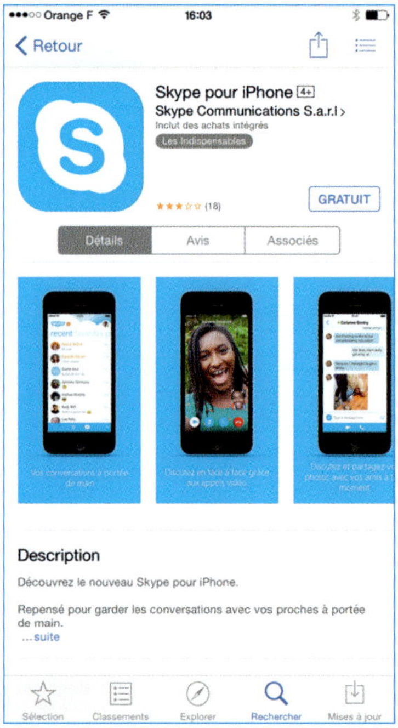

Figure 17.7 : La page de téléchargement de Skype pour iPhone.

- Catégorie : Réseaux sociaux.
- Éditeur : Skype.
- Langues : Français, Anglais, *etc.*
- Prix : Gratuit.

On ne présente plus Skype, qui permet de converser gratuitement en vidéophonie entre deux ordinateurs, ou d'appeler pour une somme modique des téléphones partout dans le monde. Skype évite les surcoûts prohibitifs des appels internationaux par les réseaux téléphoniques classiques vers des mobiles ou des téléphones fixes.

Cette application existe en deux versions : Skype pour iPhone et Skype Wi-Fi. Vous téléchargerez la première, car la seconde est réservée aux iPad, qui sont comme chacun le sait, dépourvus de fonctions téléphoniques.

La version pour iPhone de Skype ressemble beaucoup à celle des ordinateurs. Les fonctionnalités sont identiques et vous récupérez tous vos contacts. Notez toutefois que si la conversation entre deux correspondants Skype est gratuite, l'envoi de SMS, lui, est taxé.

Si Skype ne vous tente pas, essayez Viber, son concurrent.

Sys Activity Manager Lite

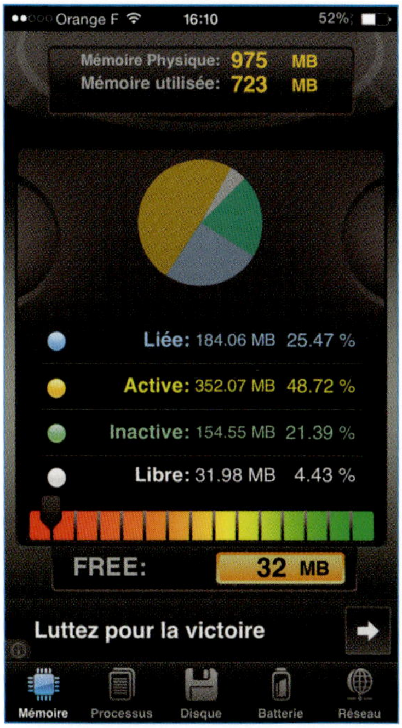

Figure 17.8 : Un coup d'œil sous le capot.

- Catégorie : Technique.
- Auteur : Taslim Sohel.
- Langues : Onze dont le français.
- Prix : Gratuit.

L'application Sys Activity Manager est un véritable couteau suisse de l'iPhone. Il existe en deux versions : Lite (allégée) qui est gratuite, et Sys Activity Manager, qui optimise la mémoire de l'iPhone, vendu 0,99 euro.

Le premier panneau, Mémoire, indique la mémoire de stockage totale – curieusement appelée « liée » – de l'iPhone, la mémoire vive active, c'est-à-dire celle occupée par iOS, les applications et les données, la mémoire vive inactive, donc libre, et la mémoire de stockage libre. Ces chiffres sont alternativement exprimés en pourcentage ou en MB (*méga-bytes,* « méga-octets » en français).

Le deuxième panneau indique les applications qui fonctionnent actuellement en tâche de fond.

Le panneau Batterie indique le niveau de charge de la batterie et donne une estimation de l'autonomie selon l'usage que l'on fait de l'iPhone.

Enfin, le panneau Réseau donne des informations que l'on trouve ailleurs dans l'iPhone, comme les adresses IP et MAC.

Sys Activity Manager n'est pas indispensable pour la plupart des utilisateurs. Mais pour quelqu'un qui s'intéresse à la technique, il fournira des informations précises rapidement accessibles.

Vélib'

Figure 17.9 : Où trouver un vélo ?

- Catégorie : Style de vie.
- Éditeur : Paris.fr.
- Langues : Français.
- Prix : Gratuit.

Si vous avez l'habitude de louer des Vélib' dans Paris, cette application officielle de la Mairie de Paris vous rendra de grands services. Elle indique, en fonction du lieu où vous êtes, les stations de Vélib' dans la capitale et dans les communes les plus proches.

Pour chaque station, il est possible de connaître le nombre de vélos et de places disponibles. Vous pourrez aussi accéder à votre compte Vélib'. En prime, l'application vous indique la météo parisienne – fort utile à vélo – et signale les points d'intérêt proches (musées, bibliothèques, parcs et jardins...).

Des applications similaires existent pour d'autres villes comme Rennes (Vélo Rennes, Rennes à vélo et Rennes en roue libre). Une seule application, Vélo, prend en charge plusieurs villes, dont Rouen, Toulouse, mais aussi Dublin (Irlande), Montréal (Canada), *etc.*

YouTube

Figure 17.10 : Écoutez et regardez vos clips préférés (ici, celui de la chanson **Imagine,** de John Lennon, avec Yoko Ono en spectatrice**)**.

- Catégorie : Audiovisuel.
- Éditeur : Google.
- Langue : Français.
- Prix : Gratuit.

Autrefois, l'application YouTube était livrée avec iOS. Puis elle a disparu. Si vous désirez la retrouver, vous devrez la télécharger depuis l'App Store.

Ceci fait, vous pourrez accéder à une phénoménale quantité de vidéos gratuites dans tous les domaines : actualités, chansons, extraits de films, spectacles en tous genres, musique classique, sans compter les millions de films postés sur le site par des amateurs du monde entier. Un menu permet de configurer l'application et d'afficher une sélection de sujets par thèmes : Animaux, Auto/Moto, Sport, Voyage et événements. Ou alors, touchez la loupe en haut à droite de l'écran puis saisissez un ou plusieurs critères de recherche.

Inclinez l'iPhone sur le côté pour voir les vidéos en plein écran. Une barre temps permet de positionner la tête de lecture.

DailyMotion, le concurrent de YouTube, propose également une application vidéo gratuite.

Chapitre 18

Dix trucs, astuces et raccourcis

DANS CE CHAPITRE :

» **Accélérer la saisie en glissant.**

» **Accélérer la saisie avec la correction automatique.**

» **Régler la vitesse du curseur de défilement.**

» **Exploiter les liens.**

» **Partager des pages Internet.**

» **Simuler une page de démarrage.**

» **Stocker des fichiers.**

» **Créer des sonneries avec GarageBand.**

» **Effectuer des captures d'écran.**

» **Ôter les apps du tiroir multitâche.**

En tripotant l'iPhone dans tous les sens, nous avons fini par trouver bons nombre de trucs, d'astuces et de raccourcis. Dans ce chapitre, nous vous livrons ceux que nous préférons.

Glisser pour mieux saisir

L'astuce qui suit accélérera vos saisies à deux niveaux : la commodité d'abord, car vous ne ferez plus de fautes de frappe, et la saisie plus rapide de la ponctuation et des chiffres.

Au fil des pages de ce livre, vous avez appris le toucher, le double-toucher et même le double-toucher à deux doigts. Vous allez maintenant découvrir la glisse.

Pour cela, vous commencez comme pour un toucher, sauf que vous laissez le doigt sur l'écran. Sans perdre le contact, vous amenez le doigt jusqu'à la touche à saisir. Au fur à mesure que le doigt glisse sur les touches, elles s'agrandissent. Relevez le doigt lorsque vous avez ainsi sélectionné celle que vous désirez saisir.

Essayez d'abord avec une saisie comme normalement : touchez une lettre et, si ce n'est pas la bonne, glissez le doigt jusqu'à celle que vous vouliez effleurer. Quand vous vous y serez fait, vous constaterez que cette technique fait économiser énormément de temps tout en améliorant votre précision.

Voici à présent le meilleur : cette technique fait aussi gagner du temps avec les chiffres et la ponctuation. Procédez comme suit la prochaine fois que vous devrez saisir un nombre ou un signe de ponctuation :

1. **Démarrez un glisser en posant le doigt sur la touche 123 (en bas à gauche du clavier virtuel).**

   Nous effectuons un glisser. Laissez le doigt sur l'écran.

2. **Quand le clavier des chiffres et de la ponctuation apparaît, glissez le doigt jusqu'à la touche voulue.**

3. **Relevez le doigt.**

Ce qui est sympa avec cette technique est que le clavier des chiffres et signes de ponctuation disparaît aussitôt sans que l'on soit obligé d'effleurer la touche ABC.

Adoptez cette technique et en quelques jours vos saisies seront rapides et précises.

Oubliez les apostrophes

Quand vous saisissez des notes, ne vous laissez pas ralentir par les apostrophes, car la correction automatique de l'iPhone s'en charge. Elle corrige aussi des contractions. Bref, laissez autant que possible l'iPhone travailler pour vous grâce à la fonction de saisie automatique.

Par exemple, au lieu de taper « C'est l'été », tapez tout bonnement « cest lete ». Chaque fois que vous toucherez la barre Espace, l'iPhone convertira « cest » en « c'est » puis « lete » en « l'été ».

Vous venez de découvrir une nouvelle forme grammaticale : la grammaire pifométrique mais évolutive de l'iPhone.

LONGUE VIE À LA BATTERIE

Ce chapitre étant consacré à des trucs et astuces, et comme il nous paraît important que vous ne tombiez jamais en panne de batterie, nous nous en voudrions de ne pas vous indiquer quelques moyens d'étendre son autonomie.

D'abord et avant tout : si vous avez placé l'iPhone dans une housse, le charger pendant qu'il se trouve dedans empêche la déperdition de la chaleur, qui s'accumule dangereusement. Une surchauffe est préjudiciable à la fois pour la capacité et pour la durée de vie de la batterie. Ôtez toujours la housse de l'iPhone avant de le charger, surtout s'il chauffe.

Les réseaux Wi-Fi, EDGE, 3G, 4G et la connexion Bluetooth consomment de l'électricité même quand ils ne sont pas en cours d'utilisation. Si vous ne vous en servez pas, désactivez-les au travers de l'écran Réglages.

Le réglage Luminosité automatique ajuste la luminosité de l'écran en fonction de la lumière ambiante. C'est une option plus respectueuse de la batterie que de pousser la luminosité de l'écran au maximum. Pour activer cette fonctionnalité, touchez l'icône Réglages, sur l'écran d'accueil, puis Fonds d'écran et luminosité. Activez ensuite le commutateur Réglage automatique.

Enfin, l'égaliseur évoqué au Chapitre 8 améliore le rendu sonore, mais il oblige aussi le processeur à travailler davantage. Le désactiver augmentera l'autonomie de la batterie. Si vous avez égalisé des morceaux dans iTunes au travers de la commande Obtenir des infos, et que vous désirez conserver l'égalisation dans iTunes, mettez celle de l'iPhone sur Plat. Comme l'égalisation n'a pas été désactivée, la batterie sera un peu mise à contribution, mais vous entendrez le morceau exactement comme l'avez voulu. Pour modifier les paramètres d'égalisation, touchez l'icône Réglages, sur l'écran d'accueil, puis iPod et enfin Egaliseur.

Selon Apple, une batterie d'iPhone correctement maintenue retient jusqu'à 80 % de sa charge après 400 cycles de déchargement et rechargement complets. Elle peut toutefois être remplacée à tout moment si vous l'estimez nécessaire.

La garantie d'un an inclut le remplacement d'une batterie défectueuse. Si vous avez opté pour l'extension de garantie de deux années supplémentaires AppleCare Protection Plan, Apple remplacera la batterie si sa charge ne peut plus excéder 50 % de sa charge originale.

Si l'iPhone n'est plus sous garantie, le remplacement de la batterie est payant. Apple se débarrassera de la défunte batterie d'une manière écologique.

L'art de refuser

Quand la correction automatique suggère un mot que vous ne désirez pas utiliser, refusez-le au lieu de l'ignorer. Finissez de saisir le mot puis touchez le bouton « x » pour rejeter la suggestion avant de taper un autre mot.

En procédant ainsi, l'iPhone sera plus enclin à proposer votre mot la prochaine fois que vous le saisirez, ou alors, il sera moins enclin à proposer les mêmes suggestions erronées.

Accélérer le curseur de défilement

Supposons que vous écoutiez un podcast ou un livre audio, et que vous essayiez de trouver le début d'une partie en actionnant le curseur de défilement vers la gauche ou vers la droite. Le problème est qu'il n'est pas très précis, et que si vous avez de gros doigts boudinés, il partira rapidement vers l'une ou l'autre extrémité de la barre. Il se trouve que l'iPhone est doté d'une fonction remarquable – mais quelque peu cachée – destinée à corriger ce problème. Appuyez le doigt sur le curseur ovale, mais, au lieu de tirer vers la droite ou vers la gauche, tirez vers le bas, comme à la Figure 18.1. En procédant ainsi, la vitesse de défilement du curseur, mentionnée au-dessus de la barre, change. Par défaut, elle est rapide, mais en faisant glisser le doigt vers le bas, elle passe à mi-vitesse puis au quart de la vitesse, et enfin au réglage fin.

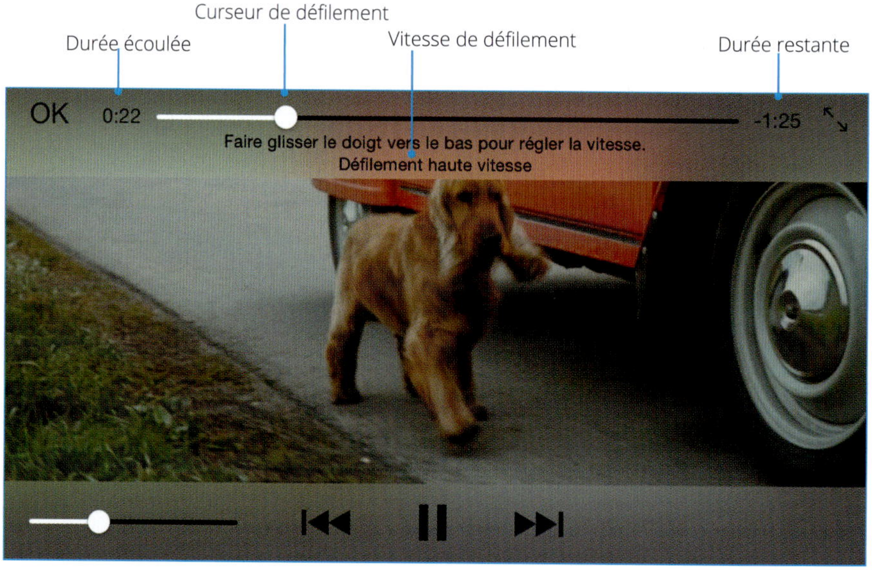

Figure 18.1 : Réglez la vitesse de défilement du bout du doigt (film Boule et Bill, d'Alexandre Charlot et Franck Magnier).

Tout en faisant glisser le doigt, gardez un œil sur la durée écoulée et la durée restante, car ces deux indications, de part et d'autre de la barre de défilement, donnent une idée précise du défilement du curseur.

Liens et numéros de téléphone (ça URL au téléphone)

L'iPhone réagit lorsqu'il rencontre des numéros de téléphone ou des adresses Internet (URL) dans des courriers électroniques ou des SMS. Par exemple, il considère comme un numéro de téléphone toutes les séquences de chiffres aux formats classiques (dix paires de chiffres, en France, mais les présentations étrangères sont aussi reconnues). Il en va de même pour les URL comme `http://www.siteweb.nom.com` ou `www.siteweb.fr`. Ces informations apparaissent sous forme de liens, en bleu. Touchez-en un et l'iPhone démarre l'application Téléphone et compose le numéro, ou alors démarre Safari et y ouvre le site Internet.

C'est pratique, mais cela ne surprend pas. Ce qui l'est plus, c'est la manière dont Safari gère les numéros de téléphone et les URL.

Commençons par les numéros de téléphone. Touchez-en un dans une page Internet. Une petite boîte de dialogue apparaît au milieu de l'écran et propose deux actions : Annuler ou Appeler. Tapez le premier bouton si vous n'aviez pas l'intention d'appeler ou le second pour démarrer l'application Téléphone qui compose le numéro.

Voici une autre astuce sympa de Safari, mais cette fois pour les liens hypertextes : maintenez le doigt deux ou trois secondes sur un lien, et un cartouche indique l'URL à laquelle ce lien est associé.

Le même effet se produit lorsque vous touchez longuement une URL dans Mail ou Notes. C'est commode, car cela permet de détecter des liens douteux avant d'y aller réellement.

Et pour finir, une astuce pour Safari : quand vous maintenez le doigt appuyé sur une image, le bouton Enregistrer l'image apparaît. Touchez-le, et l'image est enregistrée dans la Pellicule de l'application Photos.

Faire connaître une page Internet

Vous êtes tombé sur une page Internet que vous aimeriez bien faire connaître à quelqu'un d'autre ? Rien de plus facile avec l'iPhone. Depuis le site en question, touchez le bouton de partage, en bas au milieu du navigateur. Dans le panneau qui apparaît, touchez l'icône Envoyer par e-mail. Ce faisant, un message apparaît avec, dans le champ Objet, le nom du site Internet déjà inscrit, et son adresse Internet. Complétez le message par un commentaire de votre cru puis touchez Envoyer, en haut à droite.

Choisir une page de démarrage pour Safari

Vous avez sans doute remarqué que, contrairement aux versions sous Mac OS et Windows de Safari, la version iPhone est dépourvue de page de démarrage. Quand vous touchez l'icône Safari, c'est la page des favoris qui apparaît.

L'astuce, pour créer une page de démarrage, consiste à recourir à ce que l'on appelle *un clip Web* de la page en question. Voici comment procéder :

1. **Ouvrez la page Internet dont vous désirez faire la page de démarrage puis touchez l'icône de partage, en bas de l'écran.**
2. **Touchez le bouton Sur l'écran d'accueil.**
3. **Nommez l'icône et vérifiez son aspect.**

   Celle de cet exemple sera nommée BJ photos, car elle point vers mon site Internet réservé à la photographie. Observez l'aperçu de l'icône, basé sur le contenu de la page Internet.

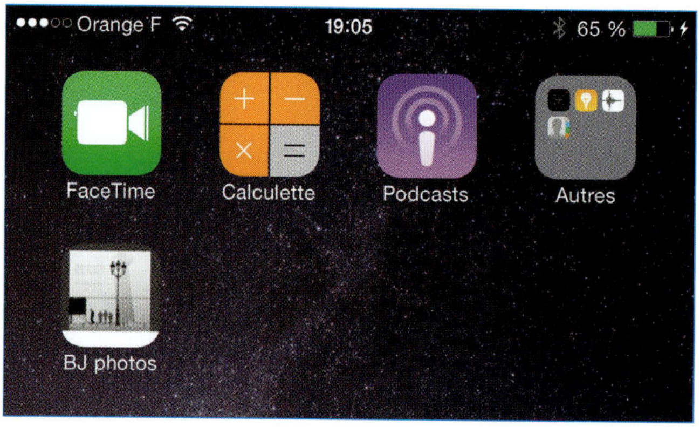

Figure 18.2 : L'icône du site « BJ photos » est à présent sur une page d'accueil de l'iPhone (en bas à gauche).

4. **Touchez cette nouvelle icône, au lieu de celle de Safari, chaque fois que vous désirez aller directement sur le site en question.**

5. **Touchez Ajouter, en haut à droite.**

   Une icône ouvrant cette page Internet est placée dans l'écran d'accueil de l'iPhone, ou dans un autre écran, si vous en avez créé d'autres, comme le montre la Figure 18.2.

Vous pouvez même redisposer les icônes afin que ce soit l'icône de votre site perso qui se trouve à la place de celle de Safari, dans le Dock. Reportez-vous au Chapitre 1 pour savoir comment redisposer les icônes de l'écran d'accueil.

Stocker des fichiers

Les logiciels de transfert de fichiers vers l'iPhone se sont multipliés. Citons parmi les meilleurs : HardDrive, WirelessDISK (qui fonctionne par le Wi-Fi) et Dropbox, qui fonctionne par un glisser-déposer. L'un des plus commodes est Disque USB. Il existe une version gratuite et il est en français. Voici comment il fonctionne :

1. **Après avoir installé l'application, connectez l'iPhone à l'ordinateur puis dans iTunes (la version sur l'ordinateur), accédez à la page Apps.**

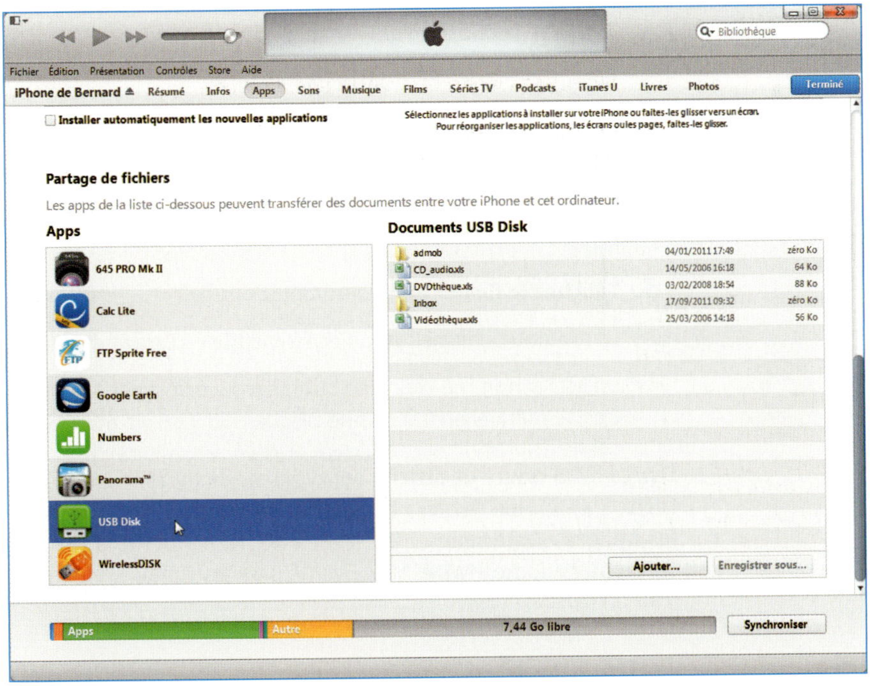

Figure 18.3 : Pour transférer des fichiers dans l'iPhone, activez l'application USB Disk.

2. **En bas de la page Apps, à la rubrique Partage de fichiers, cliquez sur l'apps USB Disk (Figure 18.3).**

3. **Cliquez sur le bouton Ajouter.**

4. **Allez jusqu'au dossier que vous désirez ajouter dans l'iPhone, puis cliquez sur le bouton Ouvrir.**

Dans l'iPhone, procédez comme suit :

1. **Touchez l'icône USB Disk.**

2. **Dans le panneau qui apparaît, touchez l'option Fichiers locaux.**

   La liste des fichiers apparaît (Figure 18.4).

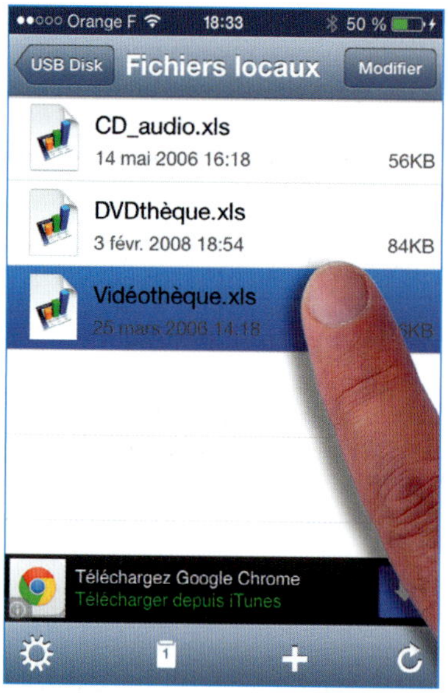

Figure 18.4 : Touchez le fichier que vous désirez consulter.

3. **Touchez le fichier que vous voulez ouvrir.**

   Le contenu du fichier est affiché (ou diffusé s'il s'agit d'un fichier audio).

   Un fichier nommé Welcome.html se trouve déjà dans la zone de stockage. C'est le manuel en français de Disque USB. Lisez-le attentivement.

Disque USB ouvre et affiche les types de fichiers suivants : les fichiers de texte (PDF, TXT...), les fichiers Office (Word, Excel, PowerPoint...), les fichiers iWork, les images numériques (JPG, GIF, PNG...), les fichiers Internet (HTM, HTML...), les fichiers audio (MP3, M4A, WAV...) et les fichiers vidéo (M4V, MOV, certains AVI...).

Des sonneries perso et gratuites avec GarageBand

Il est relativement facile de créer des sonneries avec GarageBand, une application iLife livrée avec tous les Mac. Mais auparavant, placez le fichier audio dans la bibliothèque de morceaux d'iTunes. Procédez ensuite comme suit :

1. **Commencez par démarrer GarageBand, depuis le Dock du Mac ou depuis le dossier Applications.**

   Ou alors, cliquez sur l'icône LaunchPad, dans le Dock, puis cliquez sur l'application GarageBand.

2. **Cliquez sur Nouveau projet, en haut du volet à gauche.**

   Le panneau Nouveau projet apparaît.

3. **Nommez la sonnerie que vous comptez confectionner, puis cliquez sur Créer.**

4. **Dans la barre d'outils en bas de GarageBand, cliquez sur l'icône Navigateur multimédia.**

   C'est la première à partir de la gauche.

5. **Dans le volet du Navigateur multimédia, cliquez sur le morceau à utiliser comme sonnerie puis tirez-le jusque sur le volet Pistes, à gauche de Garage Band.**

Figure 18.5 : Le fichier mp3 « Onvousment » a été placé dans le panneau Pistes, à gauche.

Le morceau apparaît dans le panneau Pistes (Figure 18.5) et sa piste audio est visible dans la partie centrale.

6. **Dans la barre de menus, cliquez sur Partage > Envoyer la sonnerie à iTunes.**

7. **Dans le panneau qui apparaît, cliquez sur Ajuster.**

   Réglez le début et la fin du son avec la jauge jaune qui surmonte la barre temporelle.

8. **À droite des commandes de lecture, cliquez sur le bouton Boucle.**

9. **Cliquez sur Fichier > Enregistrer, puis sauvegardez le fichier audio.**

   Il est enregistré au format .band.

Connectez l'iPhone au Mac puis démarrez l'application iTunes présente sur le Mac.

1. **Dans la barre de panneaux de l'iPhone, cliquez sur Sons.**

2. **Cliquez sur la case Synchroniser les sons, afin de la cocher.**

3. **Cliquez sur le bouton d'option Sons sélectionnés.**

4. **Cochez la case de la sonnerie (Arlette, pour notre exemple).**

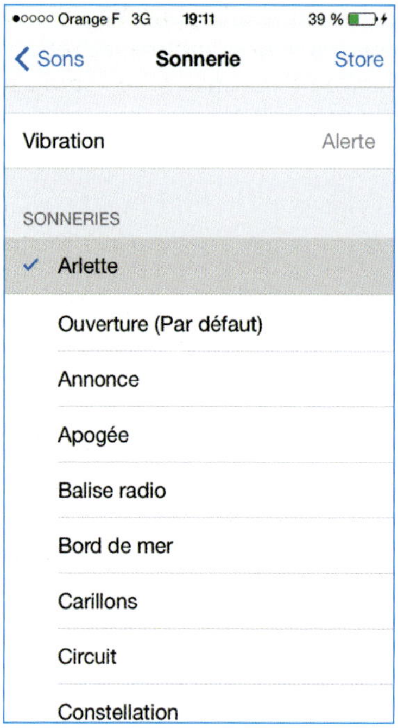

Figure 18.6 : La sonnerie Arlette se trouve en tête de la liste des sonneries.

5. **Cliquez sur le bouton Appliquer.**

   La synchronisation démarre.

   La sonnerie personnalisée « Arlette », créée pour cet exemple, apparaît en tête de la liste Réglages, Sons, comme le montre la Figure 18.6.

Touchez le son personnalisé pour l'affecter aux appels téléphoniques que vous recevez. Comme expliqué au Chapitre 4, une sonnerie peut être affectée à des contacts spécifiques.

Réaliser une capture d'écran

Un aveu : nous avons placé cette astuce tout à la fin, car elle aide surtout les auteurs, traducteurs, journalistes, formateurs, webmestres... Tous ces gens ont besoin d'illustrer leurs livres – dont celui-ci –, leurs articles, leurs supports de cours avec ce que l'on appelle des « captures d'écran », un anglicisme pour les recopies d'écran.

Pour obtenir une photo de ce qui se trouve à l'écran, maintenez la touche Arrêt/Veille enfoncée et appuyez brièvement sur le bouton principal. L'iPhone enregistre aussitôt le contenu de l'écran dans un fichier d'image.

Ce fichier est stocké dans la Pellicule de l'application Photos, au format PNG. Vous pourrez le transférer dans votre ordinateur avec toutes les autres photos, lors d'une synchronisation. Vous en ferez ensuite ce que vous voudrez.

Ôter des apps du tiroir multitâche

Le multitâche est génial, mais parfois, les applications s'y pressent et encombrent à la fois le ruban et la mémoire. Voici comment les supprimer :

1. **Double-cliquez avec le bouton principal.**

   Le tiroir multitâche est dévoilé (Figure 18.7). Remarquez la ligne d'icônes en haut de l'écran : ce sont celles des communications récentes (téléphone, SMS, MMS et iMessages, FaceTime...). Pour les afficher, touchez le bouton Récents. Les icônes s'étalent aussitôt. Touchez l'une d'elles pour accéder à un appel ou à un message.

2. **Effleurez une vignette vivement vers le haut.**

   L'application disparaît. En réalité, elle n'est pas supprimée, mais simplement ôtée du ruban.

Figure 18.7 : Les vignettes sont prêtes à être supprimées d'une pichenette.

Cette technique est aussi commode pour mettre fin à une application particulièrement envahissante, comme celles des radios par Internet ou des navigateurs GPS qui continuent de se manifester même après les avoir arrêtées et mis l'iPhone en veille.

C'est le moyen le plus sûr d'arrêter véritablement une application.

Index

D

E

F

G

S

T

V

W

Y

Z

Notes

Notes

Notes

Notes

Notes